포가튼 미얀마
Forgotten Myanmar

악이 승리하는데 필요한 유일한 것은
선한 자들이 아무것도 하지 않는 것이다

- 에드먼드 버크

인지
생략

들꽃산문선 9
포가튼 미얀마

2024년 9월 10일 초판인쇄
2024년 9월 15일 초판펴냄

지은이/최진배

펴낸이/문창길

펴낸곳/도서출판 들꽃
주소/서울 중구 서애로 27(필동3가) 서울캐피탈빌딩 B2-2호(04623)
전화/02)2267-6833, 2273-1506
팩스/02)2268-7067
출판등록/제5-313호(1992. 5. 15)
E-mail: dlkot108@hanmail.net, dlkot108@naver.com

값/18,000원
* 파본된 책은 바꾸어 드립니다.

ISBN 978-89-6143-240-5 03810

최진배ⓒ2024

들꽃산문선 9

포가튼 미얀마
Forgotten Myanmar
- 미얀마 시민혁명, 기억과 기록

최진배 지음

| 책머릿글 |

망각의 늪에 빠진 미얀마

"미얀마"

세 글자를 포털 사이트에서 검색해본다. 가장 상단에 떠오르는 이미지 검색 결과는 황금빛 불탑. 곧이어 아래 황녹적 삼색 깃발 가운데 하얀 별이 뜬 미얀마 국기도 보인다. 그 외 대부분은 '버간(Bagan)'과 '인레 호수(Inle Lake)'를 위시한 유명한 사원과 관광지 사진들이다. '미소의 나라', '마지막 남은 순수의 땅', '자원부국' 같은 키워드도 뒤를 따른다. '오랜 시간 군부독재를 경험하고 민주주의로 체제를 전환하려 노력 중'이라는 요약 설명까지 읽으면 이미 미얀마에 대해 꽤나 많이 알았다는 생각이 든다.

그러던 어느 날, 미얀마를 상징하는 키워드가 돌변했다. 놀랍지만 생경하지는 않은 단어들이다. '쿠데타', '시민혁명', '학살', 그리고 '내전'… 전에는 좀처럼 저녁 뉴스의 꼭지를 차지하지 못하던 국가 미얀마는 듣기만 해도 속이 불편한 단어로 뉴스 편성에서 존재감을 드러냈다. 테라와다 불교(상좌부 불교) 종주국과 동남아의 자원부국 이미지는 봄의 혁명과 세 손가락 경례, 총성과 피 웅덩이 속 주검들이 대체했다. 끊임없는 유혈진압과 총칼 아래 쓰러져가는 시민. 세계시민은 분노하며 그릇된 욕심으로 권력을 찬탈한 군부를 손가락질했다. 이윽고 국제사회는 연일 군부가 자행하는 학살과 만행을 비난하며 성명서를 날리고 규탄 목소리를 높였다. 강력한 경제제재, 군부 수뇌부가 보유한 해외 계좌동결, 공적개발원조 중단 같은 해묵은 칼도 꺼내들었다. 그러나 세계와 미얀마 사이에 놓인 물리적 거리는 너무도 멀었다. 국제사회가 멀찌감치 떨어져 꺼내든 무딘 칼은 군부에 작은 생채기조차 입히지 못했다.

결국 미얀마 시민은 생계를 버리고 무기를 들었다. 오랜 시간 반목한 버마족과 소수민족은 '화해'와 '미래'를 말하며 공동전선을 펴고 무장혁명에 돌입했다. 미얀마 곳곳에서 크고 작은 전투가 벌어지며 시민군과 소수민족 무장단체는 군부 병력을 쓰러뜨렸다. 과거 혁명과는 다른 양상에 기대감이 들어섰다. 이번에야 말로 절대 악惡 군부를 몰아내고 마침내 진정한 민주주의를 쟁취할 수 있다는 기대감.

하지만 반세기 이상 힘을 길러온 군부는 좀처럼 무너지지 않았다. 세계가 미얀마 군부를 비난하고, 시민군이 때리면 때릴수록 도리어 군부는 무고한 민간인을 향해 맞은 양의 곱절이 넘는 폭력을 행사하며 배짱을 부렸다. 전국에서 산발적으로 일어나는 무력분쟁으로 발생한 국내실향민(IDPs)은 이미 2백만 명을 훌쩍 넘었다. 자유와 인권 회복을 위한 열망을 가진 시민은 인력과 정신력이 우위에 있었지만 군부를 압도할 무기가 부족했다. 군부는 낮은 사기, 극도로 넓은 전선, 길어진 보급로, 끊임없는 시민군의 게릴라 공격에 시달렸지만, 오랜 기간 축적한 자본과 화력, 특히 비대칭 전력이라고도 부를 수 있는 공군력을 지니고 있다.

양측이 몸을 엉키고는 있지만 상대를 찍어 누르지는 못하는 지지부진한 싸움이 어느새 두 해를 넘겼다. 전쟁의 사상자는 흐르는 시간에 비례해 증가했다. 지금 이 시간에도 많은 사람이 현재 진행형으로 목숨을 잃고 있지만, 미얀마 사태는 점차 고질적인 문제로 치부받기 시작했다.

이런 와중 러시아가 우크라이나를 침공했다. 21세기 동부 유럽에서 벌어진 침략전쟁에 전 세계는 충격과 공포에 빠졌다. 미얀마와 달리 우크라이나 전쟁 양상은 열전熱戰이고 전면전이었다. 그리고 전쟁의 영향이 세계경제와 사회에 직접적 타격을 가하는 국제전이기도 했다. 즉각 우크라이나 소식은 언론과 사회전반에서 비중 있게 다루는 주요 의제로 부상했다. 그러는 사이 아시아 저편의 미얀마는 사람들의 기억 속에서 점점 흐릿해졌다. 잊힌 전쟁터로 전락한 것이다.

다시 포털 사이트에 미얀마를 검색해본다. 여전히 황금빛 불탑 이미지가 가장 먼저 뜬다. 뉴스는 미얀마 관련한 주요 국제정치이슈나 아웅산 수찌 여사의 재판 같은 소식을 드문드문 전했지만 매일 일어나는 현장 소식은 더 이상 싣지 않는다. 고질병을 앓는 사람의 만성慢性 증상은 으레 관심에서 멀기 마련이다. 비정한 당연함 속에서 미얀마는 더욱 더 깊은 망각으로 빠져들고 있다.

필자는 미얀마 쿠데타 발생 후 한 달 반이 지난 2021년 3월 16일부터 소셜미디어 페이스북에서 '미얀마 투데이'라는 이름으로 그룹을 만들어 지금까지 현장 발發 미얀마 소식을 전하고 있다. 더불어 온라인에서 한국시민을 대상으로 모금운동을 하여 미얀마 현지 활동가들을 지원하는 일도 병행한다.

두 가지 일 중에서 미얀마 투데이의 주된 활동은 단연 현장 소식을 전하는 일이다. 미얀마에서 발생한 일을 담은 영상과 사진, 현지 언론보도, 현장의 제보를 모아 한국어로 번역해 공유하는 자유 미디어 활동이 미얀마 투데이가 지난 2년 동안 지속해온 과업이다.

이 일을 시작한 계기는 단순하다. 뉴스와 신문에서 모두 담지 못하는 미얀마 사람들의 이야기, 온라인에서 연대하며 인연을 쌓아온 현장의 활동가 동지들이 겪고 있는 일이 잊히지 않기를 바랐다. 잔혹한 폭력에 속절없이 당한 희생자들, 두려움 속에서도 용기를 끄집어내 항거하다 쓰러진 사람들이 이 세상에 존재했고, 그들이 어떻게 세상을 떠났는지를 기록으로 남기고 싶었다. 혹자는 너무 지엽枝葉적이라 했지만 누군가에게는 세상 전부였던 역사, 그 처절한 역사를 자유로운 소셜미디어를 통해서나마 알리고 싶었다.

『포가튼 미얀마』는 이러한 미얀마 투데이의 과업과 연장선에 있다. 콘텐츠가 빠르게 소모되는 온라인상에서 다하지 못한 이야기를 지면을 이용해 조금이라도 풀어내는 것을 목표로 이야기를 썼다.

본문에서는 미얀마 현장에서 실제로 일어난 일과 실존인물을 바탕으로 하여 필자가 만든 가상의 인물들이 겪는 일련의 이야기를 통해 지난 미얀마 시민혁명 2년을 정리했다.

첫 번째 장은 쿠데타 직후의 혼란 상황을 현장에 있던 미얀마 청년의 시선으로 쓴 일지日誌 형식으로 풀어냈다. 이어 두 번째 장은 필자의 시점에서 미얀마 청년들이 왜 무기를 들기로 결심했는지, 어떻게 싸우다가 쓰러져 갔는지를 서술했다. 작중 벌어진 사건과 등장인물이 겪는 고난은 필자가 실제 벌어진 사건을 취재하며 현장 활동가를 인터뷰하고, 현지 자유언론 보도 등을 참조해 구성했다. 마지막 장에서는 우리나라에 널리 알려지지 않은 미얀마 시민 혁명 속 이야기를 정리했다.

글을 쓰며 미얀마 사태를 장황하게 분석하거나, 어쭙잖게 향후 전망을 짚는 일은 지양하고, 최대한 현장에 있는 사람의 이야기에 초점을 맞추려 노력했다. 본문에 등장하는 인명人名과 지명地名 또한 버마어 원음에 최대한 가깝게 표기하였기에 기존에 언론에서 소개된 표기법과는 어느 정도 차이가 있다는 점을 감안해주시길 바란다.

사람들의 기억 속에서 점점 흐릿해지며 잊힌 전쟁터로 전락한 미얀마, 그러나 망각을 이기는 건 노력하는 관심이다. 졸작 〈포가튼 미얀마〉의 미약한 날갯짓이 우리사회가 미얀마 시민혁명에서 산화한 희생자와 현장에서 싸우고 있는 위대한 혁명가들을 되돌아 볼 수 있는 계기가 되기를 희망한다. 미얀마 민주주의 만세.

2024년 공릉동에서
최진배

차례

책머릿글 _ 4

 **1부** Spring Diary

침묵의 땅에서 _ 14
국경으로 _ 16
피로 쓴 일지 _ 20
새날이 올 때까지 _ 92

 **2부** 꽃잎처럼 흘리 흘리 그대 잘 가라

미래의 죽음 _ 98
팬데믹 _ 99
혁명 속으로 _ 107
낙화, 그리고 움트는 저항의 씨앗 _ 117
선전포고 _ 130
전사가 된 청년 _ 138
친자관계 절연공시 _ 151
딜레마 _ 161
불타오르는 국경 전선 _ 169
참가자와 관망자 _ 179
포기든 미얀마 _ 183
메멘토 _ 194

꽃잎처럼 흘러 흘러 그대 잘 가라 _ 198
명예도 이름도 남김없이 _ 208
에필로그 _ 215

 **빼앗긴 들에도 봄은 온다**

잔혹한 폭력에 희생당한 미얀마 민중 · 1
 - 찌민다잉 참사와 뒷 이야기 _ 220
잔혹한 폭력에 희생당한 미얀마 민중 · 2
 - 뗏수 흘라잉에게 자유를 _ 228
잔혹한 폭력에 희생당한 미얀마 민중 · 3
 - 흘라잉따야의 두 민주열사, 흘라묘아웅과 아웅뚜라저 _ 235
잔혹한 폭력에 희생당한 미얀마 민중 · 4
 - 2022년 10월 23일 오후 8시 40분, 잊힌 참사, 까친주 어난바 학살 _ 243
잔혹한 폭력에 희생당한 미얀마 민중 · 5
 - 폐허가 된 도시 탄드란, 그리고 돌아가지 못하는 사람들 _ 248
부치지 못한 편지 - 전선에서 숨진 군부 군인이 아내에게 남긴 말 _ 255
군부의 만행, 현재 진행형 · 1
 - 악마를 보았다, 세상으로 나온 추악한 학살의 증거 _ 257
군부의 만행, 현재 진행형 · 2
 - 용서할 수 없는 자, 한녜인우 보고서 _ 264
군부의 만행, 현재 진행형 · 3
 - 민병대와 암살단을 조직해 시민의 숨통을 조이는 미얀마 군부 _ 271

군부의 만행, 현재 진행형 · 4
　- 만달레이 시민방위군의 비극: 보 툰따욱나인, 변절자 혹은 첩자 _ 282
잊힌 전장, 그러나 계속되는 투쟁 · 1
　- 최전방에서 싸우는 소수민족 여성 저격수, 세상이 잊어도 우리의 싸움은 끝나지 않았다 _ 294
잊힌 전장, 그러나 계속되는 투쟁 · 2
　- 꺼지지 않는 등불, 총을 든 승려들 _ 301
잊힌 전장, 그러나 계속되는 투쟁 · 3
　- 반군부 게릴라 아버지와 군부 부사관 아들, 혁명전선에 함께 서다 _ 307
잊힌 전장, 그러나 계속되는 투쟁 · 4
　- 두 다리를 잃었지만 남은 두 팔로 혁명을 계속하리 _ 314

 **4부　맺는 글**

맺는 글 _ 322
미얀마 시민혁명 연표 _ 326

제1부

Spring Diary

[서시]

침묵의 땅에서

침묵의 땅에서는
누군가 엿듣는다고 느끼면
사람들은 감히 말을 잇지 못 한다

밀정은 돈을 받고 비밀을 팔았다
민중의 숨과 피를 빨아먹고 사는 것이다
폭군과 폭정이 싫다고
그 누구도 목소리 내지 못 한다

침묵의 땅에서는
한껏 웃을 수 있는 사람이 없다
속내를 드러내는 이도 없다
다만 우리는
민중의 침묵 속에
진실이 깃들어 있음을 알 수 있다

침묵의 땅에서는
부당한 체포를 일삼는
군인이 다가오는 모습을 보면
그 누구도 목소리를 내지 못 한다

중국은 일대일로를 갈망한다
프랑스는 석유를 원한다
태국은 우리의 목재를 넘보고 있다
군부는 모든 걸 망치고 있다

침묵의 땅에서는
침묵의 땅에서는
어떠한 소리조차 들리지 않는다
살인자들이 입을 막고자
두려움으로 짓눌렀기 때문이다

허나 무력으로 짓밟을지언정
거짓으로 가릴 수 없고
파괴할 수도 억누를 수도 없는
단 하나의 목소리가 울려 퍼지리라

자유

지은이: 아웅산 수찌

국경으로

형이 떠났다.
이른 아침 내 방을 찾아와 쪽지 한 장과 평소에 쓰던 중국산 화웨이(Huawai) 휴대폰을 머리맡에 남겨둔 채로. 싸늘했다. 나는 일렁이는 불안한 마음을 억누르며 손을 뻗어 가지런히 접힌 쪽지를 집었다.

혼자 떠나서 미안해.
몸 잘 추슬러라.
너에게 반드시 연락할게.
우리 어머니를 부탁해.

오라질! 나는 벌떡 몸을 일으켜 잠결에 벗어던진 웃옷을 급하게 찾았다. 싸늘한 불안은 현실이 됐다. 옷에 몸을 끼워 넣는 순간 방바닥을 디딘 오른쪽 발목에서 아찔한 통증이 올라왔다. 온몸의 신경을 쥐어짜는 것 같은 고통에 순간 몸이 휘청했지만, 나는 이를 악다물고 현관문을 박찬 뒤 아파트 계단 아래로 뛰어 내려갔다.

빌어먹을!
형이 나한테 이럴 수는 없어!

단전에서 끓어오르는 황망함을 꾹 눌러 삼키며 한달음에 좁은 골목길을 가로질렀다. 곧장 맞은편 아파트 입구로 들어선 뒤 위층으로 향하는 계단을 두세 칸씩 성큼성큼 뛰어올랐다. 층계참 두 개를 돌자 형네 집 현관문이 보였다. 허나 평소와 달리 문은 열려있었고, 문 틈 사이에서 새어나는 흐느끼는 울음소리가 내 관자놀이 맥박이 급하게 뛰는 소리를 가르며 귀에 꽂혀 들어왔다. 나는 거친 심호흡을 내뱉은 뒤 조심스럽게 현관문 손잡이를 잡아 당겼다. 그러자 마루에 주저앉은 아주머니의 뒷모습이 보였다.

아주머니…

아주머니는 내 목소리를 듣고 고개를 돌렸다. 두 눈이 눈물범벅이 되어 퉁퉁 부었다. 아주머니는 힘없는 손짓으로 나를 부르고는 손에 쥐고 있던 종이 한 장을 내밀었다. 내 방에 놓여있던 쪽지와 같은 재질이다. 떨리는 손으로 아주머니가 건네준 종이를 받아든다.

어머니께 아들이 삼가 예를 갖춰 절 올립니다.
어머니, 저는 오늘 국경으로 갑니다…

첫 두 줄을 읽자마자 맥이 풀린다.

"이놈이… 기어이 이놈이…"

아주머니는 말조차 잇지 못할 정도로 충격을 받았다. 금방이라도 쓰러질 것처럼 휘청거리는 아주머니의 모습에 나는 곧장 형네 집 베란다로 뛰어나간 뒤 맞은편에 있는 우리 집을 향해 소리쳤다. 다급한 외침에 놀란 부모님이 곧장 형네 집으로 건너왔다. 나는 어머니와 함께 아주머니를 부축해 안방에 눕혔다. 아주머니는 연신 울음 섞인 앓는 소리를 냈다.

"아주머니는 우리가 돌볼 테니 너무 걱정하지 말고 건너가 있거라."

아버지 말씀에 나는 떨어지지 않는 발걸음을 떼어 집 밖으로 나왔다. 터벅터벅 계단을 내려가는 매 걸음마다 뛰어올라왔을 때는 몰랐던 깊은 통증이 발목 안쪽에서 느껴졌다. 하지만 아픔을 개의치 않고 계속 걸음을 옮겼다.

집으로 건너온 나는 힘없이 침대 매트리스 위에 주저앉았다. 이른 아침 한 바탕 소동에 요동쳤던 심장이 가라앉자 불현 듯 형이 쪽지와 함께 놓고 간 휴대폰이 떠올랐다. 휴대폰을 집어 들어 전원버튼을 누른다. 곧 경쾌한 전원음과 함께 휴대폰이 켜졌다. 휴대폰이 완충된 상태임을 알리는 초록색 배터리 모양 아이콘이 오른쪽 상단에 뜨며 액정화면이 한층 밝아진다. 액정을 엄지로 살짝 문지르자 '패턴을 입력해 잠금을 해제' 라는 안내와 함께 아홉 개의 동그라미가 화면에 떴다. 나는 형이 평소에 설정해 둔 패턴을 알고 있다. 엄지를 좌측 최상단 동그라미 위에 올린 뒤 부드럽게 알파벳 'Z'를 그리며 화면을 쓸어내린다. 그러자 화면이 한결 더 밝아지며 메뉴 화면이 나타났다.

형이 남기고 간 휴대폰은 깨끗하게 정리된 상태였다. 소셜미디어와 메신저를 포함한 모든 어플리케이션이 깨끗이 지워져 있었다. 혹시나 하는 마음에 사진첩을 열어봤지만 역시나 깨끗했다. 저장한 연락처는 물론 최근 통화기록, 주고받은 문자조차 남아있지 않았다.

휴대폰을 초기화했나?

하지만 자세히 보니 화면 한쪽에 아이콘 하나가 눈에 띄었다. 메모장 어플리케이션 아이콘이다. 엄지로 아이콘을 누르자 화면이 바뀌며 저장된 메모 하나가 뜬다.

⟨Spring Diary⟩

낯선 영어 제목이 달린 메모 파일 하나가 나타난다. 호기심을 참지 못하고 파일철 모양 버튼을 누르니 곧장 긴 텍스트 무더기가 화면에 주르륵 떠올랐다.

2021년 2월 1일

날짜로 시작하는 첫 줄을 보자마자 그것이 형이 쓴 일기라는 걸 깨달았다. 나는 매트리스에 천천히 몸을 뉘인 뒤 형이 남긴 일기를 천천히 읽어 내려갔다. 형이 무슨 마음을 품고 떠났는지를 알기 위해, 그리고 내게 남긴 짧은 메모에는 미처 쓰지 못한 이야기가 혹여나 담겨있을 수도 있다는 기대를 품으며. 형이 쓴 일기는 4개월 전 그날 시작되었다.

피로 쓴 일지

2021년 2월 1일

웃풍이 드는 얇은 벽 사이로 스미는 새벽 공기가 이상하리만큼 서늘했다. 추위 때문인지 평소보다 이른 시간에 떠진 눈. 하지만 좀처럼 이불 밖으로 나갈 엄두는 나지 않았다. 손을 뻗어 휴대폰을 찾는다. 잠결에 이리저리 채이다 어딘가로 처박혔는지 좀처럼 잡히지 않는 휴대폰. 손바닥으로 매트리스 이곳저곳을 훑자 마침내 휴대폰이 손에 닿는다. 액정에 비친 시간은 오전 5시 31분. 그때 "쿵쿵" 거칠게 현관문을 두드리는 소리가 들렸다. 이리도 이른 시간에 누구란 말인가?

"형, 빨리 문 좀 열어봐!"

앞집에 사는 P의 목소리다. 어릴 때부터 한 골목에서 자란 우리는 친형제처럼 가깝게 지내는 사이다. 이른 새벽 소란에 어머니가 깰까 걱정된 나는 곧장 현관으로 나가 빗장을 젖혔다. P는 붉게 상기된 얼굴로 거칠게 문을 열고 들어왔다.

"형! 쿠데타야! 이 개새끼들이 쿠데타를 일으켰어!"

'쿠데타'. 이른 새벽잠에서 깨자마자 처음 들어야하는 말치고는 적절치 않은 단어. 순간 잠이 달아났다. 불현듯 며칠 전 만달레이에서 사는 사촌형이 시 외곽에서 장갑차가 돌아다니는 걸 봤다면서 "낌새가 이상하다."고 했던 말이 뇌리를 스친다. 믿을 수 없었다. 21세기 대명천지에 쿠데타라니. 갑자기 심장이 터질 듯 뛰기 시작한다. 나는 뛰는 가슴을 한 손으로 누르며 휴대폰을 집어 들었다. 신호는 먹통이다.

"와이파이도 전화도 죄다 끊겼어."

파르르 떨리는 P의 눈가에서 황망함과 분노가 느껴진다. 일단 자세한 상황을 파악해야했기에 외투를 집어 걸쳐 입고 P와 함께 집 앞으로 나갔다. 평소라면 지저귀는 새소리와 아침잠 없는 연세 지긋한 할머니들의 염불 소리로 평온한 새벽 골목은 온데간데없었다. 동네 사람 모두가 골목에 나와 금방이라도 울음을 터뜨릴 듯한 얼굴로 애꿎은 휴대폰을 노려보며 서성이고 있다.

"개자식들! 찢어 죽여도 시원찮은 놈들!"

옆집 아저씨가 러닝셔츠 바람으로 연신 울분에 차 욕설을 뱉어냈다. 몇몇 아주머니들은 통신두절로 분가한 자식들에게 연락이 닿지 않자 이내 울음을 터뜨렸다.

"어메 수(어머니 수찌, 미얀마 국가고문 아웅산 수찌를 친근하게 부르는 말)가 체포됐어. NLD(민주주의민족동맹) 인사들과 국회의원들도 새벽에 죄다 끌고 갔대."

P가 상황을 설명했다. 허망함과 들끓는 분노가 한데 몰려오며 손 끝이 부들부들 떨린다. 지난 5년 간 누려온 민주주의를 하루아침에 무력하게 빼앗기다니. 그러나 그 순간 우리 모두는 아무것도 할 수 없었다. 더 정확히는 무엇을 어떻게 해야 하는지 알지 못했다.

좀처럼 실감할 수 없는 현실에 갈피를 잡지 못한 P와 나는 한참을 집 앞에서 서성이다가 결국 집이 아닌 골목 어귀에 있는 찻집으로 발걸음을 옮겼다. 이미 찻집 안은 동네 아저씨들과 청년들로 만원滿員이었다. 자욱한 담배연기와 누를 수 없는 흥분으로 가득한 찻집 내부는 마치 한껏 가열한 압력솥을 연상시켰다. 자리를 잡고 앉은 P와 나는 밀크티 두 잔을 시킨 뒤 말없이 줄담배를 태웠다. 시간이 얼마나 흘렀을까? 채 몇 모금 마시지 않은 밀크티가 차갑게 식어버리고, 옆에 놓인 재떨이에는 담배가 수북하게 쌓여 더는 꽁초를 꽂을 공간이 없을 무렵,

"나온다!"

한 청년이 찻집 내 텔레비전을 가리키며 소리를 질렀다. 화면 속에서 연녹색 군복에 훈장을 주렁주렁 단 지긋지긋한 얼굴이 느릿느릿 말을 이어간다.

"부정선거로 민주주의가 심각한 위협을 받고 있는 작금의 문제를 해결하기 위해 비상사태를 발령한다. 향후 1년 동안 군이 나라를 통치하고 이후 공정한 선거를 치러 정권을 이양 하겠다."

▲쿠데타 원흉 군부수장 민 아웅 흘라잉ⓒ필자제공.

　해묵은 레퍼토리가 죽지도 않고 또 찾아왔다. 찻집 내 장정들은 저마다 할 수 있는 최악의 욕지거리를 쏟아내며 고함을 질렀다. 모든 것이 무너졌다. 하루아침에 우리는 다시 군부의 노예로 전락하고 말았다. 머지않아 소란은 찻집 밖에서도 벌어졌다. 동네 아주머니 여럿이 장바구니와 쌀자루를 이고 골목길을 지나가고 있었다. 군부 쿠데타가 가져올 혼란을 이미 경험한 기성세대는 벌써 사재기를 시작했다. 해가 중천에 떠오른 시간. 그러나 정오는 활기를 잃었고, 조국 미얀마는 깊은 어둠 속에 잠겼다.

2021년 2월 2일

　예상치 못한 쿠데타였지만 시민은 평정심을 유지했다. 그러나 침묵하지는 않았다. 해거름이 지나 사위가 어둑해지자 양곤 시내 곳곳에서 저항이 물꼬를 텄다. 시민이 너나 할 것 없이 냄비와 프라이팬을 집어 들고 힘껏 두드리기 시작한 것이다. 웃어른들의 말씀에 따르면 철제 기물을 두드리는 행위는 잡귀를 쫓는 오랜 전통의식이라고 한다. 죽지도 않고 다시 찾아온 쿠데타 군부를 축귀逐鬼하듯 몰아내자는 의미로 시민이 행동에 나선 것이다. 우리 골목도 시위에 동참했다. 나와 어머니는 낡은 철제 냄비와 긁힌 자국으로 가득한 프라이팬을 들고 베란다로 나갔다. 맞은편 아파트에서 P의 가족들이 베란다에서 냄비를 두드리는 모습이 보였다.

"통통통통통통통"

나는 사방에서 울리는 소리에 힘을 보탰다. 어머니 역시 쉴 새 없이 냄비를 두드리며 연신 눈물을 흘리셨다. 군부에 끌려간 수찌 여사의 안위를 걱정하기 때문이다. 손에 쥔 프라이팬의 바닥이 채 반 시간도 지나지 않아 달 표면 같이 패인 흔적으로 가득 찼다. 어찌나 힘주어 프라이팬을 때렸는지 거친 부지깽이를 든 손에 붉게 피물집이

▶ 시민들이 철제기물을 두드리며 불법 쿠데타에 항의하는 모습ⓒtwitter.

잡혔다. 그러나 나는, 아니 우리 모두는 결코 멈출 수 없었다. 천지를 메운 냄비 치는 소리는 자정이 넘은 시간까지 이어졌다. 철지난 망령 같은 저 군부 수괴에게 우레와 같은 우리의 소리가 전해지기를 염원하며.

2021년 2월 3일

사회 각계각층이 비폭력 저항운동에 돌입했다. 가장 먼저 나선 이들은 대학 교수와 의료진이다. "어렵사리 이룩한 민주주의가 퇴행하는 모습을 손 놓고 지켜볼 수 없다."는 시국 선언과 함께 강의와 의료행위를 멈추겠다는 선언이 이어졌다. 불법 쿠데타로 권력을 빼앗은 군부 통치에 불복종하겠다는 강력한 의지표현이었다. 나와 P가 다니는 대학도 잠정적으로 문을 닫았다. 기성세대가 먼저 나서자 학생들도 화답했다. 각 대학 학생회를 비롯한 전국의 학생운동조직은 군부퇴진운동을 준비해야한다며 부리나케 연락망을 돌리기 시작했다.

지식인과 대학이 저항 움직임을 보이자 군부는 수시로 인터넷을 차단했다. 시민의 눈과 귀를 막아 결속을 끊어내겠다는 심보다. 군부가 장악한 국영방송은 어제부터 모든 편성을 중단한 채 "무리를 지어 거리로 나서거나 사람들을 선동하면 엄벌에 처해질 것."이라는 둥의 엄포가 담긴 방송을 줄곧 내놓았다. 그리고 가짜뉴스와 선동을 막겠다며 시민이 가장 많이 사용하는 소셜미디어 페이스북의 접속까지 전면 차단하는 강수를 두었다. 막무가내로 나오는 군부의 행태에 분노한 일부 시민이 거리로 뛰쳐나와 군부를 비난했다. 하지만 곧장 달려온 경찰에 체포된 그들은 닭장처럼 창살이 촘촘히 박힌 호송차에 실려 갔다. 백주대낮에 끌려가는 이들을 본 시민의 가슴 속 분노는 한계로 치닫고 있다. 끓는점이 임박했다. 군부의 시대착오적인 행태를 더 이상 두고 볼 수 없다.

2021년 2월 4일

마침내 끓어오른 분노가 터져 나왔다. 제2도시 만달레이에서 첫 번째 거리시위가 열린 것이다. '떼이자산¹⁾'이라는 이름의 활동가가 오늘 오전 동료들을 규합해 만달레이 의대 앞에서 시위를 열었다. 그와 동료들은 곧장 출동한 경찰과 대치하는 상황에서도 두려움 없이 쿠데타의 위법성을 주장하며 군부의 무도함을 비판하는 구호를 외쳤다고 했다.

▲만달레이에서 시위를 이끄는 떼이자산 ⓒ
Citizen journalist.

군부가 페이스북을 차단했지

---

1) 쿠데타 사흘 뒤인 2월 4일 미얀마에서 처음으로 군부독재에 반대하는 시위를 벌인 시민 활동가. 만달레이에서 의과대학을 졸업하고 대학원에서 행정학과 국제관계학을 공부한 지식인이다. 미얀마 민주화운동의 상징으로 지난 2022년 6월 29일 제18회 박종철인권상 특별상을 받았다.

만 시민은 VPN(가상 사설망)을 통한 우회접속으로 떼이자산의 연설 모습을 담은 영상을 찾아봤다. 나는 전자기기에 능숙한 공대 출신의 P의 도움을 받아 정오가 한참 지나서야 영상을 볼 수 있었다.

검게 그을린 피부, 짧게 깎은 머리, 체중이 60kg도 나가지 않는 듯 왜소한 사내. 언뜻 보면 볼품없는 외모였지만, 떼이자산의 목소리와 눈빛에서는 강단과 굳은 의지가 드러났다. 그는 자신이 거리로 나선 이유, 군부 쿠데타의 부당함을 조곤조곤 설명하며 온 시민이 불의에 함께 저항하자고 외쳤다. 시민은 떼이자산이 쏘아올린 신호탄에 응답했다. 우리 양곤 곳곳에서도 오후부터 소규모 시위가 열렸다. 거리에 나선 시위대에 다른 시민 역시 자동차 경적을 울리고 집 안에서 냄비를 두드리는 방식으로 호응했다.

한낮의 열기가 아직 가라앉지 않은 저녁 무렵 P가 집으로 찾아왔다. 녀석은 내일부터 친구들과 거리시위에 나서겠다며 내게도 참여를 권했다. 고개를 끄덕여 동의했다.
P가 돌아가고 난 뒤 나는 부엌으로 향했다. 지난 사흘 간 공허함과 울분으로 좀처럼 먹지 못했기 때문이다. 그러나 오늘은 먹어야만 했다. 먹어야 힘을 내 달릴 수 있고, 힘을 내어 달려야 세상 모두에 우리 목소리를 전할 수 있으니까. 나는 평소 먹는 양보다 많은 밥을 퍼 그릇에 담았다.

2021년 2월 7일

거리시위에 나선지 어느덧 닷새째다.

내가 시위에 나간 처음 나간 지난 2월 5일, 시민이 모이는 모습을 본 군부는 바로 대규모 경찰력을 투입했다. 양측은 거리 한 블록을 사이에 두고 대치했지만 폭력사태는 벌어지지 않았다. 우리 시민은 "삐뚜 예(국민의 경찰)"라는 함성을 외치며 경찰이 쿠데타 군부가 아닌 시민의 편에 설 것을 요구했다. 경찰은 묵묵부답이다.

시위 두 번째 날인 어제(6일) 아침, 몇 십 명이 모여 거리를 행진하는 것으로 시작한 시위에 시민이 점차 살을 붙였다. 공무원들도 출근을 거부하고 시위에 합류했으며, 상인들도 가게를 닫고 대열 후미에 붙었다. 시위 인파는 채 한 시간도 지나지 않아 만 명 단위로 늘어났다. 거리를 빽빽하게 매운 시민이 외치는 군부퇴진 구호에 온 도시가 쩌렁쩌렁 울렸다. 결국 경찰은 진압에 나섰다. 날아드는 물대포 줄기와 공포탄, 그리고 곤봉을 휘두르며 달려드는 경찰병력. 군부는 공포와 폭력을 동원해 시민의 기세를 누르려했다. 하지만 시민은 누르는 힘에 반작용하는 용수철마냥 더 큰 열망으로 맞섰다.

시위 세 번째 날인 오늘, 군부 쿠데타 후 첫 번째 일요일을 맞아 어림잡아 10만 명이 넘는 시민이 양곤 시내에 집결했다. P와 나는 시위대에 섞여 양곤 구시가지에 있는 술레 파고다까지 함께 행진했다. 그리고 파고다를 두르듯 세워진 육교 위에 올라가 운집한 시민의 모습을 영상으로 찍어 페이스북, 트위터, 유튜브 등 소셜미디어에 공유했다. 우리 시민이 결코 쿠데타를 용인하고 있지 않다는 점을 전 세계에 알리기 위해서다.

육교 위에서 내려다 본 시위대는 마치 거대한 강 같았다. 깃발과 팻말이 형형색색 물결쳤고, 노래와 함성은 바위를 때리는 급류처럼 우렁찼다. 양곤뿐만 아니라 전국 방방곡곡에서 인파가 거리로 쏟아져 나왔다. 대도시에서 소읍으로, 소읍에서 부락으로. 거대한 저항의 물결은 지류를 이루며 온 나라로 퍼졌다.

◀ 2021년 2월 7일 양곤 구시가지에서 열린 대규모 민중집회ⓒtwitter.

2021년 2월 9일

시위 현장에 흉흉한 소문이 돌았다. 지방 소도시에서 군경이 시위대에 실탄을 발사했다는 소문과 정체를 알 수 없는 차량이 시위대에 돌진하여 여러 명이 목숨을 잃었다는 이야기들. 쿠데타 이후 페이스북 상에서는 온갖 이야기가 나돌았지만, 그 무엇도 확실한 것은 없었다. 적어도 양곤에 투입된 군경은 아직까지는 고강도 폭력은 자제하는 모습을 보여 왔다.

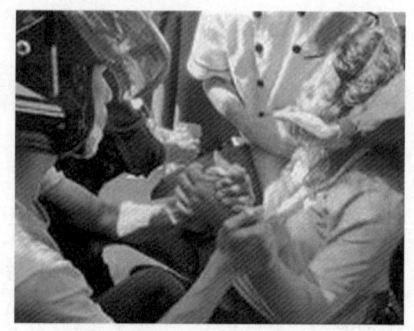
▲2021년 2월 9일 군경의 총격으로 쓰러진 먀뛔뛔카인의 모습ⓒBBC Burmese.

그러나 오늘 기어이 저 자들이 일이 벌이고 말았다. 수도 네삐도에서 19세 소녀 '먀뛔뛔카인'이 경찰이 조준 사격한 실탄에 총상을 입고 쓰러졌다는 소식이 전해진 것이다. 소녀는 머리에 총을 맞은 뒤 현장에서 의식을 잃은 상태로 병원에 실려 갔고, 이후 경찰이 시위현장을 유혈진압하며 부상자가 속출했다.

오후에 들어서자 네삐도 현장에서 찍힌 영상이 페이스북을 통해 일파만파 퍼졌다. 진압 당시 먀뛔뛔카인은 시위행렬이 아닌 도로 옆 정류장에 서 있다가 총을 맞았다. 그녀는 경찰이 세운 저지선을 넘지도 않았고, 진압에 나선 경찰을 향해 어떠한 행동도 하지 않았다. 그러나 경찰은 가만히 있던 여성에게 조준사격을 가했다. 군부는 선을 넘었다. 피 맛을 본 저들이 앞으로 무슨 일을 저지를지가 심히 걱정이다.

우울한 소식에 몸도 마음도 지친 상태로 집에 돌아왔다. P가 건너와 함께 저녁을 먹었다. 우리는 말할 기력조차 없이 조용히 쌀알을 씹어 넘겼다. 그때 국영언론이 송출하는 저녁 뉴스가 적막을 깼다. 군부는 양곤과 만달레이에 계엄령을 선포했다. 5명 이상 모이거나 시위를 할 수 없고, 오후 8시부터 오전 4시까지 외출과 통행을 전면 금지한다고 했다. 쿠데타를 비난하는 여론이 전국적으로 확산되자 군부 수장 민 아웅 흘라잉[2]은 쿠데타에 대한 입장을 밝혔다. 2020년 총선에서 선거부정이 있었기 때문에 군이 민주주의 수호를 위해 쿠데타를 벌였다는 것이다. 그는 최대한 빨리 비상사태 기간을 마치고 공정한 총선을 실시해 권력을 이양할 터이니 국민은 군을 믿고 국가가 안정될 때까지 생업에 매진하기를 바란다고도 덧붙였다. 저따위 말인지 방귀인지 알 수 없는 핑계를 들어야하는 처지에 참담함을 느낀다.

2021년 2월 16일

경찰이 쏜 실탄을 맞고 뇌사상태에 빠진 먀뚸뚸카인이 연명치료를 중단했다는 소식이 보도됐다. 먀뚸뚸카인은 병상에서 20살 생일을 맞은 뒤 다음날 세상을 떠났다. 쿠데타 이후 군부가 가한 직접적 공격으로 발생한 첫 번째 사망자다.

---

[2] 미얀마 군부의 최고사령관으로서 군 통수권자이다. 2016년 초 군권만 가지고 문민정부에게 정권을 이양하며 물러났다. 이후 2020년 11월 미얀마 총선을 아웅산 수찌가 이끄는 민주주의민족동맹이 석권하며 군부 권한을 축소하는 방향으로 헌법을 개정하려하자 쿠데타를 일으켜 무력으로 미얀마를 장악했다.

분노를 자아내는 점은 군부가 먀뛔뛔카인에게 실탄을 사용해 조준사격한 사실을 계속 부인하고 있다는 점이다. 그들은 "시위대의 안전을 위해 실탄이 아닌 고무탄을 썼고, 조준사격을 한 일도 없다."고 발뺌했다. 한 마디로 그들과 무관한 일로 먀뛔뛔카인이 숨졌다는 논리다. 뻔뻔한 거짓말로 사건을 은폐한 군부는 오늘도 곳곳에서 자국 시민을 향한 고강도 폭력을 계속하고 있다.

2021년 2월 20일

양곤에서 강경진압이 계속되고 있다. 군부는 시위참여자 뿐만 아니라 과거에 민주화 운동경력이 있는 사람들에 대한 체포 영장까지 발부하며 강경한 기조를 이어가고 있다.

특히 시민불복종 운동(Civil Disobedience Movement, CDM)에 참여한 공무원들은 군부에 요시찰인물로 찍혔다. 쿠데타 초기부터 있었던 출근거부 운동은 학교 교사와 공무원들이 대거 참여하면서 이제는 CDM이라는 거대한 흐름으로 부상했다. 시위현장에서 만난 CDM 참여자들은 자신들이 파업을 한 의미가 단순히 군부의 쿠데타를 부정하는데 그치는 것이 아니라고 입을 모았다. 일터를 떠남으로써 군부가 주도하는 국정운영을 자체를 마비시키는 게 목적이라고 그들은 힘주어 말했다. 스스로 생계를 포기하면서까지 군부를 미워하는 이들. 군부가 CDM 참여자를 예의주시하는 것은 어쩌면 당연한 일이었다.

군부는 미얀마의 현실을 알리고자 동분서주했던 이들도 감시했다. 현장을 취재하는 기자는 물론 시위현장을 촬영해 전 세계에 공유하는 일반시민 역시 표적이 됐다. 현장에서 카메라를 들고 있다는 이유로 군경에 끌려간 뒤 실종되어 행방조차 알지 못하는 이들이 부지기수라는 살 떨리는 소문도 시위현장에 돌았다. 그리고 군부가 지금보다 탄압수위를 높일 거라는 이야기, 피를 더 흘리지 않으면 자유와 민주주의를 되찾을 수 없다는 말 또한 유행처럼 번졌다.

2월 중순이 되자 소문대로 군부는 보안등급을 올렸다. 군부 장갑차가 양곤 시내를 활보했고, 자동소총으로 중무장한 군 병력이 시위현장에 투입되어 시위대를 쫓았다. 우리는 사냥감으로 전락했다. 나와 P는 군경에 쫓기면서 몇 번이나 체포당할 위험에 처했지만 다행히 여러 지역주민들이 도움으로 체포를 피할 수 있었다. 지역의 시장 상인들과 상점 주인들은 군경을 피해 달아나는 우리를 창고 안에 숨겨주거나, 가게 뒤로 어지럽게 이어진 뒷골목으로 안내하여 도망칠 수 있도록 도왔다. 그렇게 우리는 추격해오는 군경을 피해 매일 좁은 양곤의 뒷골목을 전전했다. 그리고 어둠에 몸을 숨길 수 있는 밤이 되어서야 집에 돌아왔다. 만약 골목 어딘가에서 군경에 포위된다면 그날로 우리 운명은 끝나는 것이다.

군경이 쏘는 것은 비단 실탄만이 아니었다. 어느 날부터 그 자들은 시내 전체에 최루탄을 마구잡이 발포했다. 시위대를 몰이사냥하기 위한 새로운 수단이었다. 하지만 최루탄은 우리 같은 시위대뿐만 아니라 평범한 시민도 괴롭혔다. 최루액 입자는 시위현장에서 바람을 타고 가까운 동네로 날아들며 남녀노소 모두를 공격했다. 특히 영문 모를 고통을 갑작스럽게 마주한 아이들이 몹시 놀라 눈물과 콧물을 쏟으며 울었

▲날아든 최루탄을 헬멧으로 덮고 소화하는 시위대. 우산은 최루탄을 방어하기 위함이다.ⓒCitizen journalist.

다. 우리는 날아든 최루탄이 폭발하기 전 젖은 물수건으로 덮어 최루액이 분출하는 것을 막으며 최루액을 맞고 괴로워하는 아이들의 얼굴을 닦아주기 위해 분주하게 뛰었다.

P는 물보다 콜라 같은 탄산음료로 눈을 씻는 게 최루입자를 닦아 내는데 더 용이하다고 했다. 과학적 근거는 모르겠으나 정말로 끈끈하고 톡 쏘는 액체가 닿자 최루입자로 인해 불타는 것 같은 고통이 더 빨리 가라앉는 것 같다고 모두가 입을 모았다. 이런 이야기가 퍼지자 시내 곳곳에 있는 구멍가게와 작은 마트 주인들이 선뜻 콜라와 생수를 무료로 내주었다. 이런 도움 덕분에 우리 모두는 지옥 같은 날을 겨우 버텨나가고 있다.

시위를 마치고 밤 10시가 되어서야 겨우 집에 도착했다. 페이스북에 접속하자 수없이 많은 기사가 쏟아졌다. 만달레이에서 오늘 대

규모 유혈진압이 벌어져 2명이 숨지고 최소 10명이 다쳤다는 소식이다. 종일 확인하지 못한 페이스북 메신저에는 만달레이에 사는 사촌형이 보낸 영상과 사진이 빼꼭했다. 나는 그 중 앳된 소년이 머리에 총을 맞아 뇌수를 흘리며 죽은 영상을 보고 눈앞이 아득해졌다. 절로 비명이 새어나올 수밖에 없는 잔혹한 사진. 하지만 나는 보아야만 했다. 보지 않으면 기억할 수 없기에 꾹꾹 참으며 보아야만 했다.

군부에 저항하는 자유언론은 죽은 소년의 이름이 '웨이얀툰' 이라고 했다. 나이는 올해 겨우 16살. 소년은 오늘 내가 양곤 뒷골목을 달리고 있던 시간에 만달레이 서부 선착장에 열린 시위 현장에서 숨졌다. 언론은 웨이얀툰의 모친이 총소리가 들리는 거리로 나가려는 아들을 극구 만류했다고 전했다. 그러나 소년은 시위현장에 쓰러져 있는 부상자를 보고 "어머니, 저는 더 이상 두고 볼 수 없어요." 라는 말을 남기고 거리로 뛰어나갔다.

▲군경의 저격으로 목숨을 잃은 16세 청년 웨이얀툰의 생전 모습ⓒtwitter.

그 말은 웨이얀툰의 유언이 됐다. 부상자를 수레에 태워 구출하던 웨이얀툰은 조준경이 달린 저격총에서 발사된 총탄을 무방비상태에서 맞았다. 어리지만 고귀한 용기를 지닌 소년이 너무나도 비열한 자들의 손에 목숨을 잃었다. 몹시 고단한 날이었지만 터지고 찢긴 소년의 주검이 계속 떠올라 잠을 이룰 수 없다.

2022년 2월 22일

시민이 군경이 쏜 총탄에 매일 거리에서 쓰러지고 있다. 불법연행된 사람은 일일이 셀 수조차 없는 지경이다. 군부는 형법까지 개정해 무고한 이들을 체포할 구실을 만들었다. 민주진영 인사들에게는 악명 높은 '형법 505조a', 이른바 '내란과 선동에 대한 법률' 위반 혐의로 체포영장이 발부되고 수배령이 떨어졌다.

허나 시민은 굴복하지 않았다. 시위대는 2021년 2월 22일, 2가 다섯 번 들어가는 오늘을 22222 혁명일로 명명하고 단체행동에 돌입했다. 지난 8888항쟁 때처럼 전 국민이 총파업에 돌입하고 거리로 나서자는 취지다. 혁명의 열기가 전국에 들불처럼 번졌다. 북쪽 끝 까친주에서 남쪽 끝 뜨닌따리주까지 수백만 명에 이르는 시민이 군부독재타도를 외치며 시위를 벌였다. 엄혹한 시절이지만 모두가 용기를 끌어냈다.

요즘 시위현장에서 가장 유행하는 단어를 꼽으면 단연 'Z세대'다. 전 세계 사람들이 나를 포함한 미얀마 청년세대를 그렇게 부른다. 2015년 민간정부 집권기에 고등학교와 대학교육을 받은 세대, 인터넷과 외국문화에 익숙한 세대를 Z세대라고 일컫는다고 했다. 그러나 P와 시위대 청년들은 다른 관점을 내세웠다. Z가 알파벳의 마지막 문자이듯 우리도 군부독재에 시달리는 마지막 세대가 되겠다는 것. 나는 우리의 다짐과도 같은 그 관점이 더욱 마음에 든다.

세계 각국에 미얀마 상황을 알리고자 고군분투한 우리의 노력이 조금은 효과를 보이기 시작했다. 국제사회는 연일 쿠데타를 일으킨 군부를 규탄하며 제재를 논의했다. 민주주의를 사랑하는 세계시민은 "우리는 미얀마 국민과 함께 한다."는 구호를 외치며 멀리서 연대의 목소리를 높였다. 이러한 뜨거운 응원이 있기에 저 악독한 쿠데타 군부도 이번만큼은 제 뜻을 이루지 못하리라.

2021년 2월 28일

상황이 혼돈으로 치닫고 있다. 사흘 전 군부는 천 명이 넘는 범죄자와 조직폭력배를 고용해 양곤에서 관제 시위를 벌였다. 그들은 거리를 활보하며 무고한 시민을 향해 칼부림을 벌이며 상점을 부수고 약탈하는 만행을 저질렀다. 한간에 들리는 소문으로는 군부가 교도소에 수감 중인 흉악범 2만 명을 일시에 묻지마 석방했다고 한다. 어른들은 이것이 사회혼란을 가중시키기 위한 군부의 해묵은 꼼수라고 했다. 거리는 그야말로 무법천지가 되었고, 시민의 안전은 심각히 위협받고 있다.

엄혹한 상황 속에도 오늘 전국에서 군부독재 타도 2차 총궐기가 이어졌다. 시민 수십만 명이 거리로 쏟아져 나왔다. 그러나 군부는 이제 거리낌 없이 시민에 총격을 가했다. 오늘 양곤에서만 4명이 총에 맞아 숨졌고, 전국적으로는 20여 명 군부의 폭력에 목숨을 잃었다.

시위를 마치고 늦은 밤 집에 돌아오자 어머니가 불안한 표정으로 나를 맞이하셨다. 현관문을 열고 들어오는 나를 본 어머니 표정에서 안도와 걱정이 교차하는 것을 느낀다. 늦은 저녁을 함께 먹으며 어머니는 말씀이 없다. 한참 뒤 입을 여신 어머니는 내가 더 이상 시위현장에 나가지 않았으면 하는 바람을 드러내셨다. 나에게 무슨 일이라도 생기면 당신께서는 이 세상을 어찌 살아 가냐며 결국 눈물을 보이신다. 마음이 미어진다. 걱정하시는 마음 어찌 모르겠냐만 모든 이들이 위험을 감수하고 거리로 나서는 시절이다. 나만 비겁하게 숨을 수는 없는 일이었다. 결국 어머니가 원하는 답을 드리지 못하고 "제가 더욱 조심 할 터이니 너무 염려마시라."는 말로 얼버무리고 말았다.

어머니와 대화를 마치고 방에 돌아오자마자 고단함이 밀려온다. 매트리스에 몸을 누이려는데 휴대폰 진동이 길게 울렸다. P가 보낸 메시지다. 녀석이 보낸 것은 오늘 우리가 거리를 뛰어다니던 와중에 발생한 일들을 보도한 뉴스기사 링크였다.

▲군경 앞에 무릎꿇은 안누따웅 수녀 ⓒtwitter.

여러 기사 중 가장 눈에 띄는 것은 단연 북부 까친주에서 날아든 소식이었다. 까친주 주도主都 미찌나에 있는 성 프란치스코 사베리오 수녀원 소속 '안 누 따웅' 수녀가 수 많은 무장 경찰 무리를 무릎을 꿇은 채 혼자 막아서는 모습이 오늘 가장 큰 이슈였다. 진압을 위해 시위대에 총을 겨누고 전진하는 경찰병력을 단신으로 가로막은 수녀. 수녀는 아스팔트 바닥에 무릎을 꿇고 경찰을 향해 제발 어린 청년들을 쏘지 말라며 눈물로 간청했고, 이에 경찰도 결국 진압을 중단했다고 한다.

현장 증언도 이어졌다. 무릎 꿇고 호소하는 수녀의 모습을 직접 본 지역주민은 "수녀님의 간곡한 요청을 들은 군경은 폭력을 멈추었다. 이후 수녀님은 곧바로 부상을 입은 시위대를 치료하기 위해 현장으로 달려갔다."고 페이스북에 썼다. 칠흑 같은 어둠을 가르는 성스러운 한 줄기 빛, 고결한 안 누 따응 수녀의 모습에 마음이 먹먹해진다.

2021년 3월 3일

Everything will be OK

오늘 만달레이에서 군경이 쏜 총에 맞아 숨진 19세 소녀 '쩨신'이 입고 있던 검은 티셔츠에 새겨진 문구다. "괜찮아, 다 잘될 거야." 티셔츠에 담은 바람이 무색하게도 하루 동안 전국에서 34명이 목숨을 잃고 3백 명 넘는 시민이 체포됐다. 군부는 시위에 나선 시민에 공포감을 불러일으키기 위해 일부러 머리를 저격하는 잔혹성을 보이고 있다. 오늘 목숨을 잃은 쩨신 또한 머리에 총탄을 맞고 숨졌다.

"너희들도 이처럼 끔찍한 모습으로 주검이 될 수 있다."는 경고를 널리 퍼뜨리려는 참혹한 수작이다. 항간에는 군경이 시민의 머리를 쏘는 행위가 친親 군부 승려 '와시빼잇'이 민 아웅 흘라잉에게 "시대를 바꾸고 싶으면 머리를 노려라."라는 조언을 했기 때문이라 주장하고 있다. 와시빼잇을 맹목적으로 따르는 민 아웅 흘라잉이 조언을 곧이곧대로 받아들여 시위대에 조준사격을 명령했다는 것이다. 심지어

▲군경의 저격으로 쓰러지기 직전에 찍힌 째신의 모습ⓒtwitter.

와시빼잇이 쿠데타 전 민 아웅 흘라잉에게 "문을 천천히 열기가 어렵다면 발로 차 부숴버리면 된다."고 말하여 불법 쿠데타를 종용했다는 전언도 나돌고 있다.

이런 찌라시에 가까운 이야기를 믿고 싶지 않다. 하지만 군부 수뇌부의 수준을 생각하면 충분히 있을 법한 일이라는 생각이 든다. 내가 태어나기 한참 전인 1987년에 군부 독재자 네윈은 숫자 9가 길吉하다는 점쟁이의 말을 믿고 45짯과 90짜리 화폐를 발행하는 괴상스런 일까지 저지르지 않았는가. 4와 5를 더하면 9, 9와 0을 더해도 9. 미신에 현혹된 독재자가 한 자릿수 산수 놀음을 하는 사이 미얀마 경제는 끝이 보이지 않는 나락으로 떨어졌고, 이는 88년 민중항쟁의 기폭제가 됐다.

시대가 바뀌며 승려들이 점쟁이와 주술사의 자리를 대신했지만, 근본은 변하지 않았다. 불법佛法이 아닌 군부권력에 의지한 가짜 중들은 종교인의 고결함을 내팽개치고 미신으로 군부 수뇌부를 현혹해 사리사욕을 챙겼다. 제정 러시아를 무너뜨리는데 일조한 요승 라스푸틴 같은 얼굴을 한 친 군부 승려들. 그리고 승려들이 뱀 혓바닥보다도 간악한 세치 혀로 내뱉은 요설을 믿고 의지하는 군부 독재자. 역사의 전범典範이 여전히 현현한데도 권력과 욕심에 눈이 먼 자들은 당최 배우고 뉘우치는 법을 깨닫지 못한다.

군부가 발효한 계엄령에 외출이 금지된 늦은 밤, P가 골목을 가로질러 우리 집으로 건너왔다. 자신이 친구에게서 전해들은 유혈진압 소식을 알려주기 위해서였다. 오늘 양곤 북北 오깔라빠 지역에서 군경이 시위대에 기관총을 난사했다. 현장에 있던 P의 친구가 직접 목격한 사망자만 6명이고, 미처 수습하지 못한 시신을 더하면 족히 열 명 이상 한 자리에서 목숨을 잃었다고 한다. 자정 무렵 시위대가 북오깔라빠 진압현장에서 찍은 사진이 텔레그램에 올라왔다. 사진 속 희생자 대다수가 머리와 가슴 등에 직격탄을 맞고 숨졌다. 정녕 도를 넘어섰다. 지금 군부는 자국민을 대상으로 '학살'을 벌이고 있다.

구조대와 시위대를 치료해주는 의료진 역시 공격 대상으로 전락했다. 페이스북에서는 군경이 의료진을 구급차에서 끌어내 길가에 꿇어앉힌 채 개머리판으로 머리를 내려치는 영상이 계속 공유 중이다. 뿐만 아니라 사회적 약자인 임산부와 어린이까지 공격의 대상이 되고 마니 미얀마에서 안전한 곳은 어디에도 없는 지경에 이르렀다.

끔찍한 죽음이 이제는 일상처럼 느껴진다.

군부는 저항하는 이들을 잔혹하게 짓밟는 동시에 민주정부의 행적 지우기에도 열을 올렸다. 자유언론 보도에 의하면 오늘 군부는 민주정부 수반인 윈 민 대통령과 아웅산 수찌 여사를 각종 범죄 혐의로 기소했다. 국민이 투표로 직접 선출한 지도자를 그들이 장악한 법정으로 끌고 가 흠집을 내겠다는 것이다. 군부에 협조적이 않은 공무원 150여 명이 하루 만에 줄지어 해임 당했다는 뉴스도 보도됐다. 그 자리에 군부의 앞잡이들이 임명되어 득세할 것은 굳이 설명할 필요조차 없는 일이리라.

이러한 부당함을 알리려 동분서주하는 언론 또한 군부의 최우선 공격대상이 됐다. 현장에서 취재활동을 벌이던 기자들은 매일같이 체포되고 있다. 물리적인 탄압으로도 모자랐는지 군부는 지난달 언론 관련법을 손질해 자유언론인이 뉴스를 보도하는 것만으로 징역 3년에 처할 수 있도록 만들었다. 그들이 장악한 관용 언론, 아니 어용 언론을 제외한 모든 목소리를 차단하겠다는 획책이다. 하지만 아무리 눈과 귀를 막으려 해도 시민은 진실을 안다. 거짓이 어떠한 발악을 한들 변함없는 진실을 결코 이기지 못한다는 것을.

2021년 3월 9일

사흘 전부터 갑작스러운 고열과 어지럼증을 느끼며 시위현장에 나가지 못했다. P는 내가 코로나19에 걸렸을 가능성이 있다고 했다.

하긴, 하루에도 적게는 수십 명에서 많게는 수백 명 이상을 시위현장에서 접촉하는 마당에 바이러스에 옮지 않는 게 더 이상한 일이다.

작년부터 우리나라도 코로나19 감염병 대유행에 직격탄을 맞았다. 수찌 여사 집권기에 겨우겨우 전염을 통제하고 있었으나, 지난달 쿠데타 이후 모든 의료체계와 질병통제 시스템이 일시에 무너졌다. 모든 국민이 눈앞에 날아드는 총알은 물론 보이지 바이러스 앞에서도 무방비 상태에 놓인 셈이다.

군경이 쏘는 총탄은 두려운 존재이나 제약이 있다. 총구를 타고 나온 탄두는 정해진 방향에 거의 어긋나는 법 없이 비행하다가 운동에너지가 다하거나 목표를 타격하는 즉시 파괴력을 잃는다. 그러나 바이러스에게 그런 제약 따윈 없었다. 사람으로부터 더 많은 사람에게, 심지어 바이러스는 군부와 시민을 구분하지도 않았다. 지난 한 달 동안 수없이 많은 사람이 코로나19에 전염되었고 일부는 증상이 악화되어 목숨을 잃었다. 하지만 권력을 손에 얻은 군부는 어떠한 대처도 하지 않았다. 하다못해 얼마나 많은 이들이 감염되었고 죽었는지를 기록할 의지조차 없어 보인다. 쿠데타로 우리가 잃은 것은 단순히 우리가 선출한 정부와 자유뿐만 아니라 우리의 안전, 생명, 인간의 존엄성, 즉 '모든 것'이다.

다행히도 이틀 만에 증상은 나아졌고 밀접 접촉자인 어머니도 특별한 증상을 보이지 않았다. 단순한 몸살이었나 보다. 나는 다시 시위에 나갈 준비를 했다. 하지만 P가 반대했다. 녀석은 내게 시위에 나가는 일을 단 며칠이라도 쉬라며 만류했다.

"형, 지금 몰골이 딱 슈퍼 솔져 혈청을 맞기 전의 스티브 로저스[3] 같은 거 알아?"

P의 말은 옳았다. 아침에 눈을 뜨면 시위하러 나갔다가 한 밤중에야 돌아오니 마지막으로 거울을 제대로 본 게 언젠지 기억이 가물가물했다. 거울 속에 비친 내 모습은 마대자루 위에 가죽 껍데기를 씌워 놓은 꼴이었다. 더불어 매일 같이 걱정이 끊이지 않는 어머니의 얼굴도 떠올랐다.

"딱 3일만 쉬자. 그보다 더 쉬는 거는 내가 용납 못해. 형이 곁에 있어야 나도 믿고 달리지."

짐짓 엄격한 얼굴로 막아서는 P에게 나는 지고 말았다. 그렇게 사흘간 집에서 지냈다. 하지만 집에 가만히 누워있을 수만은 없었다. 나는 SNS를 통해 현장소식을 공유하는 일을 시작했다. 온라인에서는 현장의 사진과 영상을 모아 영어로 설명을 단 뒤 트위터와 페이스북으로 공유하는 활동을 하는 사람들이 많았다. 그들은 서로를 '키보드 워리어(Keyboard Warrior, 키보드 전사)'라고 칭했다. 키보드는 곧 그들의 총이요, 온라인의 비트는 탄약이었다. 수많은 키보드 워리어가 활약한 덕분에 미얀마 상황은 소셜미디어를 통해 해외언론으로 전파되었다. Z세대는 거리 위에서만 저항하고 있는 게 아니었

---

[3] 마블 코믹스에 등장하는 가공인물이며 이명은 '캡틴 아메리카'다. 제2차 세계대전 당시 너무 허약해서 미 육군 입대를 거부당할 정도로 빈약한 몸을 지닌 청년이었지만, 조국에 봉사하기 위해 초인 병사 계획에 자원하여 특수 혈청을 맞고 모든 능력을 인간의 한계까지 끌어올린 초인이 되었다.

다.

어제 소셜미디어에서는 안 누 따웅 수녀의 이름이 다시 등장했다. 수녀는 시위현장에서 또 다시 무릎을 꿇었다. 저번처럼 진압에 나선 군경에 가로막으며 제발 폭력을 사용하지 말라고 애원했고, 일부 군경은 무릎을 꿇은 채 수녀의 말을 경청했다. 그러나 결말은 해피엔딩이 아니었다. 간곡한 요청이 무색하게도 어제 수녀가 사는 까친주 미찌나에서는 군경이 발사한 총에 시위대 2명이 목숨을 잃었다.

군부의 탄압은 양곤에서도 계속됐다. 특히 언론사들이 어제와 오늘 지독한 공격을 받았다. 이미 폐간 당했지만 온라인상에서 취재와 보도를 계속하던 언론사 DVB(Democratic Voice of Myanmar), 미지마(Mizzima), 미얀마 나우(Myanmar Now) 사옥이 급습 당했다. 기자들은 체포를 피했지만, 군경이 취재장비와 집기 모두를 압류해 갔다고 한다. 오늘은 우리 집과도 멀지 않은 까마웃동洞에서도 지역 언론매체 사무실이 군경에 습격당했다. 사무실에 있던 언론사 설립자와 편집장이 끌려갔다는 소식이다.

군부는 시민저항을 누르기 위해 보다 큰 공포를 빚어냈다. 지금 미얀마에서는 그 누구도 해가 지면 집 밖으로 나가지 못했다. 집 안에 있다고 해서 안전이 보장되는 것도 아니다. 야간 순찰을 도는 군경은 밤에 전등을 켜고 있다는 이유로 창문에 돌팔매질을 하거나 집 앞에 세워 둔 차를 때려 부쉈다. 베란다에 나와 밖을 내다봤다는 이유로 총을 쏘는 일도 서슴지 않았다. 우리 골목도 군경의 시선을 끌지 않기 위해 밤이면 모두 어둠 속에서 숨죽인 채 지내고 있다. 최악의 뒤에 더한 최악이 존재할 수 있다니…

오늘로 P와 약조한 3일이 지났다. 내일은 다시 거리로 나가야 한다.

2021년 3월 14일

어제 또 다시 38명의 사망자가 나왔다. 한 달반 동안 물경 100명 가까운 시민이 죽임을 당했다. 군부는 전쟁터에서나 사용할만한 무기를 총동원해 군사작전을 수행하듯 시민을 조직적으로 학살하고 있다. 귀한 목숨들이 하루하루 덧없게 스러져간다. 내가 아직까지 체포 당하거나 죽지 않은 게 천운이 따른 것처럼 느껴진다.

군부는 시민의 일상까지 감시와 통제의 대상으로 삼았다. 소셜미디어가 시민이 지닌 강력한 무기라는 사실을 깨달은 것이다. 도시 도처에 사복을 입은 군경이 깔렸다. 그들은 주로 골목길 어귀나 버스 정류장 근처에서 잠복했다. 그리곤 불쑥 나타나 통행하는 시민을 붙잡은 뒤 휴대폰을 빼앗아 검사했다. 만약 휴대폰 사진 갤러리에서 시위에 참여한 사진이 나오거나 페이스북에 군부를 비난하는 글을 쓴 게 발견되면 그길로 그 사람은 체포되어 알 수 없는 곳으로 끌려간다. 풍문은 끌려간 사람들이 군사기지에서 잔인한 고문을 받는다고 했다. 체포한 사람을 고문해 시위주동자를 자백하게 만드는 게 목표라고 들었다. 모진 고문에 못 이긴 체포자는 버티다 못해 결국 누군가의 이름을 불고 만다. 그러면 그날 또 다른 무고한 시민이 불법납치 희생자가 되는 것이다.

이런 상황에서 군부는 스스로를 '정부'라고 칭하며 자신들이 장악한 관용 언론을 통해 "체제가 점차 안정되고 있다."며 자찬했다. 저 짐승들은 정부의 역할이 납치와 고문이라고 생각하는 모양이다. 우리는 우리 손으로 뽑은 정부를 잃었지만 의회는 여전히 명맥을 잇고 있다. NLD 인사들과 작년 총선에서 당선된 의원들은 쿠데타 며칠 뒤 임시의회를 구성하고, 온 민족을 대표한다는 뜻에서 '연방의회 대표위원회(CRPH)'라고 이름을 붙였다.

CRPH는 최근 소수민족 무장단체와 연대를 강조하고 있다. 현 쿠데타 상황이 버마족만의 문제가 아닌 미얀마 전체 민족 공동의 문제임을 짚은 것이다. 그리고 오늘 자신을 부통령 권한대행이라고 밝힌 소수민족 꺼잉(Karen)족 출신 정치인 '만원카인딴'이 "군부를 뒤집을 혁명을 추진하겠다."는 메시지를 발표했다. 소수민족 무장단체 대표들과 회담을 통해 군부에 대항할 무장 세력을 만든다는 게 골자다. 시위에 참여한 이들 대부분은 만원카인딴 권한대행이 말한 계획에 동의했다. 시민은 지금까지 불법 쿠데타에 평화로 대응하며 국제사회가 부당한 상황에 적합하게 개입해주기를 기다렸다. 지금은 무려 2021년이 아닌가? 국제사회는 지난 한달 보름 동안 거의 매일 규탄과 우려를 표명하며 기대를 높였다. 그러나 결국 꺼내든 카드는 개입이 아닌 군부 수뇌부에 대한 경제제재였다.(제재 같은 게 먹혀들거면 애초에 이 자들은 쿠데타를 일으키지도 않았겠지.)

시민은 거리로 나와 줄곧 유엔과 국제사회가 R2P(보호책임)를 발동해주길 간곡히 요청했다. 하지만 마음속으론 국제사회가 움직여줄 것이라는 희망을 조금씩 잃고 있었다. 나 스스로도 이제 어디에 희망을 걸어야할지 모르겠다. 정의로운 국제사회의 구원을 속절없이 기다려야 하는가? 아니면 우리 스스로 무기를 들고 싸워야 하는가? 한 가지 확실한 건 고민하는 지금 이 순간에도 군부는 시민을 학살하고 있다는 점이다.

늦은 밤 P가 건너왔다. 우리는 어두운 마루에 앉아 말없이 휴대폰을 문지르며 오늘 있었던 일을 검색했다. 끔찍하다. 모조리 끔찍한 광경뿐이었다. 도시는 물론 지방 소도시까지 유혈진압은 매시간 계속됐다.

▲군경의 진입을 막기 위해 바리게이트를 치고 저항하는 흘라잉따야 시민들ⓒCitizen journalist

P가 영상 하나를 내민다. 우리 동네에서 멀지 않은 흘라잉따야[4]의 모습이 펼쳐졌다. 영상 속에서 드럼통을 반으로 갈라 만든 조약한 방패를 든 시민이 군경의 총탄세례를 막아내고 있다. 방패가 시간을 버는 사이 다른 시민은 총격에 쓰러진 사람들을 부축해 대피시킨다. 시민은 저항의사가 없었지만 군경은 총격을 멈추지 않았다. 총탄을 막기엔 드럼통 방패가 너무도 약했던 탓일까? 날아드는 총탄에 시민 서넛이 풀썩 쓰러진다.

"형, 우리 이대로 당하기만 해야 돼?"

휴대폰을 든 P의 손이 떨린다. 녀석의 분노는 정당했다. 현장에서 전한 이야기에 따르면 오늘 하루 흘라잉따야에서 50명 가까이 죽거나 다쳤다. 흘라잉따야 사람들은 지프차를 타고 총을 쏘며 진입하는 군경을 막기 위해 도로에 모래주머니로 방벽을 쌓았지만 역부족이었다. 군부는 아랑곳하지 않고 밀고 들어와 보이는 모든 것을 쏘고 불태웠다. 흘라잉따야에서는 검은 연기가 종일 잦아들지 않았다. 권력 상실을 두려워 한 노쇠하고 아둔한 장군의 욕심 하나로 너무나도 많은 이들이 삶을 잃었다. 참담하고 또 참담하다.

2021년 3월 18일

군경이 벌이는 난동이 그저께부터 극에 달했다. 시내 곳곳에서

---

[4] 양곤 도심 서부에 있는 공업지대다.

탄압이 이루어졌지만 요 며칠 사이 가장 큰 피해를 입은 곳은 단연 흘레단(Hledan)이다. 대학과 상점이 모여 있는 양곤의 번화가 흘레단에서는 하루 걸러 대규모 시위가 벌어졌다. 군부가 흘레단을 표적으로 삼은 것은 너무도 당연했다.

어두운 밤 계엄령으로 인적이 끊긴 흘레단의 골목마다 '씻퀘(군부의 개라는 뜻, 미얀마 시민이 군부 군경을 칭하는 멸칭)'들이 기어들었다. 이윽고 작은 섬광이 번쩍하더니 이내 "쾅"하는 파열음과 함께 커다란 화염이 붉은 혀를 넘실거린다. 불길은 이내 민가의 벽과 지붕을 집어삼켰다. 씻퀘들이 화염병 테러를 시작한 것이다. 불타는 민가를 보며 씻퀘들은 시민을 향해 입에 담기 힘든 욕설을 뱉어냈다. 정녕 인간이라면 할 수 있는 짓….

지지난밤 벌어진 흘레단의 참상은 오늘에서야 시민사회에 전해졌다. 군부가 화염병 테러를 벌이기 전 흘레단 일대에 인터넷을 모두 차단했기 때문이다. 그러나 흘레단에 사는 시민은 위험을 감수하며 군부가 저지르는 만행을 영상으로 기록했고 이를 세상에 전했다. 손바닥으로 하늘을 가릴 수 없는 세상이다. 군부 탄압이 거세지며 이전처럼 대규모 인파가 모이는 시위는 불가능해졌다. 매일 거리에 나가는 나와 P는 요즘 들어 참여자가 눈에 띄게 급감하고 있는 것을 느낀다. 지난달만 해도 시위대에게 호의적이었던 지역주민도 점차 은신처를 제공하거나 물품을 지원하는 일을 꺼리기 시작했다. 당연하다. 군부를 증오하지만 대놓고 속내를 드러냈다가는 목숨을 잃을 수도 있는 시절이 아닌가? 일부 시위대는 이러한 시민의 온도 변화를 비난하기도 했지만 대부분은 서로의 사정을 이해하려고 했다. 따지고 보면 내가 지금까지 군경에 붙잡히지 않은 건 수많은 시민이 기꺼이 우리에게 길을 터주거나 자기 집 대문을 열어주었기 때문이니까.

군부가 폭력과 공포로 짓누르는 이유는 우리가 압력에 못 이겨 분열되기를 바라기 때문이다. 아무리 어렵고 괴로워도 우리는 서로를 더 이해하고 뭉쳐야만 한다. 저들은 총탄이외에는 아무것도 가진 게 없지만, 우리 시민은 총탄을 제외한 모든 것을 가졌다.

시민이 현장을 지키는 사이 민주진영 또한 저항을 준비했다. CRPH가 소수민족 무장단체들과 본격적인 연대를 선언한 것이다. CRPH가 제일 먼저 한 일은 이전 정부들이 내내 테러단체로 지정한 소수민족 무장단체 상당수를 테러단체 목록에서 삭제한 일이다. 요식행위에 불과한 일이라도 과거의 대립을 해소하고 공동의 적에 함께 맞서자는 의지를 이렇게나마 표현한 것이리라. 다행히 소수민족 무장단체도 CRPH의 행동에 응답했다. 꺼잉 민족해방군(KNLA)은 임시정부와 시위대의 입장을 지지한다는 성명을 내어 힘을 실었다. 북쪽 까친주에서는 무력분쟁도 발생했다. 까친족 무장단체 까친독립군(KIA)이 파칸 지역에 있는 군부 전초기지 두 곳과 경찰서 한 곳을 공격해 군경 20여 명을 사살했다는 소식이 자유언론의 속보로 날아들었다. 소수민족이 말이 아닌 실력행사에 나섰다. 국경에 전운戰雲이 점차 짙어지고 있다.

이런 상황에서 군부는 또다시 골 때리는 행동을 취했다. 시민들이 은행에 예금한 돈을 몰수하겠다고 선언한 것이다. 그들은 시민불복종 운동에 참여한 금융계 종사자들의 무책임한 태도로 미얀마 경기가 침체했다는 미친 논리를 펴면서 민간은행의 예치금과 자산을 군부가 장악한 국영은행으로 옮기겠다고 주장했다. 실상은 불법 쿠데타로 경제 시스템이 한 달 넘게 정지하며 나라 경제가 무너진 것, 그리고 국제사회의 경제제재 예고에 미리 보유자산을 끌어 모으려는 수작일 뿐이다. 더불어 예금을 갈취하면 쿠데타에 반대해 파업에 돌입한 공무원과 금융계 종사자들이 생계 때문에 생업에 복귀할 것이라는 저열한 계산도 깔려있었다. 애먼 핑계로 모든 책임을 국민에 전가하는 동시에 국민의 재산도 노략질하려는 군부의 태도가 참으로 가증스럽다.

다행스러운 건 이러한 군부의 생떼에도 시민불복종 운동에 참여한 공무원들이 대오를 굳건히 유지하고 있다는 점이다. 군부는 미얀마의 국격國格을 군홧발로 짓밟아 진창으로 던져버렸다. 그러나 시민은 희생, 연대, 믿음을 통해 군부가 실추시킨 명예를 끄집어 올려냈다. 훗날 역사서는 시민불복종 운동에 몸을 던진 민중의 힘이 군부의 철권통치를 끝장냈다고 기록하리라. 그날은 반드시 오고야 말리라….

2021년 3월 27일

국군의 날인 오늘은 역사상 최악의 날로 기록될 것이다. 쿠데타 이후 가장 많은 사람이 오늘 죽었다. 군부독재 타도를 외치며 거리로 몰려나온 비무장 시민들에 군경은 무차별 총격을 가했다. 눈먼 총알이 민가에까지 날아들며 하루 만에 전국적으로 무려 120여 명이 살해당했다. 죽은 사람들 중에는 어린이들도 있다. 5살, 7살, 10살, 13

살… 정치와 전혀 상관없는 아이들마저 부지불식간에 총탄에 맞아 절명絶命했다.

군부는 한편에서는 학살을 자행하는 동시에 수도 네삐도에서 대대적인 국군의 날 축하 열병식을 열어 무력을 과시했다. 민 아웅 흘라잉은 열병식 행사에 앞서 국가의 안정을 해치는 폭력적 행위를 용서하지 않겠다고 으름장을 놓았다. 대표적인 군부 어용언론 'MRTV (Myanmar Radio and Television)'는 "여러분도 머리와 등에 총을 맞을 수 있음을 알아야 합니다." 라는 메시지를 내보내며 국민을 협박했다. 평화로운 배경음악을 깔아놓고 아나운서가 나긋나긋한 내레이션으로 시민들을 죽이겠다는 내용을 낭독하는 작태에 절로 소름과 분노가 돋는다.

러시아와 중국은 군부의 국군의 날 행사에 사절단을 보냈다. 이웃국가인 인도, 방글라데시, 태국은 물론 파키스탄과 베트남, 라오스 사절도 수도 네삐도를 찾았다. 특히 러시아는 장차관급 인사를 보내며 자신이 미얀마 군부의 든든한 뒷배임을 과시했다. 전국적인 학살이 벌어지는 사이 사절단은 파티를 열고 축포를 터뜨리며 호화 만찬을 즐겼다. 이들이 국제무대에서도 번번이 군부의 편을 들었기 때문에 유엔과 세계사회는 지금까지 미얀마 상황에 대해 아무런 결론을 도출하지 못했다. 참담하고 또 참담하다. 결국 보다 못한 소수민족 무장단체들이 들고 일어났다. 꺼잉민족연합(KNU)과 까친독립군(KIA)이 군부를 강력히 비난하며 잔혹한 민간인 학살의 대가代價를 반드시 치를 것이라고 엄포를 놓았다. 소수민족은 말로만 떠들지 않았다. 국경에서 바로 교전이 벌어진 것이다. 오늘 하루 동안 군부 병사 10명이 소수민족 무장단체의 공격으로 사망했다. 이에 대한 보복으로 군부는 즉각 전투기를 동원해 국경지역에 공습을 퍼부었다. 공습으로 소수민족 병사 1명이 목숨을 잃었다. 누구도 바라지 않았지만 피할 수 없는 일들이 벌어지고야 말았다. 조국 미얀마가 더 깊은 혼돈 속으로 빠져들고 있다.

2021년 3월 29일

"이럴 수는 없는 겨. 이게 사람새끼들이 할 짓이다냐."

자못 분노가 묻어나는 메시지와 함께 만달레이에 사는 사촌형이 페이스북 메신저로 사진 대여섯 장을 보냈다. 문자와 이미지 파일이 줄지어 도착하며 연달아 울리는 알림에 불안이 함께 밀려온다. 눈을 감고 마음을 가다듬은 뒤 대화창을 응시하자 두 눈으로 보고도 믿을 수 없는 형상이 나타났다. 백골만 남은 시신이 팔로 보이는 뼈를 하늘로 뻗은 채 잿더미 위에 누워있고, 허연 연기가 흐트러진 뼈와 잿더미 사이에서 피어오르는 사진. 처참한 형상에 나도 모르게 앓는 소리가 새어나왔다. 사촌형은 자초지종을 설명했다.

그저께(27일) 저녁 만달레이 시내를 가로지르는 19번가에서 시위가 벌어졌다. 여느 때처럼 총성이 울려 퍼지며 무장 군경이 진압에 나섰다. 달려드는 군경을 피해 시위대는 일사불란하게 흩어져 달아났다. 진압상황을 대비해 도주로를 미리 생각해둔 덕에 몇몇이 다치기는 했지만 아무도 잡히지 않았다. 군경은 닭 쫓던 개신세가 됐다. 그러나 비극은 기어이 벌어졌다. 이미 피의 광증에 사로잡힌 군경은 갑자기 길가에서 시위현장을 지켜보던 한 남성을 붙잡았다. 이유 없는 폭행이 이어졌다. 남성은 자신은 아무것도 하지 않았다고 애원했지만 줄기차게 이어지는 발길질에 곧 피투성이가 됐다. 그 때 군경 하나가 발길질을 멈추더니 길가에 버려져있던 폐타이어와 마른 야자수 줄기를 들고 왔다. 이미 그의 눈은 광기로 빛나고 있었다. 군경은 남성의 몸에 폐타이어를 끼운 뒤 야자수 줄기로 감고 불을 붙였다. 산 채로 사람을 태워 죽인 것이다.

어찌 이럴 수 있는가? 이루 말할 수 없는 잔혹함에 온 몸이 부들부들 떨렸다. 인간이 같은 인간에게 어떻게 이런 짓을. 전언에 따르면 피해자 남성은 아이 넷을 둔 아버지라고 했다. 남성의 가족은 하루아침에 가장을 잃었다. '아무런' 이유 없이…

◀군경이 잔혹하게 살해한 남성의 모습ⓒ Citizen journalist.

양곤 사정도 크게 다를 바 없다. 우리는 시내 곳곳에 모래주머니와 바리케이드를 쌓고 저항했다. 그러자 군부는 실탄을 쏘는 것도 모자라 흔히 RPG라고 부르는 로켓 유탄을 발사하기 시작했다. 시위대는 군부의 막강한 화력에 새총을 쏘고 돌을 던지며 저항했지만 역부족이었다. 폭발 한 번에 모래주머니 방벽은 무너졌고 폭발충격에 사람들은 우수수 나가 떨어졌다.

너무도 많은 사람이 목숨을 잃었다. 나는 죽은 사람의 이름과 얼굴을 잊지 않으려 노력한다. 하지만 폭증하는 사상자에 그 일은 조금씩 버거워지고 있다. 미얀마 시민 모두는 죽음과 함께 살아가고 있다. 누구나 찰나의 순간에 얇은 경계를 넘으면 삶은 곧바로 죽음에 이른다. 나는 요즘 트라우마에 시달리고 있는 것 같다. 집 안에 있을 때도 어디선가 갑자기 총탄이 날아들 것만 같고, 너무도 익숙한 집 앞 골목 모퉁이에서 갑자기 시커먼 손이 나타나 내 목을 조를 것 같다. P도 나와 같다고 했다. 우리는 지난 두 달 동안 수많은 참혹한 장면을 보았지만 유혈과 비명은 좀처럼 익숙해지지 않는다. 비단 우리 둘 뿐이겠는가? 온 국민이 빌어먹을 민 아웅 흘라잉의 권력욕 때문에 집단 PTSD[5]에 걸렸다. 이 깊디깊은 상처가 과연 치유될 수 있을까? 오늘 밤은 나는 무사히 잠들 수 있을까?

---

5) 외상 후 스트레스 장애(post traumatic stress disorder). 사람이 전쟁, 고문, 자연재해, 사고 등 심각한 사건을 경험한 후 그 사건에 공포감을 느끼고 사건 후에도 계속적인 재경험을 통해 고통을 느끼며, 그로부터 벗어나기 위해 에너지를 소비하게 되는 질환. 정상적인 사회생활에 매우 부정적인 영향을 끼친다.

2021년 4월 2일

시위대 집행부에서 지난 두 달 동안 목숨을 잃은 시민을 기리는 시위를 기획했다. 거리에서 산화한 이들을 위해 꽃을 헌화하는 방식으로, 불의에 저항한다는 의미로 '꽃의 파업(Flower Strike)'이라는 이름을 붙였다.

꽃의 파업은 도시 전역에서 진행됐다. 나와 P, 그리고 P의 친구인 보뜨타웅[6] 출신의 K가 한 조가 됐다. K는 공대를 다니는 P와 같은 대학을 다니는 동갑내기로 화학을 전공한다고 했다. 서글서글한 인상이었지만 눈빛에 강단과 자신감이 느껴지는 친구다. 우리 셋은 일명

▲2021년 4월 2일 양곤 따무에동(洞)에서 열린 꽃의 파업ⓒcitizen journalist.

---

6) 양곤시(市) 남부 구시가지의 강안에 있는 지역.

차이나타운이라고 불리는 구시가지의 메니곤, 까마웃, 찌민다잉, 얼론, 란머도 지역을 돌며 버스 정류장과 교차로 같은 인파가 많은 장소에 꽃다발을 놓았다. 지역주민들도 우리가 꽃을 놓은 자리에 각자 준비한 꽃을 가져와 헌화했다. 그리고 숨진 이들에게 전하고 싶은 말, 자신의 바람, 국제사회를 향한 요구 등을 포스트잇에 적어 붙였다. 하루아침에 잔혹하게 살해당한 사람들, 소중한 가족을 장례조차 제대로 치르지 못하고 보내야했던 사람들, 군부의 야만적인 폭력으로 시신조차 없이 증발해버린 사람들. 꽃을 바치는 행위는 희생자들의 넋을 달래고 상처받은 우리의 영혼도 어루만지고자 하는 의식이었다.

우리 셋은 종일 거리를 뛰어다니다 노곤한 몸을 이끌고 집으로 돌아왔다. K는 야간 통금시간이 임박하여 무리해 귀가하지 않고 P의 집에서 자고가기로 결정했다. 땀과 먼지에 절은 옷을 갈아입은 동생들이 우리 집으로 건너오자 어머니가 저녁상을 차려주셨다. 계란 프라이와 생선젓갈, 데친 채소가 전부인 단출한 차림이었지만 시장함에 허겁지겁 뜬 밥 한술이 몹시 달다. 손이 밥을 떠 입 안으로 넣느라 바쁜 와중에도 두 눈은 자연스레 휴대폰 속 뉴스로 향했다. 오늘 유엔 안전보장이사회는 군부의 유혈진압에 추가적인 조치를 하겠다는 성명을 발표할 예정이었다. 그러나 러시아와 중국의 반대로 안보리 결의는 또 다시 무산됐다. 실낱같은 기대가 산산조각 났다는 자유언론 보도에 맥이 빠진다. 기사를 읽고 입맛을 잃은 표정이 된 K가 냉소적으로 말했다.

"저는 애초에 기대도 안 했어요. 국제사회가 얻을 게 없는데 미쳤다고 자기 손을 더럽히려 하겠어요?"

우리는 말없이 남은 그릇을 비운 뒤 상을 치우고 내 방으로 들어왔다. 혹여나 순찰하는 군경의 이목을 끌지 않기 위해 전등을 끈 채 우리는 벽에 나란히 등을 기대고 앉아 어둠 속에서 말없이 담배

▲군부 경찰과 싸우다 숨진 소수민족 출신 CDM 경찰 탄하우긴의 생전 모습.ⓒCitizen journalist.

를 태웠다. 어느 새 시계는 9시를 가리켰다. 그러던 중 P가 페이스북에서 국경발 뉴스 하나를 발견하며 정적이 깨진다. 뉴스는 미얀마 서북단에 있는 인도 접경도시 떠무(Tamu)에서 날아왔다. 현지 지역 언론은 보도를 통해 군부를 등지고 시민의 편에 합류한 경찰관 '탄 하우긴'이 어제 시위대와 함께 군경을 급습해 5명을 죽였다고 전했다.

"이름을 보니 경찰관이 소수민족 출신인가보네요."

K 말대로 경찰 탄 하우긴은 친(Chin)족 출신으로 밝혀졌다. 그는 CDM 참여를 선언한 뒤 경찰서를 이탈하며 수류탄 3발을 몰래 챙겨 나왔다. 그리고 공기총과 돌팔매 같은 조약한 무기로 무장한 시위대가 경찰순찰대를 공격한다는 계획을 듣고 시위대에 합류했다. 시위대는 기세 좋게 선공을 가했지만 군부의 화력에 곧장 열세에 몰렸다.

경찰순찰대가 기관총을 난사하자 나아가지도 후퇴하지도 못하는 상황에 봉착하고만 것이다. 이에 탄 하우긴은 위험을 감수한 채 홀로 경찰순찰대에 돌격하여 수류탄을 3발을 모두 던졌다. 수류탄이 터지며 군부 경찰순찰대원 5명이 현장에서 목숨을 잃었다. 하지만 더 이상 공격할 수 있는 무기는 없었다. 탄 하우긴은 몸을 돌려 달아나며 시위대에 후퇴하라 소리쳤다. 그 때 폭발에서 살아남은 경찰순찰대원들이 다시 기관총을 쐈다. 탄 하우긴은 가슴에 총을 맞고 쓰러졌다. 25세 소수민족 출신 경찰은 그렇게 눈을 감았다.

"인도 접경지역에서 친족들이 점차 반 군부 시위에 가담하고 있대."

P의 말대로 국경지역에서 군부에 저항하는 활동이 점차 활기를 띄고 있었다. 특히 탄 하우긴과 같은 CDM 경찰들이 전투기술과 기동전술을 전수하여 시위대가 군경과 맞설 수 있는 역량을 갖추는 중이라는 소식도 들었다.

"스스로를 지키려면 힘이 필요해요. 호소와 구호만으로는 군부를 절대 몰아낼 수 없어요."

K가 한 말이다. 그의 말은 옳다. 우리는 두 달 동안 거리에서 쿠데타의 부당함을 목청 터지게 호소했지만 돌아온 것은 내 머리를 노리는 총탄뿐이었다. 우리는 아무것도 하지 못하고 허망하게 죽기는 싫었다. 하지만 나와 P, 그리고 K도 방법을 몰랐다. 우리는 두 달 전

만 해도 평범한 대학생에 불과했으니까. 한숨소리와 담배연기가 어두운 방안을 가득 채웠다. 고단했는지 P과 K는 건너가지도 못하고 내 방에서 잠들었다. 창가에 앉아 떨리는 손으로 커튼을 조금 걷어 밖을 내다본다. 불안한 어둠만이 골목길에 짙게 내려앉은 가운데 개 짖는 소리만이 간간이 거리에서 울려 퍼진다.

2021년 4월 4일

국경이 불타고 있다. 소수민족 무장단체와 군부 병력은 매일 산발적으로 전투를 벌였다. 북부에서는 까친족, 동부에서는 꺼잉족과 꺼잉니족이 정예 병력을 동원해 군부의 군사적 요충지를 기습했다. 홈그라운드에서 벌어진 지상전에서 소수민족은 우세를 보였다. 소수민족이 병사 한 명을 전투에서 쓰러질 때 마다 군부는 곱절의 곱절이 넘는 병력과 물자를 잃어야만 했다.

이에 군부는 상실을 만회하고자 이른바 '초토화 작전'을 강행했다. 군부 지상군은 소수민족 마을을 급습해 무차별 방화를 저지르기 시작했고, 수상한 낌새가 있는 지역을 향해 끊임없는 포격과 공습을 쏟아 부었다. 피해는 고스란히 무고한 지역주민이 뒤집어썼다. 국경지역 소수민족이 삶의 터전을 잃고 실향민이 되어 떠돌고 있다는 뉴스는 거의 매 시간마다 페이스북에 올라왔다.

혼란의 와중에 군부는 또다시 술책을 부렸다. 대변인을 내세워 "세계가 미얀마의 상황을 잘못 알고 있다. 그걸 바로 잡고 싶다."라는 요설을 푼치 며칠 만에 CNN 소속 특파원 '클라리사 워드'와 취재팀을 공식적으로 미얀마에 초청한 것이다. 누구나 예상할 수 있는 것처럼 군부는 취재팀의 동선을 철저하게 통제하고 방문현장을 날조했다. 취재팀이 방문할 장소에는 미리 사복군경이 투입되어 주민을 입단속 시켰고, 조금이라도 불온한 기색을 보이는 사람은 곧바로 체포당해 끌려갔다. 통제 속에서 시민이 할 수 있었던 일은 CNN 취재팀이 탄 차량이 지나갈 때 집안이나 베란다에서 애타는 마음으로 철제 기물을 두드리는 것 정도였다. 결국 취재일정 내내 사방에 깔린 군경과 군부가 심은 밀정 때문에 시민은 한 마디조차 취재팀에 전달 할 수 없었다. 일정 중반 쯤 취재팀과 동행한 군부 측 안내인은 CNN 취재팀을 화재로 전소된 쇼핑몰로 데려가기도 했다. 그곳은 부주의 때문에 발생한 화재사고 현장이었음에도 군부 측 안내인은 가짜 목격자들을 대동하여 "시위대의 무분별한 파괴행위로 발생한 손실"이라는 누명을 씌워 책임을 시민에 전가했다.

하지만 전 세계 분쟁지역을 돌며 잔뼈가 굵은 전선戰線기자 클라리사 워드는 노련했다. 그녀는 군부가 기획한 관재취재 막바지에 감시가 느슨한 틈을 타 민가가 밀집한 골목으로 파고들어간 뒤 시민과 즉석에서 인터뷰를 진행했다. 마침내 특파원과 대면한 진짜 시민은 "우리는 불법 쿠데타에 반대하며, 민주주의만을 원한다."다는 말을 시작으로 현장에서 벌어지고 있는 참혹한 실상을 낱낱이 전했다.

예상치 못한 전개에 군부는 곧장 강경대응 했다. 인터뷰 직후 현장에 투입된 사복군경은 클라리사 워드의 인터뷰에 응한 시민 10여

▲CNN 소속 특파원 클라리사 워드와 인터뷰 직후 사복 군경에 연행되는 시민들ⓒcitizen journalist.

명을 모조리 연행해버렸다. 그러나 이 모든 과정 또한 현장에 있던 시민이 낱낱이 촬영하여 페이스북과 트위터를 통해 전 세계로 알렸다. 군부는 그간 무고한 시민에 저지르던 만행을 스스로 까발리는 자충수를 두고 말았다.

2021년 4월 8일

　오늘 양곤에서 멀리 않은 버고(Bago)에서 학살의 광풍이 불었다. 군경은 시위대에 박격포를 쏘고 수류탄을 던졌다. 전시에 적군이 아닌 자기나라 국민에게 말이다. 시민은 어떠한 저항조차 못하고 쓰러졌고, 겨우 목숨을 건진 이들은 도시에서 도망쳐 인근 밀림으로 숨어들었다. 자유언론은 최소 82명이 버고에서 숨졌다고 밝혔다. 하지만 현장에 있던 시위대는 실제 목숨을 잃은 사람이 백 명을 훌쩍 넘어간다고 전했다. 지난달 국군의 날 학살 이후 군부는 고삐가 풀렸다. 아무런 거리낌 없이 무서운 화력을 자국민에 쏟아 붓고 있다.

　묻고 싶다. 대체 국제사회는 무엇을 하는가? 허울뿐인 유엔 안보리는 매번 중국과 러시아의 반대로 지금껏 아무런 결정도 내리지 못하고 시간을 끌고 있다. 특히 우리 국토를 가로질러 송유관과 가스관을 세우고는 군부와 합작해 각종 이권을 챙겨가는 중국의 행동은 도를 지나쳤다. 자연히 반중정서는 극에 달했다. 시위현장에서 청년세

▲시위 현장에서 중국의 행태를 규탄하는 미얀마 시민들의 모습ⓒtwitter.

대는 중국 정부를 소리 높여 규탄하며 오성홍기를 짓밟고 불태우기 시작했다. 하지만 중국은 "미얀마 상황은 내정문제이니 그들 스스로 해결하게끔 가만히 두어야한다"고 말한다.

'내정'이라. 중국에서는 고문과 학살이 내정의 일환인가보다.

2021년 4월 16일

어제 서가잉 주 몽유와에서 비보가 날아들었다. 몽유와 시위대를 이끌던 청년 리더 '웨이모나잉'이 체포당한 것이다.

현장상황을 찍은 영상이 오늘 공개됐다. 참혹했다. 군부는 오토바이를 타고 시내를 돌며 군부독재타도 구호를 외치던 웨이모나잉을 차량으로 들이받아 쓰러뜨린 뒤 연행하는 잔혹성을 보였다. 동료들은 차에 치어 나가떨어진 웨이모나잉을 구출하려 했지만, 웨이모나잉이 쓰러지자마자 손 쓸 새도 없이 사방에서 사복 군경이 튀어나왔다. 군부가 미리 파놓은 함정이었다. 시위대는 곧장 방향을 돌려 도주할 수밖에 없었고, 차량추돌로 부상당한 웨이모나잉은 현장에서 군경에게 집단구타를 당한 뒤 초주검이 되어 끌려갔다.

나는 예전에 페이스북 라이브 방송으로 웨이모나잉의 대중연설을 들은 적 있다. 그는 재치와 논리를 겸한 달변가였다. 힘이 넘치는 목소리로 일반시민이 이해하기 쉬운 화법을 사용하며 조리 있게 연

▲대중 연설하는 웨이모나잉(좌), 군경에 체포당한 직후의 모습(우)ⓒfacebook.

설하는 웨이모나잉은 지난 두 달 몽유와 시민저항의 상징이었다. 몽유와 시민은 풍채가 좋고 유머가 넘치는 그를 '판다'라고 부르며 아꼈다. 그런 웨이모나잉이 차에 치여 쓰러지는 모습은 몽유와 시민에게 크나큰 충격이자 분노였으리라. 웨이모나잉이 체포되고나서 몽유와 시위대는 소셜미디어를 통해 뒷이야기를 전했다. 그간 민간인으로 위장한 군부 첩자가 시위대에 잠입해 활동해왔고, 그 자에게 집회 일정과 웨이모나잉의 동선이 유출되는 바람에 참사가 발생했다는 내용이었다. 웨이모나잉에 더불어 전국에서 30명이 넘는 민주화 활동가들이 오늘 하루 동안 체포됐다.

양곤 상황은 더욱 심각했다. 사방에 쿠데타 세력이 심어놓은 눈과 귀가 있다. '들란(군부의 첩자, 프락치를 뜻하는 말)'은 사회 곳곳에 파고들어 시위대와 CDM 참여자를 밀고했다. 동네 통반장, 길거리 상인, 평범한 아낙네, 친구의 지인 등 누구나 들란일 수 있었다. 우리와 같은 복장을 하고, 같은 말씨를 쓰는 내부의 적은 증오스러우면서도 무서운 존재다. 들란 한 명이 커뮤니티에 침투하는 것만으로도 시위대 전체가 체포될 수 있기 때문이다. 그 누구도 믿을 수 없기에 우리는 항상 불안하고 두렵다.

엄혹한 양곤 상황 속에서 우리는 시위방식 변화를 모색했다. 군경이 감시가 심해 더 이상 거리에서 대놓고 구호를 외치기가 어려웠기 때문이다.

시위대 집행부는 팸플릿을 만들기로 했다. A4 용지를 가로로 두 번 접으면 생기는 앞 뒤 8쪽 공란空欄에 우리는 거리에서 외치고자했던 내용을 적었다. 앞 장에 "밤 8시가 되면 철제기물을 두드리는 시위에 동참해줄 것.", "공무원은 시민불복종 운동에 참여해줄 것.", "군부가 소유한 기업이 생산한 물건을 불매할 것." 등의 행동강령을 적었다. 시민이 각자의 자리에서 군부에 저항하는 활동을 계속해 줄 것을 독려하기 위함이다. 뒷장에는 시민을 배신하고 군부를 추종하는 들란에게 보내는 경고, 민 아웅 흘라잉에 대한 규탄, 오늘까지 얼마나 많은 시민이 군경에게 살해되었는지를 표기했다. 마지막으로 남은 공란에 "우리는 두려움 없이 불의에 항거하외다." 라는 문구와 함께 '봄의 혁명' 이라는 제목을 달았다.

꽃의 파업 때처럼 P와 K는 오늘도 나와 함께 했다. 우리는 다시 차이나타운이라고 불리는 양곤시市 남부의 구시가지로 향했다. 그곳은 재래시장과 상점가가 몰려있어 언제나 인파로 붐비는 곳이다. 란

머도, 라따 지역의 시장을 뛰어다니며 상인들과 행인들에 팸플릿을 돌렸다. 군경의 불심검문이나 들란의 밀고가 걱정되었지만 차이나타운 지리에 익숙한 보뜨타웅 출신 K가 앞장서며 우리가 준비한 유인물은 빠르게 소진됐다. 하지만 시민 사이에 어느새 두려움이 퍼져 있었다. 말로는 함께 힘을 보태겠다고 했지만, 팸플릿을 받는 손은 떨렸고, 시선은 어느 새 주변을 두리번거렸다. 특히 연배가 있는 기성세대가 더욱 그런 경향을 보였다. 그럴 수밖에. 그들은 이미 88년과 2007년에 학살과 패배를 경험하지 않았는가?

사람 네다섯 명이 모이면 군경이 득달같이 알고 찾아오는 시절이다. 예전처럼 대규모 인파가 거리로 나서는 것은 이제 불가능한 일이 됐다. 대규모 인파는커녕 날선 감시로 시위를 매일 유지하는 것 자체가 어려웠다. 이런 현실에 시민의 마음에 두려움이 스미는 건 당연하고 자연스러웠다. 하지만 모두가 두려움에 굴한다면 우리의 미래는 영원히 나락을 벗어나지 못하리라. 혁명에 대한 열망이 사라지지 않도록 누군가는 계속 목소리를 내야했다. 어떤 대가와 희생이 따르더라도 이는… 누군가 반드시 해야만 하는 일이다.

팸플린을 다 돌린 뒤 지친 몸을 이끌고 집으로 돌아오자 암담한 현실을 가르는 한 줄기 빛 같은 뉴스가 우리를 기다리고 있었다. 마침내 오늘 반군부진영이 과도기 임시정부 '민족통합정부'(National Unity Government, NUG)를 구성했다는 소식이다. 소수민족 출신 정치 활동가들이 대거 참여한 민족통합정부는 버마족과 소수민족이 오랜 반목을 뒤로하고 연방정부 구성과 연방군 창설이라는 공동의 목표를 위해 힘을 합쳐 나가겠다고 선포했다. 지난달 "군부를 뒤집을 혁명을 추진하겠다."고 천명한 부통령 권한대행 만윈카인딴이 임시 연방 총리를, 까친(Kachin)족 출신 '두와라실라'가 임시 대통령직을 맡았다. 우리 손으로 뽑은 정부를 잃은 상황에서 믿고 의지할 수 있는 구심점이 생겼다는 사실에 시민은 환호했다.

오후 늦게 또 다른 낭보가 들려왔다. 민족통합정부와 손을 잡은 소수민족 무장단체 까친독립군이 군부 병력을 상대로 치룬 얼러붐(Alawbum) 고지 전투에서 승전했다는 소식이었다. 얼러붐 고지는 까친주의 군사 요충지로 그간 군부가 점령하여 소수민족 무장단체를 향해 총부리를 겨누고 있던 곳이다. 까친독립군은 이미 지난 3월 초에 군부에 선전포고를 했다. 그들은 한 달 넘게 전투를 벌이며 이미 100명이 넘는 군부 병력을 사살하는 전과를 올렸다. 그러나 오늘처럼 주요 요충지를 전면 공격해 점령한 것은 차원이 다른 문제다. 오만하고 아둔한 군부의 엉덩이를 시원하게 걷어차 쫓아 내버렸다는 소식에 묵은 체증이 시원하게 내려가는 기분이다.

하지만 기쁨도 잠시 곧장 걱정이 몰려온다. 이런 승리 뒤엔 늘 군부의 치졸한 보복이 뒤따랐다. 그들은 또다시 전투기를 띄우고 장거리포를 발사해 국경을 불바다로 만들 것이 뻔하다. 까친족 주민들이 또 다시 고난의 시기를 겪을 것은 자명했다.

2021년 4월 24일

쿠데타를 일으킨 군부 수괴 민 아웅 흘라잉이 오늘 미얀마 상황을 논의하는 아세안 정상회의 참석을 위해 인도네시아 자카르타로 날아갔다. 국제사회는 내내 입바른 우려와 규탄만을 쏟아내더니 결국 허울뿐인 아세안에 책임을 떠넘겨버렸다. 내정불간섭 주의를 금과옥조金科玉條로 삼는 아세안이 대체 무엇을 할 수 있단 말인가? 국제사회가 적절한 시기에 개입해주기를 기대하던 사람들은 할 말을 잃었다.

"왕정국가, 군부독재국가, 일당독재국가들이 모여 민주주의 위기를 걱정한다고? 코미디가 따로 없네요."

K가 코웃음을 치며 말했다. 나 역시 국제사회에 대한 기대를 버린 지 오래다. 보호개입은 이미 두 달 전부터 이루어졌어야만 했다. 거리가 무고한 이들이 흘린 피로 붉게 물든 지금 아세안 정상회담에서 하겠다는 논의가 무슨 의미가 있는가?

"이렇게 많은 피를 흘리게 해놓고 이제 와서 무슨… 다 허튼 수작이야."

P가 잔뜩 찌푸린 얼굴로 담배에 불을 붙였다.
단지 우리 셋만 이런 허탈함을 느끼는 것이 아니었다. 미얀마 국민 대부분은 아세안이 어떤 집단인지 알기에 커다란 기대를 하지 않았다. 그저 그런 보여주기 식 행보로 모두가 아까운 시간만 낭비했을 뿐이다.

저녁 무렵 아세안 정상들이 시민들에 대한 폭력을 즉각 중단하고 평화적인 해결책을 찾아보자는 취지로 5대 합의[7]를 이끌어냈다는 보도가 나왔다. 하지만 아세안 회의가 진행되는 동안에도 거리에서는 총성이 들려왔고, 전국에서 유혈진압으로 사상자와 체포자가 속출했다. 자카르타 회담은 모두 다 의미 없는 개수작이었다. 이제 우리 미얀마 시민은 서로 말고는 더 이상 기댈 곳이 없다는 사실만이 명징해진다.

결국 군부가 가장 두려워하는 건 시민의 결속이다. 군부는 예전부터 피로 분열 시키는 전략을 사용했다. 문자 그대로 서로 피가 섞이지 않은 사람은 모두 갈라 쳐 반목하게 만들 수 있다는 이야기다. 민족, 지역, 종교, 계층, 세대, 성별, 학력, 소득에 이르기까지 군부는 거의 모든 종류의 잣대를 활용해 시민이 결집하는 것을 막았다. 그리고 지금은 아무래도 돈이 가장 무서운 시대다.

군부는 만달레이에서 시위를 이끄는 떼이자산에 현상금 1천만 짯을 걸었다. 은신처를 알려주거나 체포에 결정적인 제보만 해도 현상금을 내주겠다며 소셜미디어 상에서 대대적인 선전을 했다. 초임 공무원 한 달 월급이 30만 짯 밖에 안 되는 상황에서 1천만 짯은 그야말로 눈이 돌아갈 액수다. 3년 가까이 한 푼도 안 쓰고 월급을 고스란히 모아도 모일까 말까 한 큰 돈. 가뜩이나 코로나와 쿠데타로 붕괴한 미얀마 경제 상황으로 파탄에 빠진 민생을 역이용하는 군부의 술

---

[7] 2021년 4월 21일 아세안 정상회의에서 결의한 5대 합의 내용은 '미얀마 내 폭력상황의 즉각적인 중단', '평화적 해결책을 찾기 위한 건설적 대화 노력', '아세안 의장과 사무총장이 특사 형식으로 대화를 중재', '무력분쟁 피해자에 인도적 지원 제공', '아세안 특사와 대표단의 미얀마 방문' 이다.

책에 구역질이 난다. 그 누가 시민의 존경을 받는 지도자를 돈 때문에 밀고하겠냐만 빈곤과 결핍 앞에서는 장사 없다. 하루 벌어 하루 먹고 사는 일용직 노동자들부터 CDM에 참여한 공무원까지 모두가 직업을 잃고 근근이 버틴 게 어느 새 3달이 다 되어간다. 신념과 인내도 언젠가는 지칠 테고, 그러면 군부의 전략은 또다시 먹혀들 공산이 크다.

양곤 각 지역에서 시위를 이끄는 지도자들에게도 현상금이 걸렸다. 시위집행부도 참가자들의 안전을 위해 며칠 동안 시위를 중단할 테니 안전을 위해 각자 집에서 대기하라는 전갈을 보냈다. 일 년 중 가장 뜨거운 4월 말에 P와 나는 잦은 단전斷電으로 선풍기마저 돌리기 어려운 낡은 아파트 안에 갇혔다. 우리만 그런 게 아니었다. 미얀마 전체가 이미 창살 없는 거대한 감옥이었다. 누구도 자유롭게 말하지 못하고, 가고 싶은 곳에 갈 수 없는, 기본권과 인권이 말살 당한 그야말로 기약 없는 구금생활….

해가 저문 지 오래지만 한 낮의 열기가 빠지지 않아 방안은 무더웠다. 온 몸이 안으로부터 바짝바짝 말라가는 기분이다.

"이대로는 안 돼… 이대로는 안 되고말고…"

P가 나지막이 중얼거리던 그때 "따다닥!" 하는 소음이 들렸다. 귀보다 몸이 먼저 알고 자리를 박차고 일어났다. 거리는 멀었지만 총소리가 분명했다. 우리는 창문을 빼꼼 열고 어둠이 내린 도시를 향해 귀를 기울였다. 다시 "딱!" 하는 단발의 총성이 들렸다. 오늘 밤도 군경은 누군가를 향해 총을 쏘고 있다.

"개 같은 새끼들."

P가 혀를 차며 이글이글 타오르는 눈으로 어둠 속을 노려봤다. 하지만 그뿐이었다. 지금 우리는 아무 것도 할 수 없다. 만약 군부와 싸울 무기가 있었다면 이렇게 당하고 있지만은 않을 텐데… 무력감과 분노 때문인지 뜨거운 여름밤의 열기 때문인지 우리는 늦은 시간까지 잠을 이루지 못하고 뒤척였다.

2021년 5월 5일

오늘 민족통합정부가 시민방위군(People's Defence Force) 창설을 공식적으로 발표했다. 군부의 만행으로부터 시민을 지키고, 향후 소수민족과 함께 연방군을 창설하겠다는 취지다. 탄압에 지친 시민은 가뭄 중 단비 같은 소식에 환호했다. 미얀마 시민은 모진 탄압 앞에서도 줄기차게 평화를 외쳤다. 하지만 돌아온 건 총탄뿐. 국제사회는 부당한 상황을 목도하면서도 철저히 침묵했다. 결국 시민을 무장하게 만든 것은 군부와 국제사회다.

시민방위군 창설소식에 일각에서는 해묵은 평화투쟁 타령을 하기도 했다. 비폭력과 외교협상을 통해서도 혁명을 이끌어갈 수 있다는 논리다. 그러나 이런 목소리는 현장에서 까마득하게 먼 곳에 있는 관망자들의 넋두리에 불과하다. 현장의 시민은 이미 두 달 넘는 시간을 허비했고, 그 속에서 수많은 목숨이 돌아올 수 없는 길을 떠났다. 무기를 들고 싸운다고 해서 이미 죽은 목숨이 돌아오지 않는다는 것은 모두가 안다. 죽음은 비가역非可逆이니까. 하지만 힘이 있으면 산 목숨을 지킬 수 있다. 불의를 깨부술 수 있다. 이미 치른 값비싼 희생이 헛되지 않게끔 부닥쳐 싸우는 것, 그것이 우리에게 남은 정의다.

이미 크고 작은 교전은 매일 전국에서 벌어지고 있다. 국경에서는 3월 말부터 어림잡아 400번이 넘는 교전이 벌어졌다고 한다. 군부는 싸움이 벌어지지는 족족 고전을 면치 못하고 있다. 심지어 그저께 까친주에서는 군부 헬리콥터가 까친독립군이 발사한 대공무기에 맞아 추락하기까지 했다. 꼬리에서 검은 연기를 내뿜으며 추락하는 헬리콥터의 영상이 페이스북에 공유되자 시민은 환호했다. 군부 병력의 사기가 점점 떨어지며 곳곳에서 탈영병이 나오고 있다하니 이 또한 반가운 소식이다.

그러나 치열한 교전과 공습으로 전국각지에서 실향민이 폭증하고 있다. 이미 그 수가 35만 명을 훌쩍 넘었다고 한다. 구름 한 점 없이 내리쬐는 태양에 한 낮 기온이 40도를 육박하는 미얀마의 5월. 식량도 식수도 변변한 천막 하나 없이 들과 숲으로 숨어든 실향민들이 이 상황을 얼마나 버틸 수 있을지 모르겠다.

자정에 가까운 시간, 잠자리에 누웠는데 만달레이 사촌형에게서 메시지가 왔다. 작별인사를 전하기 위해서였다. 형은 이틀 뒤 도시를 떠나 북쪽 까친주로 가서 군사훈련을 받는다고 했다. 이미 만달레이에서도 지하조직이 구성되어 대규모 무장투쟁을 준비하고 있다고도 덧붙였다. 시민방위군이 만들어졌다는 소식에 이어 떠나는 사촌형을 보며 많은 생각이 든다. 이대로 도시에서 죽는 날을 기다리는 것보다 한번이라도 싸워보는 게 더 의미 있지 않을까? 우리 양곤 시위대 조직에서도 무장투쟁을 위해 국경으로 가는 방법이 있다는 이야기가 최근 들어 빈번이 나오고 있다. 그 말이 사실인지 한번 알아볼 필요가 있겠다.

2021년 5월 9일

한 시인이 숨을 거뒀다. 정확히 말하면 살해당했다. 그는 군경에 끌려간 지 만 하루도 지나지 않아 주검으로 돌아왔다.

시인의 몸은 끔찍한 상흔으로 가득했다. 시신을 직접 본 사람들은 장기가 적출된 것 같다고 말했다. 글로는 다 표현할 수 없는 끔찍한 일이 시인에게 벌어졌다.

많은 사람들이 시를 좋아하지만 나는 그다지 즐기지 않는다. 우리나라 시는 문체는 아름답지만 비유와 상징, 난해한 기법이 난무하다고 느끼기 때문이다. 이에 국문과를 다니는 대학 친구 한 명이 내 취향고백을 듣고 명쾌한 답변을 내놓았다. 꽤나 예전 일이지만 그의 말은 아직도 생생하다.

"왜 우리나라 시가 난해한 줄 알아? 군바리들이 작품을 죄다 검열해서야. 정치적이니 이념적이니 하며 단어 하나하나를 트집 잡아 검은 잉크로 덮어버려서 결국 시가 누더기가 되는 경우가 허다했지. 그러다보니 시인들은 검열을 피하려 여러 번 읽고 깊게 고민해야 문장

속 숨은 진의를 알아챌 수 있도록 다양한 기교와 수사를 동원하게 되었대. 군인이라는 놈들이 무서운 것도 많지…. 죄다 쫄보 새끼들이야. 안 그래?"

동기의 말이 떠오른 뒤 문득 숨진 시인이 쓴 시가 궁금해졌다. 페이스북에 시인의 이름을 검색한다. 시는 꾸밈없이 직설적이고 문체는 날카로웠다. 간결하고 단순한 구절이 이내 내 마음을 파고들었다.

> 그들은 우리를 죽여 땅에 묻으려 한다
> 허나 그들은 모른다
> 우리 모두가 새날의 씨앗임을…

그리고 다음 구절을 보았을 때 내 머리 속에 작은 섬광이 일었다.

> 그들은 우리의 머리를 쏜다
> 허나 그들은 모른다
> 혁명은 우리의 심장 속에 있다는걸…

유명한 저항시를 쓴 바로 그 시인. 시인의 이름은 '켓띠'다. 켓띠 시인은 군부 쿠데타 이후 줄곧 시민과 함께 거리로 나섰다. 그는 시위대 선두에서 당당히 행진했다. 죽음과 체포의 위험이 도처에 도사렸지만 시인은 굴하지 않았다. 거침없이 불의에 맞선 그는 자신이 남긴 시처럼 세상을 하직했다.

> 물위에 뜬 기름[8] 같은 정치인은 되기 싫다

---

[8] 물 위에 뜬 기름이 아래로 섞이지 않는 것처럼 대중 위에 군림하려고만 하는 위정자, 기득권 등을 빗대는 말이다.

상상 속에서 사는 시인도 되기 싫다
불의를 지지하는 이도 되고 싶지 않다

삶이 단 일분 밖에 남지 않았다고 한다면
그 마지막 일분을 깨끗한 영혼으로써 보내고 싶다

Rest in Power.[9]

그의 깨끗한 영혼이 부디 평화롭게 내세에 이르길.

◀거리 시위 현장에 나선 생전의 켓띠 시인ⓒVOA Burmese.

---

9) '강한 힘 안에 고이 잠드소서' 라는 뜻으로 주로 인종차별, LGBT에 대한 혐오범죄 희생자에게 명복을 비는 표현으로 쓰인다. 제대로 저항하지 못하고 무력하게 죽어간 고인이 죽어서는 강한 권한이나 힘을 누리며 억압받지 않기를 바라는 마음으로 사용하는 신조어다.

2021년 5월 16일

민족통합정부가 시민방위군 창설을 발표한 뒤 곳곳에서 시민군 결성이 잇따르고 있다. 양곤에서도 도시를 지키기 위해 무장을 해야 한다는 목소리가 점차 힘을 얻고 있었다. 문제는 무기였다. 모두가 죽음도 두렵지 않다는 결기를 드러냈지만 변변찮은 총 한 자루조차 손에 없는 게 현실, 처연하기 짝이 없다. 그러나 국경에서 목숨 걸고 싸우는 소수민족들을 위해서라도 우리는 무엇이든 해야만 했다.

시위대 집행부는 시위참여자들을 스무 명 내외가 한 조가 되는 소규모 그룹으로 나누어 시내 곳곳에서 기습시위를 열었다. 선두 두 명이 도로 가운데로 뛰어나가며 현수막을 펼치는 것이 신호였다. 그 뒤를 나머지 인원이 따라가며 "우리는 군부 통치를 거부한다.", "2020년 총선결과를 인정하라.", "불법 체포한 시민을 즉각 석방하라." 같은 구호를 외치고 미리 준비한 유인물을 뿌렸다. 며칠 간 기습집회를 벌이던 와중, 오늘 오후 구 시가지를 가로지르는 마하반둘라 대로에서 일이 벌어졌다.

때가 도래 했도다, 형제자매들아 흘린 피로써 단결하자!

선두 시위대가 현수막을 펼친 뒤 민중가요 '피의 맹세' 첫 구절을 선창했다. 나머지가 노래를 따라 부르며 도로로 뛰어나가자 인도에서 통행하던 시민 일부가 후미로 붙으면서 시위인원은 순식간에 마흔 명을 훌쩍 넘었다. 함께 부르는 목청껏 저항의 노래가 대로에서 골목 안까지 울려 퍼졌다.

자유와 평화를 위한 마지막 결전을 우리 함께 치르자!

피의 맹세 1절을 마지막 구절을 합창하자 시위 모습을 인도에서 페이스북 라이브로 송출하던 집행부가 손짓을 했다. 군경이 출동하기 전에 해산하자는 신호였다.

"어예도봉 아웅야미!(혁명은 반드시 승리한다!)"

구호를 마지막으로 외치고 흩어지려는 찰나 불현 듯 불안감이 엄습했다. 아니나 다를까.

"씻퀘! 씻퀘! 도망쳐!"

후미에서 다급한 외침이 들렸다. 뒤를 돌아보자 전통복장인 빠소를 짧게 올려 입은 남자 대여섯 명이 쇠파이프와 곤봉을 꼬나들고 시위대를 향해 돌진하고 있었다. 매복이었다.

비명이 울려 퍼지며 시위대와 시민은 황망하게 흩어졌다. 나는 부리나케 미리 정해둔 퇴로를 향해 달렸다. 결코 붙잡힐 수 없다는 일념으로 죽을힘을 다해 뛰었다. 사방 천지가 뒤틀리는 것처럼 느껴질 정도로 숨이 찼지만 멈출 수 없었다. 일자로 길게 이어진 구시가지의 좁은 골목을 쉬지 않고 달리기를 십여 분. 나는 해산 후 P와 만나기로 약속한 흘라잉강江[10] 강변의 작은 선착장에 겨우 도착했다.

---

10) 양곤시(市) 남부를 따라 흐르는 에야와디강의 지류. 양곤강이라고도 부른다.

다행히 추격은 붙지 않은 듯했다. 폐가 입 밖으로 튀어나올 것처럼 숨이 차서 헐떡이며 땅바닥에 주저앉아버렸다. 무더운 5월 중순의 햇볕이 날카로운 창끝처럼 쏟아져 내린다. 깊게 숨을 들이마시자 습하고 비릿한 강안의 공기가 폐를 가득 채웠다. 순간 헛구역질이 나며 역류하는 신물을 뱉어냈다. 잠시 뒤 거친 호흡이 가라앉고 요동치던 맥박도 차분히 가라앉았다.

나는 가만히 앉아 P를 기다렸다. 그러나 5분이 지나고 10분을 넘길 때까지 P는 오지 않았다. 발 빠른 녀석이 이리도 늦다니. 불안함이 밀려왔다. 하지만 기다리는 것 말고는 방도가 없었다. 하염없이 기다리기를 20여 분. 저 너머에서 P와 K가 보였다. 나는 안도하며 둘에게 달려갔다. 하지만 P는 다리를 절고 있었다. 도망치다 발목을 접질렸다고 부축하던 K가 말했다. P는 고통으로 얼굴을 찡그렸지만 한 곳에서 오래 시간을 지체할 수는 없었다.

"저희 집이 여기서 가까우니 일단 그리로 가시죠."

강안에서 가까운 보뜨타웅에 사는 K의 제안에 나는 고개를 끄덕였다. 다행히 K의 집은 멀지 않았다. 우리는 15분 남짓 걸어 K의 집에 도착했다. 도로변에 위치한 오래된 아파트가 그가 사는 집이었다. 남자아이 혼자 사는 집이라서 그런지 집 안 곳곳에는 집기가 담긴 상자 여러 개가 천에 덮인 채 어지럽게 널려있었다. K는 부모님이 지방에서 사업을 하고 계셔서 혼자 양곤에서 지내다보니 집 꼴이 이 모양이라고 멋쩍게 말한 뒤 우리를 안으로 이끌었다. 집안에 들어서자마자 곧장 P의 상태를 살폈다. 신발과 양말을 벗기자 심하게 부어오른 발목이 드러났다.

"형, 걱정 마. 부러지진 않은 거 같아. 그나저나 자빠지면서 휴대폰 액정이 깨졌네. 이거 산 지 반년도 안됐는데."
P는 걱정스런 얼굴이 된 나를 의식했는지 싱거운 소리를 하며 코끝을 찡끗해보였다.

"일단 이거부터 먹어."

K가 수납장에서 꺼내온 진통제와 함께 미지근한 물 한 컵을 건넸다. P가 약을 넘기는 사이 K는 부어오른 발목에 호랑이 연고를 펴서 발랐다. 맵싸한 박하薄荷 향이 날카롭게 코를 찔렀다.

"P는 오늘 저희 집에서 자야겠네요. 형님도 무리하지 마시고 여기서 주무시면 어때요?"

달리는 호랑이가 그려진 연고 뚜껑을 돌려 닫으며 K가 말했다. 나는 집에서 걱정하는 어머니가 떠올라 고개를 저었다. 귀가하지 않으면 걱정으로 밤새 잠을 이루시지 못할 터였다. 땅거미가 내릴 무렵 나는 K가 내어준 옷으로 갈아입고 강변도로를 따라 집으로 돌아왔다. 온몸이 천근만근이다. 방바닥에 드러누워 휴대폰을 열고 텔레그램을 켰다. 시위대 그룹 채팅방에서는 오늘 현장에서 있었던 일에 대해 이야기하고 있었다. 다행히 우리 그룹에서는 체포된 사람이 없었다. 하지만 합류했던 시민들 중에 다치거나 붙들린 사람이 있을 수도 있다는 이야기가 나왔다. 자유언론과 친 군부 언론 보도도 모두 살펴봤지만 오늘 벌어진 일에 대한 기사는 없었다. 아무 일도 없었기 때문에 기사도 나지 않은 것이라 믿고 싶지만 마음 한 구석의 불안과 괴로움이 가시지 않는다.

한편 페이스북은 서부 친(Chin)주에서 날아든 비보로 시끄러웠다. 친주 민닷(Mindat)시로 진군하는 군부 지상군을 맞아 교전을 벌이던 시민방위군이 화력에서 밀려 결국 퇴각했다는 소식이다. 인구가 5만 명도 안 되는 소읍에 군부는 정예병력 천오백 명과 전투용 헬리콥터까지 투입했다고 한다. 그것도 모자라 민간인을 붙잡아 교전 중 인간방패로 삼고 마약에 취한 군인들이 여성들을 성폭행했다는 이야기까지 들려왔다. 민닷으로 들어가는 수도, 전기, 통신선은 모두 차단되었으며, 도시주민 대부분이 군부의 공격을 피해 빈손으로 황망이 산속과 밀림으로 숨어들었다.

소수민족 지역이 군부의 공격을 받는 사이 도시 지역은 쿠데타로 발생한 후폭풍에 뒤흔들렸다. 지난 3달 동안 미얀마 경제는 완전히 멈췄다. 달라 환율과 물가는 폭등했고, 시장에 화폐가 유통되지 않아 곳곳에서 현금 품귀현상이 발생했다. 현금을 뽑으려 밤새 현금인출기 앞에 줄을 서도 돈을 찾지 못하는 일은 일상이 되었다. 심지어 일부 저소득층은 끼니마저 제대로 먹지 못하는 일을 겪고 있다. 시민불복종 운동에 참여한 공무원들도 생계를 위해 막노동이나 삯바느질을 하며 하루하루를 버텼다. 하지만 평생 해본 적 없는 일은 쉬울 리가 없었고, 그마저도 일거리가 계속 줄고 있다고 한다. 더는 버틸 자신이 없다는 이야기가 조금씩 새어나왔다.

우리 집 사정도 여의치 않다. 어머니는 그간 모아둔 돈으로 지난 세 달간 생활을 꾸려왔지만 언젠가는 그도 고갈될 것이 자명했다. 한계점이 임박했다. 혁명을 하며 흐르는 시간은 결코 시민편이 아니다.

2021년 5월 24일

800명. 군부 쿠데타 이후 오늘까지 목숨을 잃은 시민의 숫자다. 하지만 이는 최소치에 불과한 수치. 시신을 군부가 강탈하거나 실종된 이들을 더하면 실제 수치는 곱절도 더 될 것이라는 것이 현장의 진단이다. 조국 미얀마는 문자 그대로 깊은 피 웅덩이 속으로 빠져 들어가고 있다.

최근 군부는 이른바 '교육 정상화' 라는 수사를 앞세워 교육계를 흔들고 있다. 민간정부 시절에 개혁한 교육제도를 과거로 되돌리는 동시에 시민불복종 운동에 참여한 반 군부 성향의 교사 공무원 12만 5천명을 모두 정직시켜버린 것이다. 빈 교단은 검증되지 않은 Non-CDM[11] 교사가 대체했다. 시민은 이를 용납하지 않았다. 자식을 군부의 노예를 육성하는 교육제도로 가르칠 수 없다고 하며 등교 거부운동을 시작했다. 학생 스스로가 부모의 의사와 상관없이 자발적으로 학교에 가지 않겠다고 선언하는 사례도 속출했다. 현상을 취재한 자

---

11) 시민불복종 운동에 참여하지 않고 군부를 지지하거나 중립적인 자세를 취하며 이익을 꾀하는 이들을 칭하는 말.

유언론은 전국적으로 90%가 넘는 학령기 어린이와 청소년이 등교를 거부하고 집에 머무르고 있다고 보도했다.

옳은 일이긴 하지만 한편으로는 걱정이 앞선다. 나 같은 대학생이야 혁명이 끝나면 다시 학교로 돌아가 공부를 계속하면 된다. 부단히 노력하면 그간의 공백을 벌충할 수 있을 거라는 믿음도 있다. 그러나 아이들은 다르다. 제 나이에 맞는 필수적인 공부를 하지 못하고 점점 배움의 기회를 놓치면 돌이킬 수 없는 피해가 따른다. 빌어먹을 민 아웅 흘라잉 때문에 허송세월해야하는 수백만 명의 아이들의 처지를 생각하니 울분을 참을 수 없다.

국경에서는 연일 비보가 들려오고 있다. 특히 동부의 소수민족 지역인 까야(Kayah)주 소식이 온라인 뉴스 지면을 가득 채웠다. 까야주에 거주하는 소수민족인 꺼잉니(Karenni)족이 결성한 시민방위군이 지난 이틀 간 군부 병력과 혈전을 치르며 수십 명이 목숨을 잃고 만 명이 넘는 실향민이 발생했다. 전선이 혼란해지자 군부는 또다시 막장 행보를 보였다. 현지주민들이 전투를 피하고자 몸을 숨긴 가톨릭 성당을 조준해 포격을 가한 것이다. 성당 안에 있던 피란민 4명이 현장에서 숨지고 8명이 중상을 입었다. 이 원통함을 세상이 멸망한들 어찌 잊으리.

봄에 시작한 혁명이 어느 새 여름 혁명이 되었다. 온갖 고난으로 점철된 혁명이지만 총을 든 시민은 이번에는 반드시 군부의 뿌리를 뽑겠다는 의지를 불태우고 있다. 하지만 그날이 올 때까지 조국 미얀마의 상황은 점점 더 깊어지는 진창으로 가라앉게 되리라. 저 악랄한 군부가 몰락할 때까지 얼마나 많은 계절을 이렇게 아프게 보내야만 하는가? 해답은 요원하다.

2021년 5월 31일

군부와 국제사회의 중재를 시늉하던 아세안이 마침내 본색을 드러냈다. 미얀마 상황에 대한 유엔 결의안에 무기 금수 조치 관련 내용을 삭제해주길 요청한 것이다. 군부가 시민을 살해하든 말든 주변국인 아세안은 무기 장사를 계속하겠다는 속셈이다. 국제사회는 명분보다 실리를 택했다. 냉혹하다니 비정하다니 욕할 필요조차 없다. 애초부터 이 싸움은 오롯이 시민의 몫이었던 것이다.

최근 시위대 집행부 세 명이 연락두절 됐다. 군부에 체포된 것인지 아니면 최근에 이야기가 도는 무장투쟁에 참여하기 위해 도시를 떠난 것인지는 알 수 없다. 일주일 전 마하반둘라 대로 사건 이후 기습시위에 제동이 걸린 뒤 연이어 집행부 일부마저 사라지자 우리 그룹은 동력을 상실했다.

거리로 나가지 못하게 된 나는 저녁마다 P의 집으로 건너가 녀석의 상태를 살폈다. 접질린 부분의 염증은 가라앉았지만 P는 여전히 발목에서 통증을 느꼈다. 평소라면 이런저런 말을 먼저 걸던 녀석이 생각이 많은지 말이 없다. 담배조차 나날이 귀해지면서 우리는 담배

한 개비를 번갈아 나눠 피웠다. 잘 자라는 인사를 건네고 집으로 돌아가려는 때 P가 침묵을 깼다.

"형, 눈먼 총탄에 맞아죽거나 체포되길 기다릴 바에야 나는 싸우는 쪽을 선택 하겠어."

녀석의 말대로 이대로 가만히 개죽음을 기다릴 수는 없다. 하지만 P는 아직 제대로 걷는 것조차 어려운 상황이다. 나는 우선은 회복이 우선이니 애먼 생각 말고 조금만 참으라고 P를 달랬다.

무력감이 밀려온다. 잠을 이루지 못하고 분을 삭이던 중 문득 페이스북에 도시를 떠나 국경에서 군사훈련을 받고 있는 젊은이들이 있다는 게시물을 저장해뒀던 기억이 떠올랐다. 글에 따르면 소수민족 무장단체도 과거의 악감정을 묻어두고 버마족 청년들의 의탁을 기꺼이 받아주는 분위기라고 했다. 저장한 게시물을 열어보니 아래 달린 댓글에도 국경과 관련된 정보와 링크가 즐비하다. 찾아보면 분명 길이 있겠다는 생각이 뇌리를 친다. 링크에서 링크를 따라가며 조사한 결과 반 군부 단체가 만든 페이스북 페이지와 텔레그램 채널 몇 개를 발견했다. 조사를 이어가는 사이 창문 밖은 어느 새 푸르스름한 새벽빛으로 밝아졌다. 밤새 찾은 정보가 진실인지는 알 길이 없다. 하지만 나는 나아갈 길을 반드시 찾아야만 한다.

2021년 6월 5일

에야와디주에서 군부가 무고한 마을주민 20명을 무차별 학살했다. 이름도 생소한 '쫑뼈' 라는 농촌지역에서 발생한 일이다. 저항할 무기조차 없는 이들을 군경은 손쉽게 쏘아 죽였다. 경작지 고랑에 길게 늘어선 주검을 찍은 사진이 소셜미디어를 통해 공유됐다.

자유언론은 저녁 무렵 참사의 진상을 보도했다. 쫑뼈 지역에 있는 흘레이슈웨 마을에 한 Non-CDM 교사가 있었다. 그는 쿠데타를 반대하며 출근을 거부한 다른 교사들과 달리 계속 학교에 나갔다. 점차 군부에 만행이 잔혹해지자 지역의 학부모와 학생들은 등교 거부 운동을 전개했다. 학교는 텅텅 비었다. 그러나 교사는 출근을 멈추지 않았다. 그런 교사의 모습을 본 주민들은 그를 손가락질하며 시민의 편에 서라고 질타했다. 이에 악감정을 품은 교사는 넘지 말아야할 선을 넘었다. 주민들이 마을 안에 총과 칼을 숨겨놓았다는 거짓말을 지어내 마을주민들을 경찰에 고발한 것이다.

지역사회가 협소한 농촌지역에는 보통 비밀이란 게 없다. 곧 교사가 벌인 황당한 짓은 주민들에 알려졌다. 몇몇 주민이 교사의 집으로 찾아갔다. 고성과 욕설이 오갔지만 주민들도 분풀이 말고는 할 수 있는 게 없었다. 그리고 공교롭게도 그날 밤 군경이 흘레이슈웨 마을에 찾아와 남성 한 명을 불법 연행해갔다. 분노한 마을 주민들은 지역 경찰서를 찾아가 남성을 석방하라며 시위를 벌었다. 군경은 이에 총으로 응답했다. 일방적인 공격에 마을 주민들은 도주했다.

주민들이 물러섰음에도 군경은 멈추지 않았다. 곧장 대규모 병력이 흘레이슈웨 마을을 포위했다. 군경, 아니 차라리 진압군이라고 불러야할 그 자들은 저격소총과 중화기까지 사용해 마치 몰이사냥을 하듯 주민들을 살해했다. 주민 대다수는 황급히 마을 밖으로 도망쳤지만 일부 청년이 군부에 포위됐다. 궁지에 몰린 그들은 새총을 쏘고 돌팔매질을 하며 저항했다. 역부족이었다. 귀한 목숨이 덧없이 쓰러졌다. 군경은 도주하는 주민들의 등 뒤에도 총탄을 쏟아 부었다. 올해 4살 된 아이와 여성 두 명이 흉탄兇彈에 목숨을 잃었다.

▶쫑뼈 학살에서 숨진 민간인들의 모습ⓒcitizen journalist.

오늘 한 때 쫑뼈 참사에 대해 일부 언론이 오보를 내기도 했다. 시민방위군과 군부 병력이 마을에서 교전을 벌였다는 내용이다. 하지만 실제로 마을에서 일어난 일은 비무장 민간인을 군부가 집단학살한 것이다. 지역시민사회가 밝힌 바에 따르면 흘레이슈웨 마을에는 시민방위군이 형성되지 않았으며, 마을 내에는 어떠한 무기조차 없었다고 한다.

군경은 학살 이후 텅 빈 흘레이슈웨 마을에 주둔했다. 피란 중인

마을주민 중에는 총상을 입은 사람이 9명이나 되지만 아무런 치료도 받지 못한 채 마을 밖을 유랑하고 있다고 했다. 살해당한 주민들의 시신은 여전히 고랑 속에 방치되고 있다. 그 누구도 삼엄한 분위기에서 시신을 수습하려는 시도조차 못하고 있는 것이다. 두 달 전 버고 학살 이후 최악의 참사다. 이토록 중대한 범죄가 백주대낮에 이루어지는데도 국제사회는 이전처럼 침묵했고 민 아웅 흘라잉은 수도 네삐도에서 여전히 굳건하게 왕좌를 지키고 있다.

2021년 6월 12일

양곤에서는 시위대 동지들이 매일 체포되고 있다. 지금 미얀마는 어느 곳도 안전하지 않다. 시위에 나가지 않고 집에 숨어 지낸다 해도 어느 날 군경이 대문을 부수고 들어올지 알 수 없기 때문이다. 나는 무력하게 죽음을 기다리지 않기로 결정했다. 지난 시간의 나를 버리고 죽음에 맞서 싸우리라.

페이스북에서 얻은 정보를 토대로 수 없이 많은 전화와 문자를 돌린 끝에 나흘 만에 겨우 연락처 하나를 얻었다. 이른바 '모집책'이라고 불리는 그를 통하면 도시를 벗어나 국경으로 갈 수 있다고 했다. 고민은 시작을 늦출 뿐. 나는 미지의 상대방에 텔레그램 메시지를 보냈다. 피 마르는 기다림의 시간. 답장은 이틀 만에 왔다. 모집책은 내가 무슨 수를 써서든 시 외곽에 있는 접선지역까지 오면 동부 꺼잉지역으로 가는 차량을 태워주겠다고 했다. 여정의 최종 목적지는 태국 국경 모처지만, 출발 이후 세세한 여정과 소요시간은 자신도 알 수 없다고 했다.

모집책이라는 자를 신뢰할 수 있을지 의문이다. 하지만 내게는 선택의 여지가 없다. 스스로의 머리에 총을 겨누고 러시안 룰렛을 하는 심정으로 미지의 모집책과 약속을 잡았다. 운이 따라 군부의 감시와 검문을 피해 무사히 국경에 도착한다면 나는 억압받는 국민이 압제로부터 자유를 되찾는 날까지 목숨을 바쳐 싸우리.

떠나기로 결심하니 다른 무엇보다 홀로 계실 어머니가 걱정이다. 아직 다리가 불편한 P도 눈에 밟힌다. 내가 혼자 떠나는 것을 알면 녀석은 무척이나 화를 낼 텐데… 그렇지만 아직 걸을 때마다 통증을 느끼는 녀석을 끌고 갈 수는 없다. 그리고 P를 기다리다 이번 기회를 놓치면 급변하는 상황 속에 다음 기회가 없을지도 모른다.

재고의 여지는 없다. 비록 결정을 내렸지만 나는 두렵다. 두렵지 않다고 적는다면 그는 거짓일 것이다. 나는 내 삶의 기록이 오늘이 마지막이 아니었으면 한다. 나는 나아가야만 한다. 두려움이 나를 잡아먹도록 놔두면 안 된다. 학교에서 역사를 전공하며 배운 내용 중 내가 가장 좋아하는 장면은 따웅우 왕조의 5대 국왕 '버인나웅'의 일화다. 정복군주 버인나웅은 미얀마 서부로 떠난 원정 중에 병력이 열세인 상황에서 강 건너 적과 싸워야하는 상황에 봉착한다. 휘하 군졸은 불리한 전세를 눈치 채고 동요했다. 하지만 왕은 비범한 선택을 한다. 군세를 이끌고 강을 건넌 뒤 타고 왔던 함선을 모두 때려 부순 것이다. 이후 죽음을 각오하고 돌격하는 왕을 본 병사들은 목숨을 걸고 싸웠다. 그리고 믿을 수 없는 대승을 거뒀다. 갈팡질팡하다가 역공을 당할 수도 있는 상황에서 자신의 목숨을 걸고 선두에 나선 버인다웅의 결단력. 그처럼 나도 뒤돌아보지 않고 가겠다.

88년 항쟁에서 활약한 민주화 투사 '민꼬나잉[12]'은 말했다. R2P(보호개입)는 반드시 이루어질 것이라고. 그리고 R2P는 유엔과 국제사회가 보낸 다국적군에 의한 개입이 아닌 내 이웃과 내 나라 사람들이 서로를 구하고 보호하고자 나서는 결단의 모습이 될 것이라고. 부디 내 조국 미얀마가 연방 민주주의를 꽃피울 그날이 오길, 고뇌하던 오늘의 나를 뒤돌아 추억할 수 있는 새날이 반드시 오길…. 미얀마 민주주의 만세.

---

12) 학생운동을 이끌며 8888항쟁 당시 투쟁한 미얀마 민주화 운동가다. 민주화 투쟁의 정신적 지주로 국민들의 존경을 받고 있다. 지난 2009년 대한민국에서 광주인권상을 수상했다.

새날이 올 때까지

형의 일기는 3일 전이 마지막이었다. 형은 일기에 내 이름을 영어로 머리글자만 따서 P라고 적었다. 일기가 형의 의사와 관계없이 내가 아닌 사람에게 노출될 때 본명이 드러나지 않게 하려는 배려였던 것 같다. 쿠데타가 터지고 세달 반 가까운 시간동안 형은 엄혹한 상황을 치열하게 기억하고 기록했다. 그리고 그 속에서 깊이 슬퍼하고 공분했다. 문득 기억을 떠올려보니 나와 K가 형의 방에 찾아가 떠들고 있을 때 형은 핸드폰을 붙잡고 무언가를 열심히 적고 고치곤 했다. 이제와 생각해보니 피곤한 와중에도 기록을 남기기 위해 매 순간 부단히 노력했던 것이다. 그렇게 남은 기록은 이제 형의 출사표가 됐다.

꺼잉주로 가려는 건가?

형은 마지막 일기에 자신이 가기로 결정한 곳을 써놓았다. 국경지역의 소수민족에 의탁해 군사훈련을 받은 뒤 무장투쟁에 투신하는 게 형의 계획이었다. 오늘 새벽 동네를 떠났으니 지금쯤 이미 시 외곽을 넘어갔을 터였다.

휴대폰을 내려놓고 몸을 돌려 모로 누웠다. 매트리스 위에 군경이 우리를 기습했던 날 넘어지면서 액정이 박살났던 내 휴대폰이 놓여있다. 도시 상황이 말이 아니기도 했고, 액정을 바꿀 돈도 없기도 해서 그 간 불편을 참고 깨진 휴대폰을 계속 써왔다.

아 씨… 자꾸 유리가루가 나와서 손을 베네.

얼마 전 형에서 아무 생각 없이 툴툴댔던 기억이 떠올랐다. 그 때 형은 물끄러미 박살난 액정화면을 바라봤다. 그게 마음에 걸렸는지 출사표와 함께 자기가 쓰던 휴대폰까지 남기고 갔다보다.
나는 발목이 불편해 누운 자세를 바꿨다. 그 때 바지 주머니에서 무엇인가 부스럭거렸다. 주머니 속에 손을 넣어 꺼내니 아주머니가 울며 건네줬던 편지가 꾸깃꾸깃한 상태로 딸려 나왔다. 꾹꾹 눌러 쓴 정갈한 글씨. 나는 형의 편지를 한 글자 한 글자 읽어나갔다.

어머니께,
삼가 예를 갖춰 절 올립니다.

어머니, 저는 오늘 국경으로 갑니다.
이런 중차대한 말을 겨우 글 몇 자 적어 올림을 용서하십시오.

제 나이 어느덧 22살이 넘었지만, 어머니께서는 여전히 저에 대한 걱정이 끊이지 않는다는 걸 알고 있습니다. 일방적으로 결정을 내리고 떠나는 일이 어머니에게 크나큰 무례라는 것도 알고 있고요. 하지만 이렇게 하지 않으면 어머니께서 저를 보내지 못한다는 사실 또한 누구보다 잘 알기에 불효를 무릅쓰고 몰래 집을 떠납니다.

국경으로 가겠다는 제 결정은 그 누구의 강요나 압력, 협박에 의한 것이 아닌 스스로 신념으로 내린 결정입니다. 군부가 들이대는 총구에 머리를 조아리고 순응한다면 저와 청년세대 모두는 미래를 꿈 꿀 수 없게 됩니다.

저뿐만 아니라 그 누구도 총을 들고 전장에서 싸우는 일을 원하지 않습니다. 그러나 군부독재 아래선 어머니와 제가 행복하게 살아가기 위해 꿈꿔온 모든 일들을 포기해야 합니다. 저 비열한 자들에게 무릎 꿇고 남의 눈물과 피가 묻은 하사품을 얻고자 자신의 존엄과 영혼을 팔아야만 합니다. 군부독재가 존재하는 한 우리나라는 결코 성장하지 못할 겁니다.

그래서 저는 싸우기로 결정했습니다.
부디 제가 내린 결정을 이해해주세요.
그리고 너무 많은 걱정으로 어머니께서 괴롭지 않으셨으면 합니다.

혁명이 끝나 새날이 올 때까지 저는 돌아오지 않겠습니다.

부디 건강하세요.

2021년 6월 15일
불효자 아들 배상

 짧은 편지와 휴대폰 속 일기를 남기고 떠난 형. 홀어머니를 남기고 혼자 떠나버린 형에 화가 났지만 한 편으로 나는 그 마음을 이해한다. 형은 언제나 깊게 생각하고 진중히 움직이는 사람이었다. 우리 나이 여느 철없는 남자애들처럼 함부로 말하거나 무책임하게 일을 벌이는 법이 없었다. 한번은 내가 "왜 이리 애늙은이처럼 살아?" 물으니 형은 쓸쓸하게 웃으며 "애비 없는 놈이라는 소리 듣기 싫어서." 라고 답했다.

 철저히 자신을 다스리고 감정을 드러내길 삼갔던 형은 일기에 부당하고 불의한 상황에 대한 좌절과 분노를 여과 없이 적었다. 떠나는 길과 남아 침묵하는 길 중에서 형은 결국 신념을 선택했다. 그리고 떠났다.

형은 쿠데타 이후 체중이 많이 빠졌다. 좀처럼 많이 먹지도 않았고, 거리에서 많은 시간을 보내다보니 피부도 검게 그을렸다. 그런 사람이 총을 들고 싸우겠다고 먼 길을 떠나다니. 마음이 놓이질 않는다. 형의 곁을 따르고 싶지만 빌어먹을 발목은 생각보다 오랜 시간 나를 괴롭히고 있고, 형이 부탁한대로 홀로 남은 아주머니도 신경 써야했다.

뜨거웠던 여름이 지나고 어느새 우기가 찾아왔다.

후드득 후드득. 빗방울이 창문 차양을 때리는 소리가 들린다. 하루에도 몇 번씩 비가 쏟아지며 거리에 몇 달 간 켜켜이 쌓였던 먼지와 묵은 때를 씻어냈다. 나는 창문가로 다가가 손을 내민다. 빗방울은 이내 굵어져 손바닥을 무겁게 때리기 시작했다. 어느새 물안개가 피어오른다. 매섭게 쏟아지는 비에 집 앞 골목길은 어느새 물에 잠기고 있다. 물이 들어차는 도로를 보며 이 시각 동쪽으로 향하고 있을 형에게 생각이 미친다. 그러나 지금 내가 할 수 있는 건 없었다. 그저 기도로 형의 무사를 빌 따름. 짙은 물안개에 덮인 도시의 동쪽 저 너머를 향해 합장하며 기도한다.

형… 부디 몸 조심해…

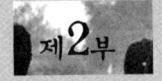

제2부
꽃잎처럼 흘러 흘러 그대 잘 가라

미래의 죽음

발목 높이로 자란 관목과 적갈색의 흙더미가 튀어 오른다. "삐-" 하는 소리와 함께 주변의 모든 소음이 마치 텔레비전 리모컨의 음소거 버튼을 누른 것처럼 사라진다. 사라진 것은 소리 뿐만이 아니었다. K의 시야 또한 마치 전원이 나간 화면처럼 어둡다. 느껴지는 건 오직 뺨에 닿은 부슬부슬한 땅의 감촉과 짙은 흙냄새 뿐. K는 점차 맥박과 호흡이 빨라짐을 느낀다. 온몸이 마치 깊은 늪 속에 빠진 것처럼 축축하다. 그러다 어느 순간 시야가 트이며 환한 공간이 펼쳐진다. 너른 대로大路다. 수많은 사람들이 대로를 달린다. K역시 그들을 따른다. 그러다 문득 낯익은 얼굴이 K의 곁을 따르고 있는 걸 깨닫는다. 무뚝뚝하지만 따뜻한 형 A와 죽이 잘 맞는 절친 P. 둘은 환한 얼굴로 손을 내밀어 K의 어깨를 감싼다.

K는 눈을 뜬다. 대로와 사람들, A와 P 모두가 신기루처럼 사라졌다. 그제야 비로소 주변의 소음이 들린다. 폭발의 굉음, 탄두가 공기를 가르는 소리 속에서 K의 몸으로부터 뿜어져 나온 검붉은 피가 부슬부슬한 흙에 스민다.

팬데믹

우기가 시작됐다. 연일 쉼 없이 쏟아지는 스콜. 정비가 이루어지지 못한 도로는 수시로 물에 잠겼고, 수해로 발생한 부유물은 물살을 따라 이리저리 자리를 옮겼다. 2021년 7월, 한 해의 절반이 지난 지금. 최대도시 양곤의 하늘은 내내 희끄무레 흐릿하다. 수증기를 머금은 비구름 탓일까? 그보다는 저 굴뚝에서 끊임없이 솟구치는 검은 연기가 대기를 가득 메운 탓은 아닐까? 후덥지근한 공기가 폐 속으로 밀려오는 것을 몰아내려 K는 한숨을 길게 내쉰다.

"야, 한 대 태워."

하늘을 올려다보고 있던 K 곁으로 어느 샌가 P가 다가와 잎담배 한 개비를 내밀었다. K는 말없이 담배를 받아 입에 문다. 한 개비에 50짯도 안하는 싸구려 잎담배. 예전 같으면 아버지뻘 기성세대가 태우거나 외국인 관광객들이 호기심에 구입해 입에 물어보던 담배지만 지금은 K가 주로 피우는 물건이 됐다. 가격이 저렴하거나 맛이 좋아서는 아니었다. 술과 담배 같은 대부분의 기호식품을 군부 자본으로 설립한 기업들이 독점해 판매하고 있기 때문이다. "부정한 자들에 푼돈 한 푼이라도 보탤 수 없다." 기성품 권련을 마다하고 손으로 말아낸 잎담배를 태우는 일 또한 청년들이 할 수 있는 최소한의 저항이며 투쟁이었다.

"지금 화장터에 더 이상 관을 내려놓을 자리가 없대. 시신 여러 구를 모아 화장하는데도 여유가 없나봐."

P가 담배를 든 손으로 관자놀이를 꾹꾹 누르며 말했다.

"여기 북부 오깔라빠 화장터 말고 다른 두 곳 상황도 비슷하데. 소각할 수 있는 한도를 한참 넘어선 시신이 매 시간 몰려오니 어떻게 감당이 되겠어."

K는 연기가 솟아오르는 굴뚝에서 시선을 거두지 않고 답했다. 10미터를 훌쩍 넘기는 길고 뾰족한 북부 오깔라빠 화장터 굴뚝. 굴뚝이 끊임없이 토해내는 연기는 불과 몇 시간 전 함께 세상을 살아갔던 이들의 마지막 모습이었다. 코로나19 팬데믹이 앗아간 무고한 사람들의 목숨은 그렇게 허망하게 날아갔다.

2019년 전 세계를 강타한 코로나 바이러스에서 미얀마도 예외일 수 없었다. 민간정부 집권기에는 국제사회의 지원과 자체적 방역작업으로 간신히 전염을 억제하고 있었지만, 군부 쿠데타 이후 모든 것이 무너졌다. 특히 여름이 지나고 우기가 본격화한 2021년 6월부터 대유행이 창궐했다. 전국적으로 하루에 수백 명이 목숨을 잃었지만 군부는 전염병을 통제할 의지를 전혀 보이지 않았다. 그저 군부 수뇌부가 지역 내 보건시설과 병원이 긴밀하게 협조할 것을 주문하는 입바른 명령서 한 장을 발부한 것이 이른바 군부가 부르짖는 '방역행정'의 전부였다.

재앙, 문자 그대로 미얀마의 상황은 재앙 그 자체였다. 당장이라도 사회가 붕괴해도 이상할 것 없는 상황. 그러나 붕괴를 막고자 안간힘을 내는 사람들의 노고로 미얀마 사회는 힘겹게 돌아가고 있었다. 그 공功은 오롯이 P와 K와 같은 청년세대에게 돌아갔다. 청년이 주도하는 시민사회는 자발적으로 방역 전선에 뛰어들었다. 시민은 확진자 격리와 소독부터 사망자 운송과 화장火葬까지 모든 지난한 과정을 스스로의 힘으로 치렀다.

"방금 연락 왔어. 보뜨타웅하고 란마도 쪽에 또 사망자가 나왔데. 시신은 총 3구. 지금 현장 통제하고 소독 과정만 남았다니까 얼른 다녀오자고. 정말 끝이 없네."

P가 거진 다 태운 담배를 손가락으로 튕겨내며 말했다. 공기가 통하지 않는 하얀 방호복을 입은 그는 방호복 안으로 가득한 열기가 괴로운지 연신 몸 이곳저곳을 긁어댔다. K가 고개를 끄덕이고 담뱃불을 끄려는데 P의 휴대폰이 다시 울렸다.

"L한테 연락이 왔네. 한국 쪽에서 후원자를 찾았나봐. 그쪽에서 현장 이야기를 좀 들어보고 후원금을 보내고 싶다고 했데. 우리 둘이 온라인 미팅에 참석해서 상황 설명하고 필요한 점을 좀 이야기해줬으면 한데. 괜찮지?"

P의 설명에 K는 고개를 끄덕여 동의했다.

"자, 그럼 빨리 이동하자고. 해지면 또 씻쾌들이 활개하기 시작할 테니까."

둘은 방호복 섶을 여미고 발걸음을 재촉했다. 화장터 옆 주차장에는 하얀색 봉고차로 가득했다. 지역 내 자원봉사단체에서 보유하고 있는 사제 앰뷸런스 차량들이다. 차량 대부분은 쿠데타 이전 동네에서 발생한 응급환자를 병원으로 후송하는데 사용하던 것이다. 그러나 코로나 팬데믹 이후 앰뷸런스들은 비닐로 밀봉한 시신을 매장지나 화장터로 나르는 운구차로 전락했다. 움푹 파인 흙바닥 곳곳에 고인 물웅덩이를 밟아 튀어 오른 흙탕물로 하얀 앰뷸런스 대부분은 몸체에 누런 얼룩이 덕지덕지 붙었다. 진창을 헤치며 나가자 곧 둘을 기다리고 있던 차량이 보였다. 눅진한 더위 때문에 입고 있던 방호복을 풀어 해진 운전기사 아저씨가 찐득한 구슬땀을 뻘뻘 흘리며 좌석 등받이에 기대 졸고 있다.

"아저씨, 저희 왔어요. 보뜨타웅이랑 란마도에서 사망자가 나왔데요. 오늘은 이것까지만 처리하고 복귀하시죠."

K가 흔들어 깨우자 운전기사 아저씨는 일어나 손바닥으로 거칠게 두 눈을 비비며 몸을 일으켰다. K는 타이어휠을 툭툭 걷어차서 신발 바닥에 묻은 진흙을 털어낸 뒤 조수석에 올라탔다. 뒤이어 P가 비좁은 조수석을 비집고 올라오자 K는 운전기사 아저씨 쪽으로 바짝

붙어 자리를 마련했다. 둘이 자리를 잡자 운전기사 아저씨는 시동을 건다. 할아버지 잔기침 같은 엔진소리가 울려 퍼지며 차체가 잔잔히 흔들린다.

어지러이 주차한 봉고차들을 피해 화장터 주차장을 벗어난 차는 서서히 시내로 나아갔다. 시곗바늘은 아직 오후 5시를 가리켰지만, 이미 거리는 해가 넘어간 초저녁마냥 어둡고 침침하다. 보행하는 시민은 드물었고, 차도에도 달리는 차는 적었다. 쿠데타 이전에는 넘쳐나는 차량으로 곳곳이 정체하던 양곤 시내의 도로가 지금은 신호등에 걸리지 않는다면 금세 동네 서너 개를 지나갈 수 있을 정도로 한적했다. 차창을 내리자 미지근한 바람이 코끝을 스친다. 땀에 흠뻑 젖은 몸은 마치 녹아내릴 것처럼 고단했다. 절로 눈이 감기며 졸았다 깨다를 반복하는 사이 차는 어느새 따무에와 드베빈곤을 지나 남쪽 구시가지로 향하는 술레(Sule) 대로를 달리고 있었다. 저 멀리 황금빛으로 반짝이는 술레 파고다와 파고다 둘레에 어지러이 얽혀있는 육교의 모습이 보인다. 지난 2월 수많은 인파가 모여 군부독재타도를 외치던 바로 그 장소. P는 차창 밖으로 물끄러미 고개를 내밀어 지난날의 열기를 떠올렸다.

거대한 물결 같은 민중의 행진. "휘날리는 싸우는 공작새의 붉은 깃발.", "어머니 쑤찌 여사를 당장 석방하라.", "우리는 결코 군부의 노예가 되지 않는다.", "혁명 승리의 날까지 싸울 것을 피로 맹세한다.", "전국의 모든 민족이여 단결하자." 함성으로 가득했던 그날의 현장. 그러나 잔혹한 탄압의 광풍이 분 이후 거리투쟁은 동력을 잃었다. 수많은 동지들이 체포되거나 일부는 도시를 떠나 국경으로 갔다.

국경… 상념 속에서 P는 문득 지난 달 국경으로 떠난 앞집 사는 형의 모습을 떠올린다. 한동안은 홀어머니를 남겨두고 홀로 떠난 형을 책망하기도 했다. 그러나 나날이 잔혹성을 키우는 군부에 맞서 누군가는 싸워야만 하는 게 현실이다. 선택의 기로에서 형은 자신에게 가장 소중한 것들을 모두 버리는 희생을 하며 먼 길을 떠났고, 남을 수밖에 없던 이들은 당면한 작금의 시련과 싸워야 했다. 모두가 장소만 다를 뿐 각자의 자리에서 전쟁을 치르고 있는 셈이다. 그러나 나에게도 언젠가 무기를 들고 싸워야하는 날이 온다면 분연히 나아가리. P는 형이 남기고 간 화웨이 휴대폰을 손에 꼭 그러쥔 채 마음을 다잡았다.

"거의 다 왔어. 지금 깟쩌 프야 돌아 지나가고 있단다. 보뜨타웅 쪽을 먼저 갔다가 란마도로 가자꾸나."

운전기사 아저씨는 술레 파고다 로터리로 접어들며 청년들에게 말했다. 아저씨는 로터리를 돌며 감속을 하더니 짧은 순간이지만 운전대에서 손을 뗀 채 파고다를 향해 합장하며 기도문을 외웠다. P와 K는 그런 아저씨의 모습 잠시 바라보다 다시 창밖으로 시선을 옮긴다.

'깟쩌 프야'. K는 창밖을 바라보다 운전기사 아저씨가 말한 단어를 되뇌었다. 깟쩌 프야는 지역 토박이들이 양곤 구시가지의 상징인 술레 파고다를 부르는 말이다. 파고다 인근의 보뜨타웅에 사는 K는 깟쩌 프야가 무슨 뜻인지 잘 알았다. 어렸을 때부터 동네 어른들이 술레 파고다를 본래 이름이 아닌 깟쩌 프야라고 부르는 것을 들으며 자랐기 때문이다. '깟' 은 미얀마어로 가깝게 붙는다는 동사의 어근이고, '쩌' 는 지나간다는 동사의 어근이며, '프야' 는 사원이나 불탑을 통틀어 칭하는 명사다. 풀어서 이야기 하자면 가까이 붙어서 스쳐 지나가는 파고다라는 뜻. 과거부터 시가지 중심에 있던 술레 파고다 주변으로 점차 도로망이 건설되면서 점차 파고다는 여러 교차로와 이어진 로터리의 중심축이 되었다. 지역주민들은 하루에 몇 번이고 파고다 옆을 가까이 붙어 지나가지만 굳이 안으로 들어가서 참배하는 일은 드물다. 로터리에서 어렵사리 차를 세우고 들어가기에는 너무 익숙한 동네 파고다라는 게 어른들의 설명이었다.

문득 K는 깟쩌 프야라는 명칭을 다른 방식으로 읽었으면 좋겠다는 생각이 들었다. '깟' 은 명사로 쓰면 '재앙' , '전염병' , '암흑기' 와 같은 부정적인 현상을 뜻하기도 한다. 달리 해석하면 깟쩌 프야는 작금의 고통스러운 시기를 '극복' 해내는 장소라고도 볼 수 있는 것. K는 자신만의 해석이 들어맞기를 마음 속 깊이 바랐다. 코로나로 죽는 사람이 없기를, 군부의 폭압으로 암흑에 빠진 현실에서 벗어날 수 있기를 바랐다. 이른바 Z세대인 K는 부모세대 만큼 독실하게 불교를 믿지 않는다. 그러나 자신만을 등불로 삼고 삶을 살아가라는 부처의 말씀만큼은 잘 알고 있다.

"어둠 속에서도 길을 잃지 않고 앞으로 나아갈 수 있도록 하소서."

K는 마음 속으로 기원하며 스쳐지나가는 술레 파고다를 지그시 응시했다. 운전기사 아저씨가 모는 차는 로터리를 벋어나 강안 도로로 접어들고 있었다. 몇 블록을 더 지나 보뜨타운에 도착하자 P가 길 한 편을 손가락으로 가리켰다.

"저 골목 안에 있는 집인가 봐요. 사망자가 나온 집이."

P가 가리킨 방향에는 하얀 방호복을 입은 이들이 등짐 펌프를 지고 곳곳에 소독약을 뿌리고 있었다. 코로나 감염병 바이러스를 조금이나마 제거하고자 방역작업을 하고 있는 것이다. 운전기사 아저씨가 갓길에 차를 대는 동안 P와 K는 차에서 내려 골목 안으로 걸어 들어갔다. 비리고 후덥지근한 공기 속에 약품 냄새와 함께 유가족들의 구슬픈 울음소리가 섞여 날아들었다.

혁명 속으로

N은 몇 달째 잠을 이루지 못했다. 눈을 감으면 피 칠갑을 한 주검이 떠오르고, 귀를 막으면 고통스러운 신음이 들리는 것 같았기 때문이다. 잠을 이루지 못해 수면유도제에 의존하기도 했고, 맨 정신에 밥을 넘길 수 없어 평소에는 거의 입에 대지 않던 술에 입을 대기도 했다. 의식이 있는 모든 순간이 고통스럽고 치욕스러웠다.

N의 모국에서는 반년 전 군부가 쿠데타를 일으켰다. 시민은 평화적인 수단으로 부당한 권력찬탈에 저항했다. 돌아온 것은 총탄뿐이었다. 수많은 사람이 죽거나 체포됐다. N의 고향집 앞 골목에서도 군경은 행패를 부렸다. 욕설을 일삼으며 눈에 보이는 집기를 때려 부수는 만행이 매일 벌어져도 그 누구도 나서지 못했다. 사람들은 그저 집 안의 불이란 불은 모두 끈 채 공포에 울먹이는 어린 아이들을 어르고 달래며 두려운 밤이 어서 지나기를 부처님께 기도할 뿐이었다.

N은 고향 소식을 들을 때마다 눈앞이 깜깜해진다. N의 대학 동기 한 명은 번듯한 직장에 사표를 내고 밀림으로 들어갔다. 하얀 와이서츠에 넥타이를 맨 채 책상 맡에 앉아 찍은 페이스북 프로필 사진은 몇 달 뒤 밀림 속에서 국방색 티셔츠를 입은 군인의 모습으로 바뀌었다. 학교를 다니던 동생들은 군부가 만든 교육제도로는 공부할 수 없다면서 등교거부를 선택했다. 한창 배울 나이의 동생들은 밤마다 들

리는 총성에 몸서리치며 어둠 속에서 하루하루를 견딘다. 엎친 데 덮친 격 부모님까지 코로나 감염병에 걸렸다. 자신의 부모가 혈중 산소농도가 급격히 떨어지며 호흡을 못해 고통을 겪는 모습을 N은 영상통화로 지켜봐야했다. 다행히 양친 모두 증상은 호전되었지만, 부모님은 한동안 코로나 후유증 때문에 몹시 고통을 겪었다.

N은 매 순간마다 모든 것을 내려두고 고향으로 돌아가고 싶다는 생각을 했다. 그러나 N의 삶의 터전은 머나먼 한국에 있었다. 한국인 남편을 만나 부부의 연을 맺고 고향을 떠난 지 어느 덧 3년. 남편과 꾸린 가정, 끝나지 않은 학업, 고단한 벌이의 삶은 단단한 족쇄처럼 N을 붙잡아 두고 있었다.

N은 무엇이라도 해야만 했다. 월급을 나눠서 일부를 가족에 생활비로 보내고, 또 다른 일부를 군부와 싸우기 위해 밀림으로 숨어든 고향 친구에게 보냈다. 친구는 N이 보내준 돈을 여비 삼아 소수민족 무장단체에 입대해 본격적인 군사훈련을 받기 시작했다. 친구는 이후에도 몇 차례 급박한 사정을 설명하며 도움을 구했고, N은 주변 한국인 지인들과 한국에 거주하는 미얀마 친구들과 힘을 합쳐 군자금을 모아 현지에 전달했다. N은 일을 하지 않는 주말이 되면 거리로도 나갔다. 손수 만든 피켓을 치켜들고 시내 곳곳에서 일인 시위를 벌였다. 피켓에는 군부가 벌이고 있는 무도한 악행을 알리는 글을 적었다. 고된 일이지만 N은 도무지 쉴 수 없다. 가만히 있으면 고향의 가족과 함께하지 못하는 미안함, 그리고 싸우기 위해 사선으로 향하는 이들에 대한 부채의식이 N을 짓눌렀기 때문이다.

그렇게 타지에서 N이 분투하고 있던 2021년 7월 초, 미얀마 현지에서 한 청년이 페이스북 메신저를 통해 N에게 연락을 취해왔다. 청년은 자신을 L이라고 소개했다. 양곤에서 대학을 다니고 있는 스무 살 L은 N이 군자금을 보내준 적 있는 고향친구로부터 소개를 받아 연락을 하게 되었다며 운을 띄웠다. 갑자스러운 연락에 N은 경계심이 들었다. 하지만 답을 해야 했기에 잠시 고민한 끝에 답장을 써내려갔다.

"연락해주셔서 반갑습니다. 어떤 일 때문에 연락 주셨을까요?"

L은 자신이 자원봉사단체에 속해 양곤의 방역현장에서 활동하는 청년이라고 밝히며, 현재 단체가 코로나 감염병으로 숨진 사망자들을 화장터로 보내고 확진 현장을 소독하는 활동을 하고 있다고 설명했다. 더불어 최근 현장 활동가들이 입을 방호복이 부족해 어려움을 겪고 있어 금전적인 도움도 구하고 싶다는 사정을 전했다. L은 메신저를 통해 현장사진도 보냈다. 하얀 방호복을 입은 청년들이 비닐로 밀봉한 사망자의 시신을 옮기는 모습, 소각장 앞에 화장 순서를 기다리는 관이 장사진을 이룬 모습이 페이스북 메신저 대화창을 가득 채웠다. 남의 일 같지 않았다. N의 부모님도 얼마전 코로나 감염병에 걸려 그야말로 죽을 고비를 넘기지 않았던가? 경계심이 풀린 N은 조금 더 자세한 이야기가 듣고 싶었다. 그리고 고향친구의 소개라고는 했지만 금전을 지원하게 된다면 L이라는 청년이 어떤 인물인지 보다 자세히 파악할 필요가 있었다. N은 온라인 화상회의를 통해 자세한 이야기를 나누자고 제안했고 L은 흔쾌히 수락했다. 이틀 뒤 화상회

의 플랫폼인 줌(Zoom)을 통해 만나기로 약속을 잡은 뒤 L은 접속을 종료했다.

N은 L과 대화를 마친 뒤 페이스북 메신저를 열어 지난 대화를 확인했다. 미처 확인하지 못한 고향친구의 메시지가 읽지 않음 상태로 남아있었다. 대화창을 열어보니 L이라는 친구를 소수민족 무장단체를 통해 알게 되었고, 사정이 급해 보여 연락처를 줬으니 한번 대화를 나눠보라는 내용이었다. N은 친구에게 늦게나마 답장을 보낸 뒤 L에게 어떤 도움을 줄 수 있는지에 대해 고민하기 시작했다.

이틀 뒤, N은 노트북 앞에 앉아 L이 보내준 화상회의 링크로 접속했다. L은 약속한 시간에 꼭 맞춰 접속했다. 예상보다 더 앳된 얼굴이다. 올해 스무 살이라고 했지만 화면 속에 비친 L의 모습은 아직 소녀티가 역력했다.

"언니, 만나서 반갑습니다. 경황없이 연락했는데도 흔쾌하게 받아주셔서 고맙습니다."

L의 목소리가 맑고 청아했다. 그러나 N은 목소리와 별개로 L의 발음이 약간 어눌하고 어색하다는 점을 느끼며 고개를 갸우뚱했다. 하지만 의문은 L이 스스로를 소수민족 꺼인(Karen)족이라 소개하며 단박에 해소됐다. 양곤에서 가까운 버고(Bago)주 출신인 L은 버고주 동부에 있는 작은 마을에서 태어났다. 버고주 동부는 소수민족 지역인 꺼인주와 접하면서 버마족 뿐만 아니라 꺼인족 이주민 또한 상당수 거주하는 곳이다. 버고주 꺼인족은 버마족과 공존하면서도 자신

들의 전통과 종교, 민족 정체성을 지키며 살아갔다. 그러나 소수민족이 고등교육을 받고 미얀마 사회에서 커리어를 쌓기 위해서는 버마족이 만든 제도에 스스로를 맞춰야하는 게 현실이었다. 때문에 L과 같이 학업에 뜻을 둔 소수민족 청년들은 어렸을 때부터 버마족의 언어를 익힌 뒤, 성년이 되면 대학진학을 위해 최대도시 양곤으로 상경했다.

L은 자기소개를 마친 뒤에 현장 이야기를 더 자세하게 전달하고자 함께 활동하고 있는 동료 두 명을 불렀다며 양해를 구했다. N은 괜찮다는 의미로 고개를 끄덕였다. 곧 남성 두 명이 접속했다. 두 사람 모두 L처럼 앳된 얼굴이다. 두 남성은 자신을 P와 K라고 소개했다. 나이는 모두 스무 살이었다. 간단한 소개가 끝나자 L이 대화의 물꼬를 텄다.

"저희 셋은 양곤에서 자원봉사 단체와 함께 방역활동을 하고 있어요. 활동 장소는 주로 구시가지 일대고요. 자유언론에서도 매일 보도를 하고 있기는 하지만 실제 저희가 느끼는 현장 상황은 그보다 더 심각해요. 오늘 하루 양곤에서만 거의 200명 가까운 사람이 코로나 때문에 목숨을 잃었어요. 군부가 방역과 치료에 완전히 손을 놨기 때문에 시신을 수습해서 소각하는 일마저 저희 같은 자율 방역대가 나서서 하는 상황이에요. K, 네가 현장상황을 좀 더 자세히 설명 드려."

K는 고개를 끄덕이고는 목을 한번 가다듬은 뒤 말을 이었다.

"저와 P는 방금까지도 양곤 북北오깔라빠동洞에 있는 화장터에 시신을 보내고 왔어요. 매일 죽는 사람들이 늘어나고 있다 보니 종일 소각로를 돌려도 시신을 모두 화장하지 못하는 때가 많아요. 오깔라빠 화장터는 지금 화장을 기다리는 시신을 담은 관을 거의 100미터 가까이 줄 세워놓았을 정도거든요. 양곤에 화장터가 총 3곳 있는데 다른 곳도 상황은 비슷하다고 들었어요."

K의 말을 들은 N은 정신이 아득해졌다. 시신을 담은 관을 줄 세우다니. 평화시기에는 미얀마에서는 상상할 수도 없는 망자에 대한 대우였다. N은 참담한 마음을 다잡으며 무엇을 도와줘야 하는지 물었다.

"지금 저희에게 제일 필요한 건 방호복이에요. 한 번 입으면 세척해서 다시 입을 수도 없이 무조건 소각해야하거든요. 방호복 한 벌이 만 오천 짯인데 대여섯 명이 매일 새 방호복을 입어야 하다 보니 도저히 비용 감당이 안 돼요."

K가 말을 마치자 P도 한 마디 덧붙였다.

"필요한 것은 또 있어요. 사망자가 나온 곳을 소독해야하는데 소독할 약품이 지금 거의 다 떨어졌어요. 또 의료용 산소를 채울 산소통도 부족하고요. 현장에 있어야할 의료진이 거의 다 CDM에 참여한 상태라 병원에 가도 의사나 간호사가 없어요. 그러다보니 살릴 수도 있는 환자들이 너무 많이 목숨을 잃고 있는 상황이에요."

세 청년의 이야기를 종합한 미얀마 상황은 한 마디로 총체적 난

국이었다. 쿠데타로 권력을 찬탈한 군부는 코로나 상황을 전혀 통제하지 못하고 있었다. 통제는커녕 의지조차 없어 보인다는 말이 더 정확할 것이다. 재앙 상황에서 그나마 사회가 붕괴하지 않고 버티는 것은 P와 K, 그리고 L과 같은 청년의 고군분투 덕이다. N은 이들을 돕기 위해 무슨 일이라도 해야만 했다.

온라인에서 청년들과 회의를 마친 뒤 N은 곧장 주변 지인들에 도움을 청했다. 고맙게도 성원이 이어졌다. 커피 한 잔 값을 아끼며 모은 돈, 편의점 4캔 만원 맥주를 참고 모은 돈부터 시작해 적지 않은 금액을 선뜻 쾌척한 이주노동자들의 피땀 어린 돈까지, 거기에 사재私財를 약간을 보태 N은 일주일 만에 미얀마 돈으로 1백만 짯 정도를 마련할 수 있었다. N은 송금 중개인을 통해 L이 알려준 현지계좌로 돈을 보냈다. 그리고 이틀 뒤, L이 연락을 걸어왔다.

"언니, 보내주신 후원금 잘 받았어요. 덕분에 한 열흘 정도는 버틸 수 있을 것 같아요. 고맙습니다."

L은 한국에서 보내준 지원금으로 방호복 50벌과 소독약 한 통을 샀다고 전하며 감사함을 표했다. N은 현장 상황을 물었다.

"상황은… 도저히 나아질 기미가 안 보여요. 오늘 하루 양곤에서만 거의 500명 가까운 사람들이 죽었어요. 지금은 시신을 화장하려면 전 날 아침부터 줄을 서야 해요. 군부 계엄령 때문에 야간통행금지가 시작되는 밤 10시까지도 순서가 찾아오지 않으면 시신을 화장터에 그냥 두고 집에 돌아 가야하는 일까지 생기고 있어요. 그러다보니 고인의 마지막 순간을 아무도 지키지 못하는 경우가 많아요."

끔찍한 상황이었다. N이 살고 있는 한국도 코로나 대유행의 직격탄을 맞았지만, 방역체계가 작동하며 온 국민이 피해를 줄이려 노력하는 중이었다. 하지만 미얀마는 무정부상태와 다름없는 정치적 혼란의 와중에 코로나 바이러스라는 결정타를 맞았다. 바이러스의 공격 앞에 미얀마 시민은 속절없이 쓰러졌다. N은 L에게 다른 두 청년의 안부를 물었다.

"P는… 부모님이 코로나에 걸리셨어요. P의 이웃집에 사는 어른들도 죄다 확진이고요. 그래서 지금 P는 의료용 산소를 구하려고 백방으로 손을 쓰고 있는 중이에요. 오늘도 새벽 4시에 나가서 지금까지도 돌아다니고 있어요. 모두가 산소가 필요한데 공급이 없다보니 산소통 가격이 거의 10배 가까이 올랐어요. 그나마도 돈 주고 못 사는 상황이에요. K는 오깔라빠 지역에서 확진자가 나온 집에 식량과 의약품을 배송하는 일을 하고 있어요. 다행히 최근에 무슬림 커뮤니티가 거금을 기부해서 식량이랑 약을 살 수 있었는데, 정작 확진자가 있는 집 사람들은 물건을 받으러 밖으로 나오지를 못 하거든요. 그래서 지금 직접 배달을 하는 방식으로 구호품을 보내고 있어요."

L의 답변에 N은 궁금증이 생겼다. 그럼 확진자가 있는 집을 어떻게 안단 말인가? 한국처럼 체계적인 전산화가 이루어지지 않은 미얀마에서 개개인이 발로 뛰며 코로나 확진자가 있는 가정을 일일이 찾

는 일은 불가능해보였다. L이 답했다.

"방법이 있죠. 페이스북에 광고를 했어요. 확진자 때문에 필요한 물건이 있어도 외출을 못하는 경우 집 앞에 잘 보이게끔 깃발을 달아 놓으라고요. 식량이 필요하면 노란색 계통의 깃발을, 의약품이 필요하면 흰색 계통 깃발을 달면 K와 활동가들이 찾아가서 집 앞에 물건을 걸어놓는 거예요."

기발한 생각이었다. 현장에서는 실제로 많은 시민들이 깃발을 달고 도움을 청했다. 깃발이 없는 집은 색깔이 비슷한 티셔츠를 작대기에 걸기도 했다. 결국 시민을 돕는 것은 같은 시민이었다. 이런 와중에도 군부는 계속해서 학살과 탄압을 자행했지만, 시민은 서로에게 도움의 손길을 내밀어 어려운 시기를 함께 돌파해나가고 있다.
 양곤 청년들을 만난 뒤 N은 한 가지 깨달음을 얻었다. 지금까지는 사비를 털어 곤경을 겪는 미얀마의 지인들을 돕기 위해 개인적으로 분투했다. 그러나 만약 혼자가 아닌 여럿이 힘을 모은다면 얼마나 더 많은 일을 이룰 수 있겠는가? 뜻이 있는 한국시민과 미얀마 동포들이 힘을 모아 연대한다면 현장을 실효적으로 도울 길이 분명 있을 것이었다.

결심이 선 N은 페이스북을 통해 모금활동을 시작했다. 시작은 코로나로 고통 받는 미얀마 현지를 돕는 것을 목표로 잡았다. 양곤의 청년들이 보내준 현장의 사진을 공유하며 참담한 미얀마의 현실을 알렸다. 이에 한국에 거주하는 미얀마 동포들은 물론 한국 시민들까지 선뜻 성원을 보탰다. N은 2021년 7월 말까지 모은 성금으로 코로나 자원 방역팀과 코로나 감염병 피해를 입은 저소득층 가정에 250만 짯을 지원했다. 비록 한국에서는 크지 않은 금액일 수도 있지만 미얀마에서는 생명을 살리는 돈이 되었다. 7월의 만남을 계기로 N은 자신도 모르는 사이에 미얀마 시민혁명 속으로 깊숙이 발을 들이게 됐다.

▲코로나 대확산 시기에 활약한 자원 방역팀(상), 의료용 산소 부족사태로 고통받는 시민(하)ⓒMPA.

낙화, 그리고 움트는 저항의 씨앗

"L, 방금 중개인에게 돈 입금했어. 30분 안에 K-PAY로 이체해준 다고 하니까 확인해 봐."

N이 보낸 메시지에 L은 바로 확인하겠노라 답장 한 뒤 K-PAY 어플리케이션을 열었다. 미얀마의 사설은행인 깐보자(Kanbawza) 은행이 제공하는 모바일 뱅킹 서비스 K-PAY는 쿠데타 이후 활동가들이 가장 많이 이용하는 자금이체 수단이다. 기존에 사용하던 은행 계좌가 주민등록번호와 거주지 주소 같은 개인정보를 요구하는데 반해 K-PAY는 휴대폰 번호만 있으면 쉽게 계좌를 개설할 수 있어 군부의 추적을 피하는데 용이했기 때문이다. N에게 메시지를 받고 15분 뒤 L의 계좌로 50만 짯과 5만 짯이 각각 입금됐다. N이 이체한 돈을 수령한 송금 중개인이 미얀마 현지 K-PAY 계좌로 돈을 보내준 것이 분명했지만 확인절차는 필수였다.

"어 맞아, 중개인이 오늘 환율로 계산해서 총 55만 짯이 들어간다고 연락했거든."

N과 이체금액을 재차 확인한 L이 감사 메시지를 써 보내자, N이 빙긋 웃는 이모지(Emoji)와 함께 다시 메시지를 보냈다.

"50만 짯은 한국에서 모은 후원금이니 방역활동에 써주길 바라. 그리고 5만 짯은 너희 활동비로 쓰라고 별도로 내가 따로 보낸 거야. 얼마 안 되는 돈이지만 그냥 언니가 주는 용돈이라고 생각하고 친구들이랑 필요한데 써. 그 돈은 따로 증빙자료 보낼 필요 없어."

L은 N의 마음 씀씀이가 고마웠다. 모두가 재난 앞에서 자신의 시간과 비용을 들였지만 이는 어떠한 보상도 돌아오지 않는 자원 활동이었다. 독지가와 해외동포들이 도움을 보냈지만 후원금은 방역에 필요한 자원을 위해 쓰기에도 부족했다. 때문에 L과 친구들은 제대로 된 식사는커녕 교통비마저 부족해 쩔쩔매는 상황을 겪기도 했다. N은 머지않아 이런 현장상황을 눈치 챘다. 안타까운 마음에 현장에서 고군분투하는 동생들에게 보탬이 되는 일이라면 무엇이든 해주고 싶었다. 그러나 현실은 자신의 생활비를 아껴 용돈을 보내주는 정도가 최선이었다. L 또한 머나먼 타지에서 물심양면으로 응원과 지원을 보내주는 N의 헌신에 보며 깊은 고마움과 동지 의식을 느꼈다. 비록 둘의 나이가 열 살 가까이 차이가 나고, 민족과 믿는 종교도 달랐지만 L은 N을 친언니처럼 스스럼없이 대했고, N역시 친동생처럼 L을 아꼈다.

그렇게 N과 L이 인연을 맺고 소통을 시작한지도 어느 덧 한 달이 지났다. N은 L과 수시로 연락을 주고받으면서 현장에 필요한 사항을 파악하는 동시에 한국에서 후원금을 마련하기 위해 고심했다. 중간 중간에 K도 온라인 회의에 참석해 방역 현장 상황을 전하면서 셋은 꽤나 가까워졌다. 그러나 P는 부모님이 코로나에 걸린 7월 중순 이후 내내 온라인상에 얼굴을 나타내지 않았다. N은 소식이 끊긴 P가 걱정되어 걱정 반 궁금함 반으로 L에게 P의 소식을 물었다.

"언니, 그게… 저번 주에…"

말을 잇는 L의 낯빛이 어두워진다.

"P의 어머니가… 돌아가셨어요. 혈중산소농도가 떨어지면서 호흡곤란이 왔는데 마침 산소가 떨어지는 바람에… 지금 아버지 역시도 위독한 상황이에요. 저번 달에 부모님이 확진된 다음부터 내내 P는 낮이면 산소를 찾아다니고 밤이면 부모님 곁을 지켰거든요."

N은 가슴이 미어졌다. 모친이 숨을 쉬지 못해 고통스러워하며 죽어가는 모습을 본 그 아이의 마음은 얼마나 타들어갔을까. N 또한 부모님이 코로나에 걸려 고통스러워하는 모습을 영상통화로 지켜봐야 했던 때가 떠올랐다. 게다가 부친마저 위독한 상황이니 P는 슬퍼할 여력도 없으리라. N은 P를 도울 수 있는 일은 없는지 물었다.

"지금은 다행히 산소와 약품을 충분하게 구비해놓았어요. 그저… 아저씨가 잘 이겨내시기를 기도할 수밖에요…"

황망한 소식에 N과 L의 대화는 좀처럼 이어지지 않았다. 결국 둘은 필요한 일 이야기만 간단하게 나누고 사흘 뒤 저녁에 K와 함께 셋이서 다시 회의를 하는 것으로 약속을 잡았다.

사흘이 지났다.

N은 노트북 앞에 자리 잡고 L과 K를 기다렸다. 시곗바늘이 오후 6시를 가리킨다. 약속한 시간이다. 하지만 두 사람은 접속하지 않았다. 무슨 일이 있는 걸까? L이 시간약속에 철저한 사람인 것을 아는 N은 불길한 마음이 들었다. 하지만 2시간 반 시차가 있는 미얀마는 아직 모두가 활발하게 활동하는 오후 시간이었다. 피치 못할 사정이 생겨 늦는 것이라 여기고 N은 계속 접속을 유지했다. 어쩌면 군부가 인터넷을 또다시 차단하는 바람에 동생들도 속절없이 발을 동동 구르며 기다리고 있을 수도 있는 터였다.

시간은 속절없이 흘러 약속한 시간에서 두 시간이 지났다.

두 사람은 끝내 나타나지 않았다. 무슨 일이 생긴 듯하다. N은 서둘러 휴대폰을 집어 들고 L과 K와 나누었던 메신저 대화창을 열었다가 소스라치게 놀랐다. 며칠 전까지 나누었던 대화내용이 모두 삭제된 것도 모자라 두 사람의 계정이 모두 비활성 상태로 전환되어 있었기 때문이다. 이는 예삿일이 아니었다. 분명 일이 벌어졌음이 자명했지만 N이 당장 손 쓸 수 있는 일은 아무것도 없었다. 애타는 마음으로 텅 빈 모니터를 바라 보며 속절없는 기다림으로 또 다시 30분이 흘렀다.

한국시간으로 오후 8시 반께, 페이스북 메신저로 메시지 하나가 도착했다. 처음 보는 이름과 프로필이었다. N은 혹시나 하는 마음에 대화창을 열어보았다. 미지의 인물이 보낸 메시지가 급하게 밀려들어왔다.

"누님, 저 P에요. 일이 생겼어요. 그래서 원래 계정이 아닌 새로 만든 계정으로 연락드려요. 일단 이거부터 한번 읽어 보세요."

P는 메신저 창에 링크 하나를 걸었다. 정신없이 들어오는 메시지에 N은 최근 모친을 여읜 P에게 조의를 표할 겨를도 없이 서둘러 링크 버튼을 눌렀다.

[속보] 양곤 보뜨타웅동(洞)에서 군부 체포를 피하려던 청년 5명, 아파트 옥상에서 추락해 숨지고 3명 연행

오늘 오후 양곤 보뜨타웅동 44번가에 있는 아파트를 군경이 습격했다. 당시 아파트에는 반 군부 활동에 참여한 청년들이 머무르고 있었다. 갑작스럽게 군경이 들이닥치자 청년들은 옥상으로 도주했다. 그러나 군경의 추격은 계속됐고, 도주과정에서 청년 5명이 아파트 옥상에서 실족해 숨졌으며, 3명은 현장에서 체포돼 연행됐다. (2021년 8월 10일)

이게 대체 무슨 소린가? N은 혼란스러웠다.

"누님, 아무래도 K가 이 사건에 연루된 것 같아요. 일전에 제가 시위에 나갔다가 집에 돌아가지 못하는 상황이 되서 K의 집에서 하루 머물렀던 적이 있거든요. 그런데⋯ K네 집이 뉴스에 나오는 보뜨타웅 44번가에 있어요. L까지도 지금 연락이 안 되는 거보니 일이 단단히 틀어진 것 같아요. 제가 어떻게 된 일인지 더 알아보고 상황 공

유 드릴게요. 제가 원래 쓰던 페이스북 계정은 비활성화 해버렸으니 알고 계세요."

상황을 설명하고 P는 다시 비접속상태가 됐다. N은 부랴부랴 페이스북을 켜고 자유언론의 보도를 찾았다. 이미 온라인은 오늘 양곤 보뜨타웅에서 벌어진 일로 시끌시끌했다. 속보가 빗발치는 가운데 현장에서 직접 체포 장면을 목격했다는 사람들이 올린 증언과 현장을 찍은 사진이 줄이어 올라왔다. 일부는 숨진 청년 5명이 실족하여 인한 추락사한 게 아니라 체포를 피하기 위해 스스로 아파트 옥상에서 뛰어내렸다고 주장하기도 했다. 군부는 대규모 군경을 투입해 즉각 해당지역을 봉쇄하고 수색을 시작했다.

▲2021년 8월 10일 보뜨타웅 참사 당시 현장에서 촬영된 사진ⓒCitizen journalist.

한국시간 저녁 9시 반, 군부 어용언론이 드디어 입을 열었다.

어용언론은 오늘 보뜨타웅에서 일어난 일에 대해 "군경이 아파트를 급습했을 때 수류탄과 화약, 사제 폭발물을 소지하고 있던 청년들을 발견했다. 청년 5명은 체포를 피하기 위해 3층 아파트 창문에서 뛰어내렸다. 뛰어내린 청년 5명 중 2명이 현장에서 숨졌고, 중상을 입은 3명을 군 병원으로 후송했다."라고 보도했다. 하지만 어용언론의 보도에서 현장에 있었던 청년들의 신원을 특정할 수 있는 정보는 전혀 없었다. N은 애타는 마음으로 기다렸지만 밤늦은 시간까지 새로운 보도는 나오지 않았다.

미얀마 누리꾼들은 페이스북에서는 오늘 아침 양곤 시내 3곳에서 사제폭탄이 폭발한 사건을 언급하며 아무래도 오늘 군경의 습격이 오전에 일어난 폭발과 연관되었으리라는 주장을 제기했다. 그러나 어디까지나 추측일 뿐 확실한 것은 없었다. 양곤에서는 5월 이후 곳곳에서 시민들이 가용한 무기를 들고 저항을 시작했다. 폭발, 들란에 대한 저항세력의 공격은 이미 곳곳에서 발생하는 상황이었다.

다음날 이른 아침, P에게서 다시 연락이 왔다.

"누님, 알아봤는데… 어제 그 일은 K네 집에서 일어난 게 맞아요. 체포된 사람들 신원도 밝혀졌는데 다행히 K하고 L의 이름은 없었어요. 군경이 들이닥쳤을 때 집이 아닌 다른 곳에 있었던 것 같은데… 붙잡힌 게 아니라면 안전 문제 때문에 어딘가로 잠적해버린 것 같아요. 지금으로서는 상황을 지켜봐야 할 듯해요."

체포된 것이 아니라면 다행이지만 문득 군경의 습격을 받았다는 K의 집에 걱정이 미쳤다. 집에 분명 부모님, 그리고 형제자매가 있으면 그들도 분명 피해를 입었을 터였다.

"그건 너무 걱정 마세요. 보뜨타웅 집은 K가 혼자 쓰고 있거든요. K의 부모님은 사업 때문에 지방에 계시고, 위에 형과 누나는 외국에서 공부를 하고 있어요. 그러다보니 쿠데타 이후에 K네 집이 자연스럽게 아지트가 되었는데… 알아보니까 K가 UG쪽 사람들하고도 연관이 있었더라고요."

UG. 줄임말 같기는 한데 N이 알지 못하는 단어다.

"UG는 '언더 그라운드(Underground)'를 줄인 말이에요. 도시에서 지하무장투쟁을 하는 사람들을 요즘에 그렇게 불러요. 어떤 사람들은 '도시 게릴라(Urban Guerrilla)'를 줄인 것이라 말하기도 하구요. K네 가족들이 물리적으로 멀리 있다 보니 당장 군부 때문에 고초를 치르지는 않겠지만… 집에서 UG쪽 사람들이 체포됐고, 폭발물 재료까지 나왔다고 하니 아무래도 머지않아 군부가 K네 가족들을 추적하려고 할 거에요."

P는 보뜨타웅에서 어제 일어난 일도 자세히 들려주었다.

"어제 보뜨타웅에서 현장을 직접 목격한 사람이 그러는데 3층 창문에서 뛰어내린 게 아니라 옥상으로 도망을 쳤대요. 그리고 옥상에 있던 사람이 5명이 아니라 6명이래요. 현장에 숨겨진 희생자가 1명이 더 있었던 거죠. 군경이 옥상까지 쫓아 와서는 6명을 몰아세우고는 갑자기 남자 한 명을 총으로 쏴서 쓰러뜨렸대요. 남자는 그 자리에서 죽었고요. 동료가 죽는 모습을 본 5명은 옥상 난간으로 다가가서 서로 손을 잡고 동시에 아래로 뛰어내렸어요. 붙잡혀서 모진 고문을 당하고 자백을 하느니 차라리 죽는게 낫다고 여긴 거죠. 아래로 떨어졌지만 5명 중 3명은 죽지 않았대요. 목격자들은 떨어진 사람 중 몇몇이 한 동안 움직이는 것을 봤다고 말했어요. 그런데 군경은…"

P는 잠시 말을 멈췄다. 그리고 노여움 섞인 가쁜 숨을 내쉰 뒤 말을 이었다.

"그 개새끼들은 추락해서 치명상을 입은 사람들에게 발길질을 했대요. 그리고는 짐짝처럼 구급차에 싣고 군사기지로 끌고 갔고요. 집 안에서 저항도 못하고 체포된 3명을 합하면 모두 9명이 어제 보뜨타웅에서 희생당했어요. 군부는 붙잡힌 사람들을 고문할 것이고, 그러면 집을 제공한 K의 이름도 노출될 게 뻔해요."

암울한 상황에 둘은 할 말을 잃고 대화는 끊어졌다. 그러다 N은 최근에 돌아가신 P의 모친이 떠올라 조심스럽게 조의를 표하며 코로나에 걸린 부친의 상태를 물었다.

"엄마는… 돌아가신 그날 바로 화장을 했어요. 산소통이 하루이틀치만 더 여유가 있었어도 그렇게 가시지는 않았을 건데… 아버지는 코로나 후유증이 있기는 하지만 지금은 상태가 많이 호전 되셨어요. 그보다는 엄마가 돌아가신 일 때문에 더 힘들어하세요. 동네에서 너무 많은 어르신들이 돌아가셨어요. 할아버지 할머니들은 거의 다 돌아가셨고… 또 앞집 아주머니도…"

어떤 말도 위로가 되지 않을 처참한 상황을 겪고 있는 스무 살 P를 보며 N은 고통을 느꼈다. N 또한 폐쇄적인 미얀마에서 어린 나날을 보냈고, 모든 것이 결핍된 환경 속에서 20대를 지나왔다. 하지만 작금의 Z세대는 자신보다도 더한 고난, 아니 문자 그대로 생지옥 같은 삶을 살고 있다. 곳곳에 피와 눈물이 가득했고, 사람 목숨은 너무도 허무하게 사라졌다. 하지만 N이 P에게 전할 수 있는 말은 그저 조심하라는 말 뿐이다.

보뜨타웅 참사 다음날인 2021년 8월 11일 이후 한 동안 P에게서도 연락이 없었다. L과 K의 페이스북 계정은 여전히 비활성상태다.

타들어가는 마음을 억누르며 N은 모금활동에 전념했다. 현장에서는 계속 교전소식이 날아왔다. 국경지역은 물론 미얀마 중부의 서가잉(Sagaing)과 마궤(Magwe)에서도 시민방위군과 군부 병력은 계속 교전을 벌였다. 도시에서 UG의 활동도 계속 이어졌다. P와 대화를 나누고 사흘 뒤 양곤 중앙역을 출발해 인세인 지역으로 향하던 도심순환열차에서 신원 미상의 총잡이 한 명이 열차 안을 순찰하던 경찰 경비대 4명을 사살하고 잠적한 일도 벌어졌다. 총잡이의 정체는 끝내 알려지지 않았다.

시민이 저항수위를 높이자 군부도 더욱 감시와 통제 수위를 높였다. 군경은 물론 들란과 군부가 조직한 민병대까지 나타나 반 군부 활동가들 압박했다. 사복을 입은 군경이 백주대낮에 총을 꼬나들고 통행하는 차량을 위협하거나 길에서 지나가는 군경을 보고 욕을 했다는 이유로 무고한 시민을 불법체포 했다.

현장상황이 엄혹해질수록 N은 바빠졌다. 처음에는 양곤 동생들의 방역활동을 돕기 위해 시작한 일이었지만 점차 도움을 청해오는 현장의 단체가 많아졌기 때문이다. 특히 고향에 있는 친구들과 지인들을 통해 미얀마 중부에서 활동하는 몇몇 시민방위군과 연줄이 닿았다. 이들 시민방위군은 이제 막 군사훈련을 마치고 '뚜미'라 불리는 수렵용 구식엽총과 군부 병력으로부터 탈취한 소총이나 조약한 사제 총기로 몇 자루로 군비를 갖춘 걸음마 단계의 군대였다. 순전히 자신이 사는 지역사회를 지키겠다는 일념하나로 게릴라전을 벌이고 있는 순박한 청년들은 싸우고자 하는 강한 열의와 인력이 있었지만 무기가 부족했다. N은 그들을 외면할 수 없었다.

N은 시민방위군을 위한 군자금 마련을 위한 모금을 시작했다. 하지만 코로나 방역팀을 돕던 때와 다르게 현장에서 무장투쟁을 하는 청년들을 지원하기 위해 후원금을 모은다는 이야기를 꺼내는 일은 쉽지 않았다. 정당성을 충분히 갖춘 일이지만 한국의 시민정서를 고려할 때 무기를 지원하기 위해 모금운동을 벌인다는 일을 쉽게 납득

시킬 수 있을지가 걱정되었기 때문이다. 하지만 이는 반드시 필요한 일이었다. 총알 한 두 발이 부족해 생사가 엇갈리는 현장에서 싸우는 사람들을 생각하면 더는 시간을 끌 수 없었다.

　다행히도 모금의 취지에 공감해주는 한국 시민이 적지 않았다. 힘이 없으면 평화를 얻을 수 없다는 시민들의 응원과 함께 조금씩 후원금이 쌓여나갔다. 그러나 다른 목소리도 존재했다. 미얀마 사람들끼리 해결해야할 문제를 한국으로 끌고 들어오지 말라는 말부터 시작해 심지어는 과거 한국의 군사독재시절을 옹호하며 미얀마 군부의 쿠데타를 지지하는 말까지 서슴지 않는 사람들이 나타난 것이다. 하지만 모난 말로 인한 마음의 불편은 잠깐이고 현장에서 죽는 목숨은 영원히 돌아오지 못했다. N는 한 귀를 막고 현장의 시민방위군 돕기를 최우선 과제로 삼아 활동에 매진했다.

▲구식 엽총 뚜미와 손수 만든 조약한 사제무기로 지역사회 수호를 위해 싸우는 미얀마 청년ⓒ citizen journalist.

선전포고

2021년 8월 마지막 주, N에게 기쁜 소식이 찾아왔다. 마침내 L과 연락이 닿은 것이다. 보뜨타웅 참사 이후 보름만이였다. L이 무사하다고 보낸 메시지를 읽고 나서야 N은 마음 한 쪽에 자리 잡은 응어리가 비로소 해소되는 것을 느꼈다. L은 영상통화를 걸어 그간 잠적해야만했던 이유를 N에게 자세히 설명했다.

"보뜨타웅에서 일이 터졌던 그날 저는 자선단체 쪽 심부름으로 지방에 보낼 물건이 있어서 밍글라돈에 있는 아웅밍글라에 갔어요. 네, 고속버스터미널이 있는 그곳 맞아요. 마침 K도 터미널에서 받을 물건이 있다면서 저와 동행 했죠. 양곤도 지방에서 보낸 짐을 받을 때 보통 터미널로 가서 직접 수령하는 일이 많거든요. 아웅밍글라에서 일을 마친 다음 하숙집으로 돌아가려고 버스를 타려는데 K가 갑자기 자기네 집에 UG쪽 사람들이 와 있다고 말했어요. 언니에게는 미처 말씀드리지 못했지만… 저와 K는 그동안 양곤에서 활동하는 게릴라 단체와도 연대해왔었거든요."

N은 L이 UG와 관련된 활동을 했다는 사실을 이미 P에게 전해 들어 알고 있었다. 하지만 P 또한 자세한 내막은 알지 못했다. N은 그간의 궁금증을 해소하기 위해 L이 UG 조직에서 무슨 일을 하는지에

대해 물었다.

"저는 그냥 군자금을 후원해줄 사람을 찾는 일만 도맡아 해왔어요. 온라인에서 국내외 후원자들과 접촉을 해서 기부금을 모금하는 일 말예요. 언니랑 연이 닿은 것처럼 한국뿐만 아니라 태국과 싱가포르, 말레이시아에 있는 동포들하고도 연이 닿아있어요. 처음 시작은 코로나 방역과 관련된 일만 했죠. 그런데 어쩌다보니 점차 게릴라 단체 일과도 엮이게 되더라고요. 해외동포들 중에는 방역도 방역이지만 군부와 싸울 무장을 빨리 갖추는 게 더 중요하다고 생각하는 분들이 많았거든요. 그러다보니 자연스럽게 군자금으로 써달라는 후원금이 계속 늘었고, 결국에는 K가 한참 수소문을 해서 UG 조직과 선이 닿았어요. 이후로 UG에 군자금을 후원하겠다는 사람을 찾으면 저는 후원자를 K와 연결시켜준 다음 뒤로 빠졌어요. 왜냐하면 K는 제가 너무 깊게 무장투쟁에 관여하는 걸 내켜하지 않았거든요. 항상 위험하다는 말을 입에 달면서 모르는 게 차라리 나은 일이 많다고 했어요. 정작 본인은 아주 깊숙이 관련돼 있으면서 말예요. 그래서 저는 몇 번이나 K를 다그쳤어요. 왜 정작 혁명은 남자들만 하려고 하냐고요. 혹시 내가 소수민족이라 차별하는 거라면 모금활동에서 빠지겠다고 선언하기까지 했죠. 그렇게 실랑이를 한 끝에 결국 K가 적당한 기회가 생기면 UG쪽 사람들을 소개시켜주겠다고 약속을 했어요."

말을 이어가는 영상통화 속 L의 모습을 가만히 보고 있던 N은 L이 한 층 다르게 보였다. 나이가 한참 차이 나는 동생이었지만, L은 N

이 생각한 것보다 훨씬 더 미얀마를 위해 헌신하고 있었기 때문이다.

"어디까지 얘기했죠? 아, 맞다. K네 집 얘기. 방금 말씀 드린 대로 저는 UG 사람들을 실제로 한 번도 본적 없어요. 보통 화상회의를 해도 얼굴을 감췄고, 어쩔 수 없이 신분을 노출해야만 하면 저 대신 K가 메신저 역할을 했거든요. 그런데 아웅밍글라에 다녀온 그 날 K가 UG쪽 사람들을 만나보겠냐고 물었어요. 저는 좋다고 했죠. 직접 만나 이것저것 허심탄회하게 물어보고 싶은 마음이 굴뚝같았거든요. 바로 K네 집으로 따라가겠다고 했어요. 그렇게 함께 버스를 타고 시내를 지내 보뜨타운 근처에 다다랐는데… 뭔가 분위기가 심상치 않았어요. 군경을 잔뜩 태운 군용차가 구시가지 쪽으로 향하고 있었고, 길가 곳곳에도 군경이 깔려있었거든요. 저는 느낌이 안 좋아서 K에게 일단 오깔라빠에 있는 저희 하숙집에 같이 가서 상황을 지켜보자고 했어요. 그런데 K가 UG쪽 사람들이 안전한지만 확인하러 가겠다면서 막무가내로 고집을 부리기 시작했어요. 저더러는 하숙집으로 돌아가라고 말하고는 혼자 버스에서 내리려 하더라고요. 몇 번이고 말렸지만 소용없었어요. 그 때 K를 잡아끌어서라도 데려갔어야 했는데…."

당시의 심경이 떠올랐는지 말을 이어가던 L의 표정이 한 층 어두워졌다.

"결국 저는 혼자 하숙집으로 돌아왔어요. 그리고 바로 만약의 상황에 대비해 위험할 수 있는 메신저 내용을 다 지우고 개인 페이스북 계정도 비활성화 시켰어요. 이건 위험하다고 느끼는 상황에서 가장 먼저해야하는 조치거든요. UG쪽에서 강조하는 규정 중 하나에요. 그날 언니와 화상회의 약속을 못 지킨 건 이런 이유였어요. 하다못해 P에게는 언질이라도 하면 어떨까 생각도 들었지만… P가 최근에 안 좋은 일을 많이 겪었잖아요. 그리고 P는 부모님을 모시느라 저희와 다르게 UG쪽하고는 전혀 관계가 없어요. K가 한 말대로 모르는 게 차라리 나은 일 인거죠. 하숙집으로 돌아와 조마조마한 마음으로 대기하고 있는데 속보가 뜨기 시작했어요. 그리고 바로 UG쪽에서도 비상연락망을 통해 연락이 왔어요. 최악의 상황에 대비해 향후 별도의 연락이 있을 때까지 모두 대피하라는 지령이었죠. 저는 다음날 아침 짐을 꾸려서 버고(Bago)에 있는 고향마을로 내려왔어요. 집으로 가던 아침에 언론보도가 나왔는데 다행히 K의 이름은 보이지 않았어요. 붙잡히지 않았으면 어딘가에 있다는 건데… 지금까지도 도무지 연락할 방법이 없어요. 아마 K도 저처럼 UG 규정에 따라 페이스북 계정을 비활성화하고 휴대폰 유심카드까지 새 걸로 바꿔버린 듯해요. 그렇게 지난 보름동안 고향집에서 지내는데… 어제 UG쪽에서 다시 연락이 왔어요. 기존 조직은 와해 되어버렸지만 구성원 대부분이 무사히 도시를 떠나거나 양곤의 다른 UG에 합류했다고요. 그리고 저에게도 마음이 정해지면 다른 UG조직으로 합류하라고 제안을 해왔어요. 저는 며칠만 더 고향집에서 지내다가 양곤으로 올라갈 생각이에요."

    L은 N과 연락을 재개하고 나흘 뒤에 양곤으로 돌아왔다. 그 사이 달이 바뀌었다. 9월로 접어들자 군부는 중국에서 코로나 백신을 들

여와 시민들에게 접종을 강요하기 시작했다. 부작용이 무려 73가지나 되는 이른바 '세계에서 가장 위험한 백신'이었다. 군부는 높은 비율로 잠재적 부작용이 발생할 수 있다는 전문가들의 조언마저 무시했다.

가장 먼저 접종 표적이 된 것은 공장 노동자들이었다. 중국산 백신에 대한 두려움에 노동자들이 접종을 피하자 군부는 백신을 맞는 공장 노동자들에게 금전적인 보상을 제공하겠다고 유혹하는 한편 단호히 거부하는 이들에게 해고위협을 가했다. 두려웠지만 선택의 여지는 없었다. 노동자들은 '백신투여보상'이라는 이상한 이름의 위로금 5,000짯을 받고 중국산 백신을 맞았다. 적지 않은 노동자가 부작용을 호소했다. 일부는 호흡곤란과 미각상실을 겪었고, 심지어 접종 직후 의식을 잃고 쓰러지는 사람도 발생했다. 하지만 공장은 피해 입은 노동자를 나 몰라라 했고, 군부는 자신들이 시민의 안전과 건강을 위해 전국적으로 백신을 보급하고 있다는 선전에 열을 올리기에 바빴다. 부작용으로 발생한 피해를 책임지는 이는 아무도 없었다.

치안상황은 나날이 악화됐다. 군경은 여전히 서슴없이 시민들에 총격을 가했다. 게다가 군부가 조직하고 무기까지 제공한 무장 민병대가 곳곳에서 활개를 치며 패악을 부렸다. 시민들은 해가 지면 외출을 꺼렸다. 치안이 악화되자 음지에서 활동하던 범죄자들이 모습을 드러냈기 때문이다. 도시 곳곳에서는 대낮에도 소매치기와 날치기가 성행하고 밤에는 강도와 마약에 취한 무뢰배들이 통행하는 시민을 위협했다. 그러나 공권력은 어디에도 존재하지 않았다. 치안을 유지해야할 경찰은 죄다 반 군부 활동가를 색출하거나 체포하는 일에 투입됐기 때문이다. 심지어 민간정부 통치기에 강력한 통제로 숨죽이고 있던 마약사범들도 고삐가 풀려 다시 활동을 재개했다. 도시와 농촌에 마약이 유입되면서 자연스럽게 강력범죄가 수시로 벌어졌다. 이 때문에 시민들 사이에서는 집 밖으로 나갈 때마다 목숨을 걸어야 한다는 말이 우스갯소리처럼 번졌다.

혼란의 와중에 2021년 9월 7일 아침이 밝았다. 마침내 과도기 임시정부 NUG가 '총력적인 저항전쟁'을 선포했다. 까친족 출신 임시대통령 두와라실라는 대국민연설에서 "2021년 9월 7일을 기해 군부독재 타도를 위한 저항 전쟁을 개시한다. 전국 각지의 국민 모두가 독재자 민 아웅 흘라잉이 이끄는 군사반란세력에 대항하여 계층과 지위를 막론한 총력전에 돌입해줄 것을 촉구한다."는 성명을 낭독했다. 이미 미얀마 전역에서 산발적으로 벌어지던 무력충돌이 마침내 '내전'이라는 이름표를 달게 되는 순간이었다.

임시대통령은 군부의 통제를 따르고 있는 군인과 경찰, 행정관과 정부 관리자에게 군부의 통제에서 벗어날 것을 촉구하면서 전국에 있는 시민방위군과 소수민족 혁명단체에 봉기蜂起를 호소했다. 더불어 시민들에게는 불필요한 외출을 삼가고 식량과 의약품을 비축하는 동시에 군부의 움직임을 알리는 등의 방식으로 시민방위군을 도와달라는 당부를 전했다.
민주진영의 선전포고에 지난 반 년 동안 군부에게 당해온 시민은 환호했다. 공정과 정의가 확립된 연방민주주의 국가를 새로이 건설하자는 구호를 외치며 전국 각지가 움직이기 시작한 것이다. 시민방위군과 소수민족은 즉각 공세 수위를 높였다. 국경은 물론 대도시인 양곤과 만달레이 일대에서도 산발적인 게릴라 전투가 종일 계속됐다. 시민은 시위를 재개했다. 도시와 소읍부터 마을에서 부락까지 군부독재타도를 외치는 목소리가 울려 퍼졌다.

한국에서 변화무쌍한 상황을 지켜보던 N은 마음속으로 군부의 몰락을 간절히 기원했다. 하지만 시민혁명 승리를 공언하기에는 상황은 녹록치 않았다. 이유인 즉 군부 역시 싸움을 계속해야할 이유가 충분하기 때문이다. 그들도 이 싸움에서 지면 그간 누려온 권력과 부富를 잃을 뿐만 아니라 목숨까지도 내놓아야만 했다. 때문에 군부 역시 민주진영과의 싸움에서 물러설 곳을 남기지 않고 총력전을 벌일 것은 당연했다.

실질적인 전력 차이도 결코 무시할 수 없는 수준이다. 군부가 보유한 병력은 대부분이 재래식 무기로 무장한 지상군이지만, 그럼에도 병력 숫자가 최대 30만 명에 이르는 것으로 추정하는 대군大軍이다. 소수민족 무장단체는 강한 전투력과 현장경험을 보유하고 있다. 하지만 병력 규모가 군부에 비해 작았다. 시민방위군은 무장투쟁에 뛰어드는 시민이 계속 늘면서 병력 규모는 급증하고 있지만 싸울 무기가 없었다. 민주진영은 군비를 갖추는 과정에서 지난한 진창 싸움을 겪을 것이고, 그 사이에서 수많은 생명이 목숨을 잃게 되리라. 섣부르게 속전속결과 영광스러운 승리를 논하기에는 현장상황은 너무도 엄혹했다.

민주진영의 선전포고가 있고 나흘 뒤, N은 P에게서 연락이 받았다. 보통은 할 말이 있으면 돌리는 법이 없던 P가 평소답지 않게 뜸을 들였다.

"누님, 좀 상의할 일도 있고 소개하고 싶은 사람도 있는데… 일단은 제가 파일을 하나 보내 드릴게요. 내용을 읽어보시면 아무래도 이야기 나누는 게 수월할 것 같아서요. 천천히 읽어보시고 편하실 때 답장주세요"

P는 메신저로 곧바로 워드 파일하나를 보냈다. 〈Spring Diary〉라는 파일 제목이 보인다. N은 고개를 갸우뚱하며 다운로드 버튼을 눌렀다. P가 대체 무슨 말을 하려고 이러나 걱정되는 마음, 그리고 수상한 제목이 달린 파일에 대한 호기심이 얽히고설키는 가운데 N은 다운로드 폴더로 넘어온 워드파일 위로 커서를 옮겼다.

"따닥."
더블클릭 소리와 함께 동글동글한 한 무더기의 텍스트가 화면에 우수수 떠오른다.

2021년 2월 1일

날짜로 시작하는 첫 줄이 눈에 들어온다. 쿠데타로 미얀마가 암흑에 빠진 바로 그날. 미지의 인물이 쓴 일기는 바로 그날로부터 시작되었다.

전사가 된 청년

N은 미지의 인물이 남긴 일기 Spring diary를 이틀에 걸쳐 꼼꼼히 읽었다. 일기 속 모든 문장에는 미얀마 청년세대가 군부 쿠데타 이후 현장에서 겪어야 했던 고난이 고스란히 담겨 있었다. 내용을 곱씹을수록 N은 일기를 쓴 인물이 누군지 궁금했다. 그는 매순간을 꼼꼼하게 기록하며 시민이 느끼는 아픔을 공감했다. 그리고 결국 가족을 남겨둔 채 새벽길을 떠나 국경으로 향했다. 처절하면서도 매력적인 서사였다. 궁금한 점은 또 있었다. 대체 P는 왜 이웃집 형의 일기를 내게 보낸 것일까? 수많은 질문을 안은 채 N은 P에게 영상통화를 걸었다.

"누님, 일기를 다 봤으면 아시겠지만 이 일기는 어렸을 때부터 한 골목에서 자란 앞집 형이 쓴 거예요. 그리고 그 형이… 양곤으로 돌아왔어요."

일기의 주인공은 국경으로 떠났고, 혁명이 끝나기 전에는 돌아오지 않겠다고 하지 않았나? 갑자기 마음이 바뀌기라도 한 걸까? N의 궁금증은 더욱 커졌다.

"형이 저에게 꼭 연락을 한다고 약속을 했었거든요. 그리고 떠난

지 꼭 70일 만에 마침내 연락이 왔어요. 저에게 자기가 쓰던 휴대폰을 주고 갔는데, 그 번호로 연락을 해왔더라고요. 형은 6월 15일 새벽에 집에서 출발해 꺼잉족 무장단체의 도움을 받아 태국 국경까지 갔대요. 검문과 검색을 피해 장장 일주일 동안 이동했다고 했어요. 그리고 나서 국경에 있는 ABSDF[13]신병훈련소에서 8주 동안 군사훈련을 받았다고 해요. 인터넷은 물론 전화조차 사용하지 못하는 환경이라 수료를 할 때까지 외부에서 무슨 일이 생겼는지 거의 알지 못했다더라고요. 그러다 지난 8월 25일 훈련을 마치고 저에게 처음으로 연락을 한 거예요. 만약 제가 투쟁을 위해 국경으로 오고 싶다면 형이 루트를 마련해보겠다면서요. 그런데 사실…"

한참 말을 이어가던 P는 입을 앙다문다. 아랫입술을 꽉 깨문 앞니 끝이 떨린다.

"저희 엄마가 돌아가셨을 때… 형네 어머니도 코로나 때문에… 이야기를 듣고 형은 무척 절망한 눈치였어요. 장례는커녕 어머니가 돌아가신 사실조차 모르고 지내는 불효를 저질렀다면서 울음을 터뜨렸죠. 아저씨가 일찍 돌아가셔서 가족은 아주머니와 형 둘 뿐이었거든요. 저는 한참 형을 다독이고 말했어요. 연락해줘서 고맙지만 지금은 당장은 갈 수 없다고 했어요. K는 지금도 실종된 상태고, L도 한동안 연락두절이었다가 이제 겨우 연락이 닿은 상황이었으니까요. K에게 있었던 일까지 들은 형은 잠시 동안 아무런 말이 없었어요. 그

---

[13] 버마민주총학생전선(All Burma Students' Democratic Front)의 약칭이다. 88년 항쟁이 실패하자 시위에 참여했던 학생 운동가들이 군부의 탄압을 피해 국경으로 피신한 뒤 창설한 무장투쟁 단체다.

리고는 며칠 뒤에 다시 연락하겠다는 말만 남기고 전화를 끊더라고요. 그리고 별다른 소식이 없다가 사흘 전 갑자기 양곤으로 돌아왔어요. 한밤중에 저희 집 문을 두드리면서 말이에요."

안타까운 이야기에 N은 침울한 표정을 감출 수 없었다. P는 잠시 N의 표정을 살핀 뒤 말을 이었다.

"저희는… 빈집이 되어버린 형네 집으로 갔어요. 형은 말없이 한참을 집안을 둘러보더라고요. 돌아가신 아주머니가 생각나서 그러겠구나 싶어 저는 마루에 자리를 잡고 앉아 기다렸죠. 잠시 뒤 형이 다가와 제 앞에 앉았고 저는 물었어요. 아무런 말도 없이 어떻게 갑자기 돌아온 거냐고요. 형이 말했어요. 훈련을 마치고 교관들이 선택지를 줬대요. 꺼잉주 전선에서 소수민족들과 함께 싸울 수도 있고, 원한다면 자기가 살던 고향으로 돌아가 LPDF[14]나 UG에 합류할 수도 있게 해주겠다고요. 형은 애초에 돌아올 생각이 없었기 때문에 꺼잉주 전선에서 싸우면서 제가 준비가 되면 국경으로 부르려고 했대요. 그런데 막상 아주머니 소식과 K가 실종된 이야기를 듣고서 갈등이 생겼다고 했어요. 자기가 무책임하게 떠나서 그런 일이 생긴 것 같다면서요. 그래서 교관에게 생각할 말미를 달라고 하고 인터넷 망이 있는 지역으로 가서 그간 일어난 일들을 알아봤대요. 혁명단체에 줄을 대서 소식을 듣고, 언론보도를 찾아 읽으며 자기가 양곤을 떠난 두 달 동안 일어난 일을 그제야 알게 된 거죠. 결정까지 오랜 시간이 걸

---

14) Local PDF. 민주진영이 창설한 시민방위군(PDF)과 별개로 각 지역에서 시민들이 자위권을 위해 자발적으로 만든 무장투쟁 단체를 의미함.

리지 않았다고 했어요. 형이 나고 자란 도시를 군부로부터 지키는 게 우선이라는 생각만 들었다고 하더군요. ABSDF 사령부도 형의 결정을 존중한다고 하며 차편을 마련해주고 양곤에서 활동하는 믿을 수 있는 UG 연락책하고도 연결해줬다고 해요."

P의 이야기를 듣고 나니 일기의 주인공의 행적이 N의 머리에 그려졌다. 그러나 근본적인 물음은 아직 남아있었다. P는 이렇게 내밀한 이야기를 왜 나에게 하는 걸까?

"누님, 저는 모르는 게 차라리 나은 이야기 있다는 말에 동의하지 않아요. 누님이 힘든 시기에 적극적으로 저희를 지원해주셨잖아요. 도움을 받고 있는 우리가 어떤 사람들이고 어떤 생각을 하는지 아셔야 한다고 생각했어요. 그래서 긴 말보다는 형이 쓴 이야기를 공유하는 게 좋겠다는 결론을 내린 것이고요. 자세한 이야기는 형을 직접 만나서 함께 이야기해보면 어떨까요? 누님이 시간 내주시면 제가 만남을 준비하도록 할게요."

N은 P와 이틀 뒤 저녁에 화상회의를 통해 만나기로 약속을 잡고 대화를 마쳤다.

이틀 뒤. N는 약속한 시간에 맞춰 화상회의에 접속했다. P가 이미 접속해 있었다. 그리고 P 옆에는 낯선 청년이 앉아있다. 검게 그을린 피부와 날렵한 얼굴, 그러나 흔들림 없는 맑은 눈이 인상적인 사람. 일기를 쓴 장본인이 분명했다.

"누님, 잠시만 기다려 주세요. L도 들어오기로 했어요. 소개는 L이 들어오면 하겠습니다."

P가 말을 마치고 채 몇 초도 지나지 않아 L의 모습이 화면에 나타났다. 이로써 회의 참가자들이 모두 모였다.

"다 모인 것 같으니 제가 소개를 드릴게요. 형, 이쪽은 한국에서 우리를 도와주고 계시는 N누님이야. 인사 나눠."
"안녕하세요. 예버 A라고 합니다."

'예버'… 그것은 버마어로 '동지' 혹은 '전우戰友'라는 뜻이다. 무장투쟁에 참여한 청년들은 스스로 군부에 맞서 싸우는 군인이라 여기고 자신을 소개할 때나 서로 호칭할 때 이름 앞에 수식어로써 예버를 붙이는 경우가 많다. 예버 A의 인사에 N은 살며시 미소를 띠며 목례했다.

"형, 이쪽은 L이야. 예전에 내가 오깔라빠에 사는 친구가 한 명 있다고 했잖아. 얘가 바로 그 친구야."
"안녕하세요? L이라고 해요. P랑 K통해서 이야기 많이 들었어요."
"반가워요. 예버 A입니다."
"자, 그럼 오늘 이렇게 만나자고 한 이유에 대해서 이야기를 해보죠. 형, 형이 바로 이야기할래?"

예버 A는 고개를 끄덕이고는 천천히 말을 이었다.

"본론부터 말씀을 드리자면 N씨와 L씨에게 도움을 요청하고자 오늘 이 자리를 만들었습니다. P를 통해서 저에 대한 이야기를 이미 들으신 것으로 알고 있습니다. 저는 최근에 꺼잉주에서 양곤으로 돌아와 UG에 소속되어 활동하고 있습니다. 저희 UG는 해외동포들이 보내준 군자금으로 무기를 마련해서 최근에 활동을 시작한 신생단쳅니다. 저희 단체는 앞으로 본격적인 도심 작전을 치를 수 있게끔 대원들을 훈련시킬 계획을 짜고 있습니다. 저를 포함해 저보다 선배인 UG 대원들은 쿠데타 초기부터 국경으로 가서 군사훈련을 받았지만, 단체에 새로 들어온 대원들은 군사경험이 전무합니다. 하여 양곤 시 외곽지역에 있는 밀림 속에 캠프를 마련하고 신병들을 훈련시키면서 무기와 탄약을 모을 생각입니다. 문제는 비용인데요, 저희는 현재 민주진영 쪽 단체와 국경 쪽에서 어느 정도 지원을 받고 있기는 하지만 충분하지 않은 상황입니다. P를 통해서 N씨가 한국 시민들을 대상으로 모금활동을 하고 있다고 들었습니다. 가능하면 저희 단체를 지원해주십사 부탁드립니다. 그리고 L씨도 해외동포들과 접촉이 가능한 것으로 알고 있는데, 그 쪽에도 저희 단체를 좀 소개시켜줄 수 있을까요? 필요하다면 오늘처럼 온라인으로 미팅자리를 만들어서 저희 계획을 직접 설명하도록 하겠습니다."

예버 A는 차분한 목소리로 군더더기 없이 필요한 사항을 설명했다. 사실 N은 이미 시민방위군에 군자금을 보내고 있기에 그가 속한 단체를 돕는 일 자체는 특별할 게 없었다. 하지만 문제는 예버 A를 돕기 위해서는 기존에 다른 단체에 보내던 금액을 일부 줄여서 새로운 비용을 만들어야한다는 점이었다. N은 예버 A에게 상황을 설명하고 지원금이 생각한 것보다 많지 않을 수도 있다고 양해를 구했다.

"비용이 많고 적고는 중요하지 않습니다. 우리 단체 대원들은 돈이 얼마인지보다는 한국에서 보내온 응원과 지원 자체에 기뻐할 겁니다. 긍정적으로 검토해주셔서 고맙습니다."

예버 A는 다시금 목례를 하며 감사인사를 전했다. L도 자신이 아는 단체에 최대한 도움을 요청해보겠다는 답변을 전했다.

"그리고… 저도 이번에 형네 UG에 합류하기로 했어요. 캠프가 마련되면 저도 가서 훈련을 받으려고요."

P가 말했다. N은 문득 그의 부친이 떠올랐다. P가 무장투쟁에 뛰어들면 얼마 전 아내를 잃고 홀로 남은 그의 아버지는 어찌 지낸단 말인가?

"아버지는 고향 마을에 있는 삼촌 댁으로 내려가셨어요. 에야와디(Ayeyarwaddy)에 아버지 친척 분들이 살고 있거든요. 코로나로 엄마도 그렇고 동네 어른들이 돌아가신 후부터 많이 힘들어하셨어요. 집안도 그렇고 골목길 곳곳마다 켜켜이 쌓여있는 추억들 때문에 괴로우신 눈치였죠. 그러던 중 마침 삼촌이 나고 자란 고향마을에서 같이 지내면 어떠냐고 연락을 하셨고, 저도 괜찮은 생각인 것 같아

아버지를 설득했죠. 며칠 전에 모셔다 드리겠다는 말도 거절하시고 혼자 고향으로 내려가셨어요."

예버 A와 P의 가족은 코로나19로 인해 가정이 해체됐다. 코로나19는 전 세계에 피해를 입혔지만 군부 쿠데타로 혼란에 빠진 미얀마는 유독 치명타를 입었다. 전염병과 유혈탄압 속에 누군가는 부모를 잃고 또 누군가는 생떼 같은 자식을 잃었다. 사정이 이러한대도 군부는 슬퍼할 겨를조차 없도록 시민의 숨통을 조였다. 그럼에도 미얀마 청년은 문제를 회피하거나 백안시하지 않았다. 엄혹한 상황에서 상황의 유·불리를 계산하지 않고 자신이 나고 자란 터전을 지키겠다는 일념하나로 싸움을 결심했다. N은 어떻게든 이들을 돕고 싶었다.

예버 A와의 만남 이후 N은 온라인에서 모금운동을 전개하는 동시에 거리로도 나섰다. 그 동안은 미얀마에서 벌어진 끔찍한 일을 한국 사회에 알리고자 유인물이나 피켓을 만들어 1인 시위를 벌이는 수준으로 거리활동을 벌였다. 하지만 이제는 모든 정성을 끌어 모아야만 하는 시기가 됐다. N은 쉬는 날마다 작은 모금함과 피켓을 들고 유동인구가 많은 역전과 상점가, 동네 공원과 산책로를 돌았다.

하지만 쿠데타 이후 7개월이 지난 현재 미얀마 문제는 이미 한국 시민들에게 무감각한 문제가 되었다. 대부분의 사람들은 무관심한 얼굴로 피켓과 모금함 앞을 스쳐지나갔다. 잠시 시선이 피켓에 머물기도 했으나 가는 발걸음을 붙잡지는 못했다. 야속했지만 이게 현실이었다. 한국 언론은 굵직한 이야기가 아닌 이상 미얀마 현장에서 일어나고 있는 억울한 죽음과 군부의 잔혹한 파괴행위를 더는 심층적으로 다루지 않았다. 자연히 미얀마 소식은 점차 중요성을 잃으며 고질적인 제3세계 분쟁으로 치부받기 시작했다.

그럼에도 여전히 함께 마음 아파하고 연대를 보내는 한국시민은 존재했다. 적지 않은 사람들이 피켓 앞에 멈춰 N에게 현장 상황에 대해 물어보았고, 일부는 기꺼이 금전적인 지원을 보탰다. 그렇게 모인 정성으로 N은 2021년 9월 마지막 주에 예버 A가 활동하는 UG와 미얀마 중부의 LPDF에 군자금을 보냈다.

2021년 10월 1일, 군자금을 송금하고 일주일이 지난 뒤 N은 제대로 이체가 이루어졌는지 확인하고자 L에게 연락했다. L은 한국에서 보낸 군자금을 K-PAY를 통해 바로 예버 A에게 전달했다고 전했다.

"그저께 A오빠가 무사히 현찰로 출금을 했다고 연락을 줬어요. 자금을 집행한 다음에 필요한 증빙도 곧 보내주겠다네요."

L은 현재 A가 속한 UG의 활동에 대해서도 설명했다.

"저도 보안 때문에 아주 자세히는 모르지만 A오빠 말로는 이미 양곤 외곽에 캠프는 완성됐고, 첫 번째 기수가 훈련을 시작했대요. 지금 A오빠는 훈련교관으로, P는 훈련병 신분으로 캠프에서 지내고 있어요. 들리는 말로는 곧 두 번째 기수를 받아 훈련을 할 거래요"

모두 치열하게 싸움을 준비하고 있었다. L은 예버 A와 P가 속한

UG처럼 활동하는 무장단체가 양곤에 최소 13개나 있다고 전했다. 실제로 도시에서는 하루걸러 교전이 발생했다. 도심 교차로 경찰 초소 근처에서 사제 폭발물이 터지거나 주요 시설물을 경비하는 군경이 갑작스러운 공격받는 일 등이다. 모두가 UG가 벌이는 게릴라 작전이었다.

심상치 않은 분위기를 감지한 군부는 도심을 중심으로 보안등급을 강화했다. 각 주요도로와 교차로에는 교통경찰과 함께 무장병력이 배치됐다. 그들은 조금이라도 수상하다는 느낌이 들면 대번 운전자에 총부리를 들이밀고 검문과 검색을 실시했다. 그 과정에서 이유 없이 군경에 폭행을 당하거나 연행되는 사람들도 적지 않았다. 이에 UG들은 군부가 불법으로 국가를 통제하는 가운데 군부 무단통치 속에서 톱니바퀴와 부품처럼 행동하며 시민을 탄압하는 군경과 추종자들이 결코 목숨을 보전하지 못할 것이라며 으름장을 놓았다. 도시 내의 군사적 긴장감은 하루하루 높아졌다.

군자금을 보내고 3주가 지난 10월 21일, N은 P가 보낸 메세지를 받았다. 그는 기초 군사훈련을 마치고 현재 마지막 과정인 총기숙달 훈련을 받고 있는 중이라고 했다. 힘들지는 않냐 묻자 대답대신 멋쩍게 웃는 이모지(Emoji)가 돌아왔다. 어리석은 질문이었다. 힘들지 않다면 그게 어찌 군사훈련이겠는가.

P의 설명에 따르면 UG 신병들은 말만 캠프지 사실상 숲 속에 나뭇가지와 방수防水가 되는 비닐 천막으로 지은 움집에서 지내고 있었

다. 그들은 비 내리는 밤이면 물이 새는 천막에서 서로의 체온에 의지해 밤을 버텼고, 비가 오지 않는 밤이면 기승을 부리는 모기에 뜯기며 잠을 설쳤다. 지난 몇 주 동안 남부럽지 않게 헌혈을 당했다고 말하는 P의 말이 N은 서글펐다.

P가 후반기 훈련을 받는 사이 예버 A는 눈코 뜰 새 없이 바빴다. 그는 숲 속에서 신병 교육을 하면서도 때때로 도시로 나가 보급품을 구해오거나 상부의 지령에 따라 작전을 수행하고 있다고 했다.

"형 얼굴 못 본지 벌써 이틀이 넘었어요. 작전에 나갔는데 자세한 것은 기밀이라 저도 몰라요. 이번에 벌이는 작전이 조금 위험할 수도 있다는 얘길 들었어요. 무사히 돌아와야 할 텐데 말이죠. 매번 조마조마하며 기다리는 일이 진력나요. 저도 빨리 훈련을 마쳐서 형이랑 작전에 나가고 싶어요."

P와 메시지로 대화를 나눈 뒤 이틀이 지난 10월 23일, 양곤 도심에서 총성이 울려 퍼졌다. K가 실종된 보뜨타웅동洞에서 발생한 총격이었다. 현지 자유언론은 정체를 밝히지 않은 혁명단체로부터 제공받은 것이라는 설명과 함께 영상 하나를 공개했다.

영상 속에서 4인승 차량이 빠르게 양곤 도심을 달려가고 있다. 이윽고 교차로에 이르자 차량은 속도를 줄이며 코너를 돈다. 이때 뒷좌석 창문이 스르륵 열린다. 뒷좌석 탑승자는 발밑에 숨겨둔 물건을 꺼내든다. M16 소총이다. 총부리가 곧장 교차로에 있던 경찰의 교통통제초소와 벙커를 향했다. 귀청을 찢는 연발의 총성이 울려 퍼지며 총이 불을 뿜는다.

이번 기습공격으로 보뜨타웅을 가로지르는 마하반둘라 대로에서 군경 4명이 현장에서 즉사했다. 공격을 감행한 차량은 속력을 내 유유히 현장을 빠져나간 것으로 알려졌다. 현지 언론 보도를 접한 N은 곧장 예버 A가 떠올랐다. 그러나 이번 공격이 누구의 소행인지는 알 수 없었다. 아니 차라리 알 수 없는 것이 더 마음 편한 일이리라.

▲UG가 도심에서 군부 군경을 대상으로 벌인 군사작전 모습ⓒtwitter.

친자관계 절연공시

"L이 신문에서 찾은 내용이에요. 보내드릴 테니까 읽어보세요."

보뜨타웅에서 총격이 발생하고 이틀 뒤, P가 메신저를 통해 이미지 파일 하나를 보냈다. N이 파일을 열어보자 현지 신문에 난 공고를 찍은 사진이 떴다. 제목은 '친자관계 절연공시'. 딱딱하고 멋없는 제목 아래 달린 선언을 N은 찬찬히 읽었다.

친자관계 절연공시

양곤 보뜨타웅동(洞) 44번지를 본적으로 둔 본인 ㅇㅇㅇ(45세)는 '예버 킷띳'이라는 가명으로 활동하는 차남 ㅇㅇㅇ(20세)에 대한 절연을 공시한다. 본인은 아들에게 여러 차례 학생이라는 본분에 맞게 살 것을 훈계했으나, 아들은 이를 듣지 않고 번번이 위법한 일에 관여하며 가정의 명예를 실추시켰다. 이에 금일을 기해 차남의 상속권을 박탈함과 동시에 절연을 선언한다. 더불어 차후 그가 일으키는 모든 문제는 본인과 무관함을 널리 알리는 바이다.

2021년 10월 24일 부친 ㅇㅇㅇ

친자관계를 절연한다는 것은 말 그대로 아버지가 아들과 연을 끊겠다는 것이다. 그리고 예버 '킷띳'. 킷띳은 버마어로 '새 시대'라는 뜻. P는 왜 절연을 선언한 신문 광고를 보낸 것일까? P가 말을 이었다.

"킷떳은 K가 사용하는 활동명이에요. 녀석은 쿠데타 이후 시위에 나가면서부터 본명을 쓰지 않았거든요."

K가 지난 8월 보뜨타웅 참사 이후 실종된 지 어느덧 3달 가까운 시간이 지났다. 그리고 세달 여 만에 그의 부친은 신문에 부자관계를 끊겠다는 광고를 냈다. N은 곧 두 사건의 상관관계를 눈치 챘다.

"누님도 눈치 채셨죠? 저하고 A형이 생각하기로는 K가 어딘가에서 무사히 생활하고 있는 것 같아요. 그래서 아버지께 연락을 해서 신문에 이런 광고를 내라는 이야기를 했을 것이고요. 보뜨타웅에서 일이 벌어진 후 K네 집은 군부에 압류 당했어요. 이후 군부는 당연히 집 명의자인 아버지를 추적했을 거고요. K네 부모님이 사업 때문에 샨주의 국경도시인 따칠레익에 계시거든요. 그래서 직접적으로 해코지는 못했겠지만 아무래도 미얀마에서 계속 지낸다면 K 때문에 어려운 점이 많을 거예요. 그래서 신문에 자식과 연을 끊겠다고 광고를 낸 것 같아요. 안전장치 개념으로요."

P의 말을 들은 N은 페이스북에서는 K네 집처럼 절연공시를 했다는 온라인 공고가 심심찮게 눈에 밟혔던 것을 떠올렸다. 절연공시를 한 대부분은 자녀들이 반 군부 활동에 참여한 가정이었다. 군부는 연좌제처럼 무장투쟁에 참여한 식구가 있는 가정을 찾아가 남은 가족들을 괴롭혔다. 기물을 부수고 협박을 하는 것부터 심하면 가족 중

일부를 볼모로 삼아 끌고 가기까지 했다. 때문에 활동가의 가족은 어쩔 수 없이 극단적인 방법을 선택해야 했다. 아무개는 더 이상 우리 집 식구가 아니니 찾아와 괴롭히지 말라고 신문에 광고를 하는 것이다.

절연공시는 쿠데타 이전에도 존재했다. 그 때는 가족 내부에서 생긴 분쟁 때문에 발생하는 상속이나 재산분할 문제를 미연에 방지하기 위한 장치로써 절연공시를 하는 관행이 있었다. 예로부터 성문법보다 관습법의 영향력이 큰 미얀마에서는 이런 행위가 속되게 말하자면 '먹히는 방법' 이었기 때문이다. 하지만 쿠데타 이후 저항하는 시민들은 남은 가족을 지키기 위한 수단으로 서로 연을 끊었다. 그렇다고 군부가 봐주리라는 보장은 없었지만 최소한의 안전장치를 마련하는 심정으로 그들은 일부러 더욱 매정한 글을 써 신문지 지면에 올렸다.

예버 A와 P의 예상은 들어맞았다. 2021년 11월 2일, K에게서 연락이 왔다는 소식이 들렸다. P는 기쁨을 감추지 못하며 시간을 맞춰 온라인에서나마 회합의 자리를 만들자고 제안했다. N 또한 흔쾌히 시간을 내겠다고 답했다.

사흘 뒤인 11월 5일 오후, 모두는 화상회의의 플랫폼 줌을 통해 처음으로 한 자리에 모였다. 세달 만에 만난 K를 보며 모두의 얼굴에 간만에 웃음꽃이 피어오른다.

"K! 살아있었구나. 아니 이제는 예버 킷떳이라고 불러야하나?"

P가 감격에 찬 얼굴로 오랜만에 친구의 이름을 불렀다. 좀처럼 감정이 드러나지 않는 예버 A의 얼굴에서도 벅찬 표정이 떠올랐다.

"K! 도대체 여태까지 왜 한 번도 연락을 하지 않은 거야! 내가 버스에서 내리려는 너를 붙잡지 못한 걸 얼마나 후회하고 지냈는지 네가 알기나해? 입이 달렸으면 말해봐! 도대체 어디에 처박혀 있다가 이제야 나타난 거야?"

L이 반가움 마음 반 성난 마음 반으로 K를 쏘아 붙였다.

"미안해 L. 연락을 하고 싶었지만 그 동안 많은 일이 있었어. 그래도 다들 이렇게 무사해서 참 다행이다. A형님도 있고, N누님도 계시고… 다들 너무 반갑습니다."

K가 겸연쩍은 얼굴로 모두에 안부를 물었다.

"K, 무사해서 다행이다. 걱정 많이 했어. 그간 어떻게 된 일이니? 지금은 어디에 있는 거야?"

예버 A가 평소의 차분한 톤보다 한 단계 높은 톤으로 K에게 질문을 던졌다.

"이야기 하자면 길어요. 그날 보뜨타웅에서… 군경이 UG 동료들을 끌고 가는 모습을 봤어요. 총이라도 있으면 당장 달려가 다 쏴 죽이고 싶었죠. 하지만 군경이 동네를 봉쇄하기 전에 일단은 도망쳐야 했어요. 저는 바로 강변도로 쪽으로 걸어가서 무작정 버스에 올랐어요. 대부분의 버스가 구시가지 중심지인 술레 파고다까지는 가거든요. 다행히 아직 군경의 검문이 시작되지 않았고 몇 분 만에 술레 파고다 근방에 도착했어요. 저는 파고다 북쪽의 시청사 옆 버스정류장에서 아웅밍글라 터미널로 향하는 버스로 갈아탔어요. 일단은 터미널로 가서 양곤을 벗어나자는 생각밖에 없었거든요. 터미널에 도착하고 나서 고속버스로 타고 부모님이 계시는 따칠레익으로 가야겠다고 마음먹었어요. 저 때문에 집이 군부에 발각됐으니 아버지께 설명을 드려야 하잖아요. 터미널 안에서 버스를 기다리며 규정대로 메신저와 페이스북을 비활성화 시키고 유심카드도 새 것으로 바꿔버렸어요. 그리고 오후 6시에 샨주 따웅지로 출발하는 버스를 탔죠. 다행히도 추적을 당하지는 않은 것 같았어요. 그렇게 버스를 타고 12시간을 달려 따웅지에 도착했어요."

"그럼 따웅지에서 따칠레익으로 가서 부모님을 뵌 거야? 너희 아버지께서 신문에 공고를 낸 걸 봤어"

P의 말에 K는 고개를 저었다.

"아니, 나는 지금 따칠레익에 있지 않아. 따웅지에서 따칠레익까지는 보통 험한 길이 아니거든. 길이 좋지 않아서 보통은 비행기를 타고 가는 일이 많지. 차를 빌려서 간다고 해도 거의 10시간 이상을 쉬지 않고 달려야해. 그래서 일단 따웅지에서 차편을 알아보면서 아버지께 전화를 드렸어. 자초지종을 말씀드렸는데 생각보다 화를 내지 않으시더라고. 아버지는 내게 어떻게든 따칠레익으로 와서 함께 태국으로 넘어가자고 하셨어. 그리고는 형과 누나처럼 외국에 가서 공부를 하든지 아니면 아버지 밑에서 일을 배우든 하라고 말이야. 국경을 오가며 사업을 하셨으니 충분히 나를 태국으로 빼낼 수 있다고 생각하신 모양이야."

"그럼 지금 태국에 있는 거야? 부모님이랑 같이?"

L의 질문에 K는 또다시 고개를 저었다.

"말을 끝까지 들어봐. 따웅지에서 따칠레익으로 가는 일은 영 쉽지 않았어. 따웅지의 헤호(heho) 공항에서 비행기를 타는 건 너무 위험했고, 차를 빌려 타야하는데 마침 샨주에서 교전이 종종 벌어지던 때라 차편을 구하기가 좀처럼 쉽지 않았어. 결국 며칠을 따웅지에서 머물러야했지. 그렇게 지내다 보니까 눈에 들어오는 게 있더라고. 바로 도시에 몰려든 수많은 피란민들이었어. 지역 주민들에게 영문을 물어보니 샨주 남부와 까야주에서 교전이 격화되면서 피란 온 난민들이라고 하더라. 모두가 너무 처참한 생활을 하고 있었어. 군부의 공습과 포격을 피해서 정말 입고 있던 옷가지 말고는 아무것도 건지지 못한 채 도망쳐 온 사람들이 대부분이었거든. 그 사람들을 보고 바로 든 생각은 따칠레익으로 가면 안 된다는 거였어. 아버지께 죄송한 마음에 일단은 찾아뵙자는 생각으로 길을 떠났지만 아버지의 계획대로 따라간다면 나는 그냥 모든 걸 버리고 도망치는 셈이잖아. 그렇게 하기는 싫었어. 보뜨타웅 집에서 목숨을 잃은 동지들의 얼굴을 떠올리니 결심은 더욱 확고해졌지. 나는 까야주로 가기로 결심했어. 가장 교전이 치열하게 벌어지는 곳이니 한 명이라도 더 가서 군부와 싸워야겠다는 생각이 들었거든. 난민들을 돕는 꺼잉니(Karenni)족[15] 자선단체를 통해 소수민족 무장단체와 줄이 닿았어. 그리고 이후에 어떻게 까야주로 갔는지는 보안문제 때문에 말할 수 없으니까 이해해줘. 이후 겨우겨우 까야주 내 해방구에 도착했고 그곳에서 두 달 동안 군사훈련을 받았지. 그리고 지금은 까야주 디머소(Demoso) 쪽에 배치됐고. 여기 오자마자 아버지께 연락해서 신문에 공고도 낸 거야. 그리고 혁명이 끝날 때까지 돌아가지 않겠다고 말씀드렸어."

지난 3달 동안 K 역시 지난한 시간을 겪었다. 양곤에 살던 대학생이 동부 까야주 전선으로 가기까지 겪었을 외적 고통과 내적 부침의 무게. K가 걸었을 노정을 상상하자 N은 마음이 무거워졌다.

그날 이후 N의 관심은 내내 K가 있는 까야주에 머물렀다. 그곳은 문자 그대로 혈전血戰이 벌어지는 장소였다. 군부는 까야주 주둔군도 모자라 미얀마 중부와 샨(Shan)주에 있는 병력을 증원군으로 투입하여 대규모 공세를 펼치는 한편, 국경일대와 주요 거점에 매일 공습을 퍼부었다. 까야주에서 교전과 공습 소식을 접할 때마다 N은 불안한 심경으로 K와 청년들의 안전을 기도했다.

양곤 도심에서도 UG는 11월 초부터 공세 수위를 높였다. 아웅밍글라 버스터미널이 있는 밍글라돈에서만 11월 7일 하루 동안 3차례

---

15) 미얀마 - 태국 국경지역에 거주하는 소수민족으로 인구는 약 36만 명이다. 대부분이 미얀마 동부 까야주에 거주한다.

총격전이 벌어졌고, 이로 인해 군경 3명이 사망했다. UG는 군부가 장악한 정부청사와 국영은행에도 공격을 감행했다. 저번처럼 차량으로 이동하며 창문 밖으로 소총을 난사하는 방식의 습격이 여러 차례 재연됐다. 예상치 못한 UG의 공격을 받은 군경은 대응을 위해 허겁지겁 응사應射했다. 눈 먼 총알에 지나가던 죄 없는 시민이 다치거나 차량과 시설물이 부서지는 일 또한 속출했다. 도시는 그야말로 일촉즉발의 화약고로 변하고 있었다. 하지만 군부는 시민을 달래거나 회유하는 방식으로 접근할 줄 모르는 자들이었다. 오히려 생각지도 못한 일을 벌이며 가뜩이나 곤궁한 생활을 이어가고 있는 시민을 괴롭혔다.

양곤 시내에서 UG가 맹위를 떨치던 10월 말부터 군부는 흘라잉따야에 있는 판자촌을 강제철거하기 시작했다. 사전에 통보도 없이 이른 아침 군경을 대동한 채 명령서를 들고 온 작업자들은 "그간 공용지共用地를 불법 점거하고 생활하고 있었으니 오늘부로 퇴거를 명령한다."라고 통보하며 곧장 중장비를 동원해 판자촌을 밀어버렸다. 주민들은 집기를 챙길 시간조차 주지 않는 행태를 성토하며 항의했지만 돌아온 것은 "상부의 명령이다."라는 대답 한 마디와 노리쇠를 당겨 총탄을 장전하는 차가운 금속음뿐이었다. 결국 강제철거로 주거지를 잃은 시민은 노숙자로 전락했다. 하지만 그들은 살아온 터전을 두고 떠나지 못했다. 철거민은 햇볕과 바람을 가릴 천막조차 칠 수 없는 집터나 도로변에서 머물며 자비를 호소했다. 그러나 군부는 대형 스피커가 달린 차량을 투입해 "이동을 강제하기 전에 자발적으로 철거지에서 떠나라."는 위협방송을 내보내는 것으로 응대했다.

강제철거로 집을 잃은 주민 대부분은 빈곤으로 인해 집을 임대할 형편이 안 되어 약 10년 전부터 흘라잉따야 도로변에 판자촌을 형성하고 살아왔다. 군부가 민정에 정권을 이양한 뒤 2015년부터 집권한 민간정부는 실태조사를 통해 흘라잉따야 판자촌 주민에게 만료기한이 있는 임시거주허가와 미등록 주민의 거주지 등록을 진행하며 생활권을 보장했다. 그러나 군부 쿠데타는 생존이 걸린 약속을 하루아침에 군홧발로 짓밟았다.

미얀마 시민은 그 어떠한 선택지조차 없이 삶을 파괴당했다.

▲군부가 강제철거한 터전에서 떠나지 못하는 흘라잉따야 주민ⓒ Citizen journalist.

딜레마

2021년 11월 중순의 어느 밤, 한국은 이미 자정을 넘긴 늦은 시간, N은 일찌감치 잠자리에 들었지만 잠은 좀처럼 오지 않았다. 사방이 고요한 가운데 어둠 속에서 째깍거리는 시계소리가 관자놀이를 치듯 날카롭다. 뒤척임과 한숨, 야속한 시계는 어느새 1시에 다다랐다. 그때, 휴대폰이 밝아지며 화상통화 수신을 알리는 음향이 정적을 깬다. 통화를 걸어온 이는 P였다. 늦은 시간에 온 전화에 불안함이 엄습한 N은 침대를 박차고 일어나 침실 등을 켰다. 흐트러진 머리를 손으로 빗고 가라앉은 목소리를 깨우려 헛기침을 한 뒤 수신버튼을 눌러 영상통화를 받는다. 화면 안에서는 희끄무레한 전등 아래 앉은 P의 얼굴이 보인다. 어두운 조명 탓인지 아슴푸레 드러난 그의 표정에 불안한 감정이 서린 것 같은 기분이 들었다.

"누님… 제가 무슨 일을 벌였는지… 아니 그보다 옳은 일을 한 건지 모르겠어요."

N은 P의 목소리가 평소답지 않게 떨리고 있다는 점을 눈치 챘다. 지금은 미얀마도 오후 10시가 넘은 늦은 시간. N은 P에게 무슨 일이 생긴 건지 캐물었다. P는 담배를 태울 수 있겠다며 허락을 구했다. N은 고개를 끄덕여 보이며 개의치 말라 했다. P는 권련을 한 대 꺼내

물었다. 담배를 문 입과 불을 붙이는 손이 미세하게 떨린다. 확실히 그는 불안정한 상태였다. 담배 한 모금을 깊게 빨아들인 P는 느릿느릿 말을 이었다.

"UG 상부에서 특수 임무를 수행할 사람을 찾았어요. 2인 1조로 은밀히 진행해야하는 일이다보니 심지가 굳은 지원자를 뽑겠다고 했어요. 저는 자원했죠. 최근에 도심 임무에도 고참들과 함께 투입됐었기에 자신감도 있었고, 한번쯤은 내가 제 몫을 다하고 있다는 걸 보여주고 싶었어요. 저와 함께 군사훈련을 받았던 동기도 자원을 하면서 상부로부터 작전계획이 내려왔어요. 특수임무라는 건 시위대의 동태를 밀고하고 있는 첩자를 처단하는 일이라고 했어요. 이미 목표의 위치와 동선을 모두 파악했고, 목표가 혼자 있는 가장 취약한 시간에 공격을 한다는 계획까지 모두 수립된 상태였죠. 저희가 할 일은 상부에서 준비한 차로 현장 근처까지 이동한 다음 한 명이 망을 보는 사이 다른 한 명이 문을 박차고 들어가 탕탕! 그리고 확인사살로 한 발 더 탕! 쏘고 나와서 다시 차를 타고 복귀하는 되는, 사실은 간단한 임무였어요."

담뱃불이 필터 근방까지 이르자 P는 잠시 말을 멈추고 담배를 껐다. 낮은 앓는 소리를 낸 P는 거친 숨을 몰아 내쉬었다.

"작전은… 오늘 저녁이었어요. 저와 동료는 차량조가 내려준 장소에서 목표지점으로 걸어들어 갔어요. 가로등도 희미했고 인적까지 드문 조용한 동네였어요. 가끔 개 짖는 소리가 멀리서 들리는 것

말고는 옆 사람의 숨소리까지 들릴 정도로 적막한 골목이었죠. 우리는 마지막으로 주소를 확인하고 습격을 준비했어요. 그런데… 동료가 몹시 긴장한 기색이 역력하더라고요. 손도 파르르 떨렸고 쿵쾅거리는 심장소리가 밖으로 새어나올 정도였거든요. 저도 떨리는 건 마찬가지였지만 임무를 그르칠 순 없으니 동료에게 망을 보라하고 진입할 준비를 했어요. 속으로는 계속 임무 출정 전에 들을 지령을 떠올렸죠. 이 첩자의 밀고 때문에 시위대와 UG 관련자 수십 명이 체포됐다. 붙잡힌 이들은 차가운 취조실에서 고문과 학대로 피 흘리며 고통 받고 있다. 시민을 배신한 악독한 첩자는 처단 당해 마땅하다. 결심이 서며 품속에서 권총을 꺼냈어요. 총기의 차가운 감촉에 소름이 돋았지만 반대로 심장은 뜨겁게 쿵쾅거렸죠. 속으로 셋을 세고 난 뒤 있는 힘을 다해 문을 박찼어요. 얇은 나무 문짝이 한 번에 떨어져 나가자 저는 빠르게 집 안으로 들어갔어요. 그리고 빠르게 목표를 찾았죠. 마침 목표는 문 앞 거실에 앉아 있었어요. 그런데…"

P는 말을 잇지 못했다. 그리곤 낮은 신음과 함께 P는 얼굴을 찡그렸다. 고통스러운 소릴 내며 자세를 고쳐 앉는 P를 보고 있는 N은 속은 까맣게 타들어가는 심정이었다.

"제 시야에 들어온 목표는… 갓난아기에 젖을 물리고 있는 젊은 여성이었어요. UG 상부의 제거 목표가 돌도 안 지난 아기를 키우는 엄마였던 거예요."

미처 상상하기 어려운 첩자의 정체에 N은 모골이 송연해짐을 느졌다. P는 흔들리는 눈으로 힘겹게 말을 이었다.

"순간 저는 넋이 나간 것 마냥 멍해져버렸어요. 하지만 임무를 완수해야만 했기에 죽어간 사람들을 떠올리면서 분노를 끌어올려 방아쇠에 검지를 올렸어요. 그런데 훈련과정에서 수 없이 당긴 그 작은 쇠 가닥이 도저히 당겨지지 않았어요. 쏘아야만 해. 반드시 쏴야만 해. 저는 눈을 부릅뜨고 목표를 노려봤어요. 목표는 공포로 숨소리조차 내지 못할 정도로 얼어붙어 있었죠. 하지만 저의 시선은 자꾸만 평온하게 젖을 물고 있는 아기에게로 향했어요. 오금이 떨리며 눈앞이 캄캄해졌어요. 결국 저는 총을 쏘지 못하고 황급히 밖으로 도망쳤어요. 골목길을 달려 나가는데 저를 부르는 동료의 외침이 들렸죠. 저는 미친 사람처럼 달렸어요. 도망치며 몇 번을 넘어지고 구른 끝에 정신을 차려보니 저희 동네 어귀에 도착해있었어요. 지금은 집에 와있어요. 아무도 없는 우리 집에요. 저는 임무를 망쳤어요. 이제 어떡하죠? 조직에 오늘 일을 해명해야하는데… 저는 어떻게 말을 꺼내야 할지 도무지 모르겠어요."

P는 무너진 상태였다. 그가 나약했기 때문은 아니었다. P는 그 나이 때 겪기에는 너무도 참혹한 일을 채 일 년도 안 되는 사이에 겪었다. 소중한 가족을 잃고 그동안 쌓아온 평화로운 삶의 기반이 한 순간에 무너지는 것을 경험했다. 그럼에도 인내하며 저항을 선택했지만 결국 마음속에 남아있는 인간성이 그의 이성을 끌어내려 쓰러뜨렸다. 집으로 도망쳐오는 과정에서 다리까지 다쳤다고 했다. 그는 도움이 필요한 상태였다.

N은 P에게 일단 집에서 꼼짝 말고 있을 것을 당부한 뒤 L에게 연락했다. 예버 A에게 직접 연락을 하고 싶었지만 직통으로 그와 연결되는 연락처를 몰랐기 때문이다. 다행히 반시간 만에 L에게 회신이 왔다. 그녀에게 대략적인 상황을 설명하고 예버 A와 연락할 수 있는 방법을 물었다. 소식을 들은 L역시 당황한 기색이 역력했다. 그녀는 최대한 빨리 답을 주겠다고 말하며 오프라인 상태가 됐다. 초조하게 기다리기를 다시 30분 여, L에게서 화상회의 플랫폼으로 연결되는 링크가 날아왔다. 접속하니 예버 A와 L의 얼굴이 보인다.

"P가 전화를 해도 받지 않고 있습니다. N씨에게 지금 집에 있다고 말한 게 맞습니까?"

예버 A는 최대한 차분함을 유지하려고 애썼지만 목소리에는 격한 떨림이 고스란히 묻어났다. N은 P와 화상통화를 나눈 대화내용을 예버 A에게 전했다. 이야기를 들으며 예버 A는 떨리는 입술을 몇 번이나 앙다물었다.

"심려 끼쳐드려 죄송합니다. 저 또한 지금 미션 때문에 며칠 째 캠프를 떠나있는 상태라서 P를 챙길 겨를이 없었습니다. 그런 임무라면 저나 UG 고참들이 했어야 하는데… 일단은 상부에 보고를 해서 구출 팀을 보내겠습니다. 고맙고 또 죄송합니다."

예버 A는 목례를 하고 로그아웃 했다. 화면에는 걱정으로 가득한 L의 얼굴만이 남았다.

"P는 A오빠처럼 빨리 제 몫을 다하고 싶다는 말을 자주 했었어요. 신병 훈련을 마치고 현장에 함께 따라 나가기는 했지만 궂은일은 고참들이 도맡다보니 항상 미안한 마음이 든다고요. 최근에 활동범위가 넓어지며 현장에 나갈 요원들이 부족하다고는 했지만 그렇다고 무작정 이렇게 감당 못할 임무에 자원할 줄이야…"

다음날 오전, P는 구출 팀에 의해 무사히 구조되어 캠프로 복귀했다. 하지만 임무에 실패했을 뿐만 아니라 작전에 나선 동료 모두를 위험에 빠뜨린 책임으로 징계위원회에 회부되었다. 예버 A에게 전해들은 바에 따르면 UG 내에서도 의견이 갈렸다고 했다. P를 비난하는 그룹은 감정에 휩쓸려 일을 그르친 잘못이 크고, 자비를 베풀어 첩자를 살려둔다고 한들 밀고를 그만둘리 없으니 오히려 더 많은 희생자가 나오게 될 것이라고 하며 중징계를 건의했다. 그러나 반대로 UG가 무차별 학살을 일삼는 군부와 달리 정의와 인권을 추구하는 집단임을 알릴 계기로 활용할 수 있다며 P를 변호하는 이들도 적지 않다고 예버 A는 전했다. 결과적으로 UG 상부는 P를 문책한 뒤 석 달 간 현장임무에서 배제한다는 판단을 내렸다.

P의 이야기를 듣고 N은 생각이 복잡해졌다. 젖먹이를 안고 있는 첩자 여성을 총으로 겨누고 있는 스스로의 모습을 상상한 N은 만일 내가 P라면 어떤 선택을 했을지 고민했다. 쉽지 않은 선택이었다. 이성적으로는 현장에서 얼굴이 노출된 대원 자신의 안전을 위해서라도 여성을 쏴야만 했다. 그러나 핏덩이 같은 갓난아이에 젖을 먹이는 어미를 쏘는 일은 또 다른 일이다. 과연 그 누가 이 일을 거리낌 없이

자행할 수 있을 것인가? 결국 N은 P가 내린 결정이 옳으니 그르니 판단하지 않기로 했다. 그 대신 권총으로 첩자 여성을 겨누며 고뇌하고 괴로워했던 P와 군부의 폭력에 무방비로 노출된 미얀마 시민에게 더욱 굳건한 연대를 보내는 일로 오늘의 일을 극복하겠노라 N은 마음먹었다.

며칠 뒤 P는 UG 캠프보다 더욱 후방에 있는 병기창에 배속됐다. 그곳에서는 작전에 필요한 사제 폭발물을 생산하고 총기를 개조하는 작업을 수행했다. 예버 A는 P가 낙담하지 않고 병기창에서 부과하는 임무를 성실하게 수행하고 있다며 N을 안심시켰다. 그렇게 시간은 어느덧 11월 말로 흐르고 있었다.

P가 병기창으로 보내진 사이에도 UG들은 계속 도심에서 작전을 수행했다. 11월 셋째 주, 시 외곽에 있는 경찰 초소와 경찰이 도시 내에서 운영하고 있는 CCTV의 통제시설이 집중 공격을 받았다. UG 대원들은 차량으로 치고 빠지는 기동 작전으로 군경을 공격하면서, 시선이 분산된 틈을 타 주요 시설물에 사제 폭발물을 설치해 터뜨리는 게릴라전을 끊임없이 수행했다. 군경은 UG를 소탕하기 위해 총력전을 벌였으나 잔뜩 기세가 오른 UG는 늘 포위망을 빠져나갔다. 하지만 비극적인 사건이 양곤을 향해 서서히 다가오고 있었다.

2021년 11월 20일, 유명 래퍼 출신이자 민주주의민족동맹 소속 정당인 출신 활동가 '표제야떠'가 군부에 체포됐다. 체포 후 알려진 바에 따르면 그는 단순한 연예인 출신 반 군부 활동가가 아니었다. 그는 최근 몇 달 동안 양곤에서 줄기차게 이어진 UG 활동에 깊게 관여했으며, 때로는 직접 게릴라 작전을 지휘하기도 했다. 군부는 표제야떠를 잡기 위해 한 달 동안 치밀하게 작전을 준비했다. 수많은 밀정과 첩자가 긴밀하게 움직이며 점차 포위망을 좁혔다. 결국 그는 은신처에서 총기와 탄약을 소지한 채 붙잡혔다. 최악은 UG 조직 내에서 서로 연락을 주고받을 때 사용한 통신기기와 노트북까지 모조리 군부의 손으로 넘어간 것이다. 표제야떠가 체포된 후 UG 대원 20여 명 또한 추적과정에서 군부에 덜미가 잡혔다. 양곤에 있는 UG 모두는 그야말로 절체절명의 상황에 놓였다.

예버 A와 P는 다시 온라인에서 사라졌다. 자금마련과 연락 업무를 담당하는 L 또한 "대피 명령에 따라 피신함."이라는 짧은 메시지 하나만 남기고 잠적했다. 마치 롤러코스트를 타는 것 같이 시시각각 급변하는 상황 속에서 동지들은 또 다시 지하로 숨어들었다. 멀리서 이 상황을 지켜볼 수밖에 없는 N은 또 다시 깊은 무력함을 느낀다. 양곤에서 벌어진 비극을 전하기 위해 N은 K에게 연락했다. K도 이미 자유언론 보도를 통해 상황을 얼추 파악한 상황이었다. 그는 화상통화 내내 연신 줄담배를 태운다.

"누님, 폭풍이 다가오고 있어요. 잔혹한 칼바람이 회오리치는 폭풍우요. 부디 우리가 내린 뿌리가 광풍狂風에 갈려나가지 않을 만큼 단단해야만 할 텐데요."

K가 말한 대로 광풍이 불고 있었다. 군부는 도심에서 반 군부 단체 소탕작전을 강화하는 동시에 미얀마 중부와 국경 지역으로 또다시 대규모 병력을 투입했다. 내전은 더욱 더 깊은 수렁으로 빠지고 있었다.

불타오르는 국경 전선

2021년 12월. 한국은 늦가을의 정취가 온데간데 없이 싸늘한 바람이 불었다. 앙상한 가지 위에 달렸던 이파리는 속절없이 떨어지고, 돌담벼락을 힘차게 기어오르던 덩굴도 뻣뻣하게 말라 굳어버렸다. 겨울이 찾아온 것이다.

차가운 날씨마냥 미얀마를 향한 국제사회의 태도 또한 냉랭했다. 최악은 동남아시아 국가연합, 즉 아세안(ASEAN)이었다. 다가오는 2022년에 순환의장국이 되는 캄보디아의 총리 훈센은 군부와 대화를 하기 위해 미얀마를 방문하겠다는 계획을 12월 초에 밝히면서 "미얀마도 아세안의 가족인 만큼 회의에 참여할 권리가 있다."라며 군부 대표에 정치적 정당성을 부여하는 망언을 해 논란을 일으켰다. 아세안이 불과 두 달 전 군부 대표의 정상회담 참석을 거부한 것과는 확연히 다른 태도 변화다.

미얀마 민중은 군부가 부당한 방식으로 권력을 탈취해 국권을 제멋대로 휘두른 지난 반세기의 역사를 바꾸고자 피 흘리며 싸우고 있다. 하지만 이를 대하는 국가사회의 태도는 1년 내내 변함 없었다. 일부는 우려와 규탄으로 끝나는 말잔치로 일관했고, 일부는 실리實利라는 이름으로 군부와 밀월관계를 이어갔다. 결국 더 많은 피의 희생을 통해 상황을 웅변하는 일 말고는 미얀마 국민에게 남겨진 선택지가 없다는 점만이 명징했다.

12월 13일, 해질 무렵 바람이 거센 가운데 N은 일을 마치고 집으로 돌아가고 있었다. 하늘은 흐려 햇볕은 적었고, 북서쪽에서 밀려오는 찬 겨울공기 탓에 두터운 겨울점퍼를 껴입어도 냉기가 느껴졌다. N이 집으로 돌아가는 발걸음을 재촉하는데 주머니 속에서 휴대전화 진동이 길게 울렸다. 손끝이 저릿할 정도로 추운 바람을 견디며 전화기를 꺼내 본다. 까야주의 K가 보낸 메신저 메시지다.

"누님, 도움이 필요해서요. 혹시 가능하다면 자금을 좀 지원해주실 수 있을까요?"

N은 가능하다고 답장했다. 양곤의 UG가 지하로 숨어든 뒤 이체하지 못하고 모아둔 여윳돈이 있었기 때문이다.

"최근에 군자금을 지원해주는 후원자들이 많이 줄었어요. 그러다 보니 립스틱이 여유가 없어서 부대원 모두가 초조해하고 있거든요."

립스틱. N은 K가 한 말이 이해되지 않았다.

"아, 제가 생각 없이 그냥 말했네요. 립스틱은 실탄을 뜻하는 은어에요. 둘 다 생긴 모양이 비슷하잖아요. 후원자들한테 실탄 살 돈을 도와달라고 하는 게 저희도 조금 부담스러워서요. 그래서 요즘에는 립스틱이라는 말을 쓰고 있어요."

그랬다. 누구나 싸우기 위해서는 총탄이 필요한 것을 알았지만, 총탄을 마련하고자 모금을 하는 쪽이나 돈을 내주는 쪽 모두 마음이 편치만은 않을 터였다. N는 바로 가용한 돈을 K에게 이체했다.

N가 보낸 돈으로 현장에서는 립스틱 200개 정도를 마련할 수 있다. 하지만 결코 충분하지 않았다. 현장에서는 군부 병력과 10분 정도 총격전을 주고받는 것만으로도 수백만 짯이 우습게 사라지곤 했다. 방아쇠를 한 번 당기고 파인애플(수류탄) 한 통을 깔 때마다 혁명단체의 잔고 또한 빠른 속도로 '증발'했다. 혁명을 하기 위해서는 무기가 필요했고, 무기는 곧 돈이었다. 굳은 심지와 열망만으로는 혁명을 수행할 수 없다. 현장은 화수분 같은 자금줄이 필요했지만, 국제사회는 쿠데타가 터지고 1년 가까운 시간 동안 혁명단체들에 어떠한 자금지원도 하지 않았다. 전선은 그저 미얀마 시민과 세계시민사회가 보낸 온정으로 겨우 유지되는 중이었다.

"P가 있는 단체는 다행히 무사한 것 같아요. 제가 양곤 쪽 소식통에게 물어봤는데, 체포 바람이 한번 불고 지나갔지만 상당 수 단체가 즉각 연락망을 가동해서 피해를 최소화했다고 하더라고요."

K의 말에 N은 얼어붙었던 마음이 조금은 녹는 듯한 기분을 느꼈다. 그들에게서는 여전히 연락이 없었지만 체포됐다거나 목숨을 잃

었다는 소식 또한 들리지 않았다. '무소식이 희소식'이라는 오랜 속담이 들어맞기를 N은 기도했다.

"제 생각엔 도시에서 멀찌감치 물러나서 재기再起를 준비하고 있는 것 같아요. NUG가 내년 띤잔[16]을 전후로 도심 지역에서 공세 수위를 높이면서 괄목할 만한 군사적 성과를 이루겠다고 공언했거든요. 추진력을 얻기 위해 잠시 몸을 웅크리는 거죠. 곧 소식이 들려 올 터이니 누님도 너무 걱정하지 마세요."

K가 장담했지만 12월 중순이 넘어갈 때까지도 P는 물론 A와 L에게서도 아무런 연락이 없었다. 그 와중에 까야주에서는 매일 치열한 교전이 벌어졌다. K가 있는 디머소 일대 뿐만 아니라 주도主都 라이꺼, 샨주 접경도시 패콘과 디머소 남부에 있는 도시 퍼루소까지 전선이 형성되며 총성은 멈출 기미가 보이지 않았다.

2021년 12월 20일, 과열되었던 전선이 잠시 숙지자 K로부터 연락이 왔다.

"누님, 저번에 립스틱 지원해 주셔서 고맙습니다. 한국에서 후원해주신 분들에게 보여드릴 증빙사진과 감사증서 보내 드릴게요."

K는 단체 이름과 부대 지휘관의 서명이 담긴 감사증서를 첨부파일로 보냈다. 보내준 지원금으로 산 립스틱을 가지런히 나무 테이블

---

[16] 미얀마력 신년으로 4월 중순 경이다. 서로에게 물을 뿌리며 묵은 것을 씻어내고 새해를 맞이하는 행사가 미얀마 전국에서 열리는 것으로 유명하다.

위에 올려둔 사진도 뒤이어 날아들었다. N은 이렇게 현장에서 받은 증빙자료를 페이스북에 게시했다. 후원금을 보내준 한국시민에게 집행내역을 공개하며 더 많은 참여와 연대를 구하기 위함이었다. N은 자료를 확인한 뒤 전선에서 돌아온 K에게 몸 상한 데는 없는지, 더 필요한 건 없는지 물었다.

"다행히 다친 데는 없어요. 요 며칠 군부가 계속 공습을 때려 붓고는 있지만 저희도 방공호를 여러 군데 만들어 놓고 대피훈련도 하고 있어서 아직까지는 모두 무사해요. 그거 만든다고 삽질을 얼마나 한 줄 아세요? 총 잡는 일보다 삽 들고 있는 일이 더 많다니까요."

K는 일부러 싱거운 말을 던지며 분위기가 무거워지지 않도록 노력했다. 전선의 청년들은 위험과 항시 살아가면서도 괴로운 티를 내려 하지 않았다. 결핍과 고난이 늘 따랐지만 가벼운 농담과 걸쭉한 욕 한마디로 그를 털어내려 했다. 하지만 N은 느낄 수 있었다. 이미 몇 개월 동안 최전선에서 죽지 않고 살아남은 이들의 눈빛과 몸짓에는 숨길 수 없는 피로가 묻어 있음을. 자의로 선택한 고단한 길. 비록 자신이 목숨을 잃더라도 미래세대가 암울한 현실이 아닌 자유와 정의가 숨 쉬는 나라에서 살게끔 하고 싶다는 숭고한 목표를 위해 나선 길. 한참 어린 나이였지만 N은 K를 존경했다. 예버 A와 P, 그리고 L까지 불의에 맞서 싸우고 있는 모든 혁명 청년을 존경했다. 그리고 그들의 무사를 간절히 기도했다.

"필요한 거는 지금은 딱히 없고 개인적으로 작은 소원이 있기는 한데… 아니에요. 누님이 지금 들어줄 수 있을 만한 게 아니라서…"

말을 흐리는 K의 모습을 보고 N은 어떻게든 들어 줄 테니 말이라도 해보라 다그쳤다.

"저는 그냥 시원한 생맥주 한 잔 하면 소원이 없겠어요. 텔레비전에서 틀어주는 챔피언스 리그 경기 보면서요. 마음 졸이는 일 없는 심플한 일상, 뭐 그런 건데 말하고 보니 전혀 작은 소원이 아니네요."

N은 억장이 무너졌다. 개인적인 작은 소원이 생맥주 한 잔이라는 점과 한국에서는 너무도 쉽게 누릴 수 있는 소소한 행복을 상실한 고국의 청년들은 N을 아프게 했다. 평화가 찾아오면 내 반드시 코가 비틀어질 때까지 맥주를 대접하겠다는 말로 K를 위로했지만 북받치는 착잡한 마음에 N은 더는 말을 잇지 못했다. K에게 연락이 오고 나흘 뒤인 2021년 12월 24일. 크리스마스를 하루 앞두고 까야주로부터 비보가 날아들었다. 군부 병력이 K가 있는 디머소 남부에 있는 도시 퍼루소에서 대규모 민간인 학살을 벌인 것이다.

현지 자유언론이 전하는 속보는 종일 날아들었다. 소식에 따르면 까야주에서 차량을 타고 이동 중인 피란민들과 조우한 군부 병력이 차에 기름을 들이 붓고 피란민들을 산 채로 불태워 살해했다고 했다. 희생자 대부분은 피란길에 오른 미성년자와 여성이었다. 참혹한 현장 모습도 날아들었다. 시신이 백골만 남은 상태로 새까맣게 불탄 차량 위에 쌓여있었다. 현장에 출동한 소수민족 꺼잉니족 무장단체가

▲2021년 12월 24일 까야주 퍼루소에서 발생한 민간인 학살 현장 모습ⓒKNDF.

현장을 수습했다. 불에 타 숨진 사망자는 모두 35명으로 확인되었으며, 그 중 2명은 국경에서 인도주의적 지원활동을 수행하고 있는 구호단체 '세이브 더 칠드런' 소속의 현지인 직원으로 알려졌다.

까야주의 꺼잉니족은 진노했다. 군부가 결코 용서할 수 없는 전쟁범죄를 크리스마스 이브에 자행한 것이다. 즉각 성명을 발표해 군부의 학살을 강도 높게 비판한 꺼잉니족은 군부와 그를 따르는 추종자들이 절멸할 때까지 결사항전을 불사하겠다고 천명했다. 꺼잉니족의 비난에 군부는 대규모 공세로 응수했다. 까야주 전선은 더욱 가열됐다. K는 디머소 응웨따웅[17]에 있는 전선으로 간다는 말을 남기고 다시 연락이 끊겼다.

2021년의 마지막 날과 2022년 첫 날, 응웨따웅은 불바다가 됐다. 군부는 전투기 2대를 급파해 응웨따웅 일대에 공중 습격을 가한 뒤 대규모 지상군을 투입했다. 이에 맞서 꺼잉니족 무장단체와 시민방위군은 까야주 각 지역에서 지원군을 보냈다. 양측은 응웨따웅 댐 근방에서 조우했다. 곧장 전투가 벌어졌다. 첫날 전투는 장장 8시간 가까이 이어졌다. 꺼잉니족 무장단체와 시민방위군의 분전에 군부 지상군 사상자가 늘기 시작했다. 그러자 군부는 포병대에 무차별 포격을 주문했다. 곧장 60mm 박격포와 120mm 자주포 포탄이 날아들었다. 디머소 시민방위군은 대원 10명이 부상당하는 피해를 입었지만 군부 병력 30명을 사살하는 전과를 올리고 병력을 물렸다.

다음날도 산발적인 전투가 계속 이어졌지만 전투는 첫날만큼 격화되지 않았다. N은 이틀내내 현장소식을 찾아보며 극도의 불안을 느꼈다. 혹여나 K의 이름이 뉴스에 오르면 어쩌나 하는 우려 때문이었다. 시민방위군 측에서도 2명이 결국 부상을 회복하지 못하고 목숨을 잃었다. 자유언론은 숨진 두 사람의 신원을 공개했다. K는 아니었다.

새해 발생한 전투 이후 채 일주일도 지나지 않아 군부는 다시 디

---

[17] 응웨따웅은 '은빛 산'이라는 뜻의 버마어다. 산으로 둘러싸인 디머소시市 중앙에 있는 지역으로, 타 지역으로 이어지는 도로와 수력발전을 위한 저수지가 있는 요충지다.

머소를 공격했다. 이번에는 전선에 장갑차까지 투입했다. 그러나 꺼잉니족 혁명단체와 시민방위군은 군부의 공격에 대비하고 있었다. 예상하기 힘든 의외의 장소에 매복한 뒤 대인살상 지뢰인 클레이모어를 터뜨리며 유격전을 벌이는 전술에 군부 병력은 당황했다. 뒤늦게 인력과 물자 면에서 우위를 점하고 있음을 이용해 총력전을 벌였지만 군부는 결국 병력 10명과 군수물자를 잃고 퇴각했다. 다행히 꺼잉니족 혁명단체와 시민방위군 사상자는 없었다.

디머소 지역 전투가 일단락 된 뒤에야 N은 K로부터 연락을 받았다. 전투에서 군부 병력이 흘리고 간 립스틱을 많이 주워서 며칠은 걱정 없을 것 같다는 게 그의 생존 신고였다. 이후 K는 열흘 가까이 후방 주둔지로 이동하여 전투로 인한 피로를 풀었다.

▲까야주 전역에서 군부 병력과 교전을 계속하고 있는 꺼잉니족 혁명단체와 시민방위군ⓒLoikaw PDF.

참가자와 관망자

"누님, 〈오징어 게임〉 봤어요?"

후방에 머물고 있던 K가 뜬금없는 질문을 N에게 던졌다. 지난해 9월 넷플릭스에서 공개된 한국 드라마 〈오징어 게임〉은 전 세계적인 인기를 끌고 있었다. 시청하지 않은 사람조차 특이한 제목과 온라인에 도는 각종 밈(Meme) 때문에 드라마의 존재를 알 정도였다.

"지금 여기 후방부대에 있는 사람 중에 이 드라마를 안 본 사람이 없거든요. 저도 파일을 받아서 쉬지 않고 하루 만에 끝까지 다 봤고요."

거액의 상금이 걸린 의문의 서바이벌에 참가한 사람들이 최후의 승자가 되기 위해 목숨을 걸고 극한의 게임에 도전하는 이야기를 담은 드라마. 하지만 모두가 승자가 될 수는 없고, 게임에서 탈락하는 이들은 끔찍한 죽음을 각오해야하는 것이 드라마의 내용이다. N 역시 유명세에 드라마를 끝까지 흥미롭게 감상했다. 그런데 왜 국경에 있는 K는 넷플릭스가 정식 서비스를 하지 않는 미얀마, 그것도 전쟁이 벌어지고 있는 국경에서 불법 다운로드 영상에 어둠의 장인들이 자막을 입혀 유포한 속칭 해적판 〈오징어 게임〉을 굳이 찾아서 본 것인지 궁금했다.

"드라마에 나오는 인물들이 꼭 우리 같아서요. 모두가 절망스러운 상황에서 새로운 삶을 살기위해 목숨을 걸고 게임에 뛰어들잖아요. 탈락하면 목숨을 잃는 극단적인 게임인데도 불구하고요. 그렇게 죽고, 또 죽으면서도 서로를 위해 희생하는 사람이 있는 반면 악착같이 목표를 위해 불물 안 가리는 사람도 있고, 그러다가 죽고 또 죽고… 지금 우리가 하고 있는 싸움을 드라마에 나오는 게임과 비교할 수는 없지만 본질은 비슷해요. 모두가 미래를 위해 죽기를 각오하고 판에 뛰어 들었다는 본질이요. 여기에 있는 대원들은 드라마를 보고 서로에게 연민을 느꼈어요. 우리가 어려운 결정으로 이곳에 와서 어려운 싸움을 하고 있다는 생각, 또 우리 모두가 살아남지 못할 수도 있겠다는 걱정, 그럼에도 내 헌신이 의미 없는 일이 되지 않을 거라는 희망에서 피어나는 연민이요."

▲오징어 게임의 진행요원 가면을 쓰고 시위에 나선 양곤 청년들 ⓒYRF.

드라마 〈오징어 게임〉이 전장의 미얀마 청년들에 영향을 끼친 것처럼 N 또한 드라마를 보고 나서 한 가지 사실을 자각했다. 자신이 〈오징어 게임〉 속에 나오는 폭력적인 장면과 유혈극을 무덤덤하게 보고 있다는 점이다.

N은 원래 잔인한 장면을 전혀 보지 못했다. 흔히 고어(Gore)물로 불리는 영화나 드라마를 한편 보게 되면 여지없이 며칠은 밤이면 밤마다 선혈 낭자한 악몽에 시달리곤 했기 때문이다. 그랬던 N은 미얀마에서 쿠데타가 벌어진 뒤 차마 말로 설명할 수 없는 영상과 사진을 매일 보아야 했다. 총탄에 맞아 머리에 뚫린 주먹만 한 구멍에서 피와 뇌수가 쏟아지는 모습, 팔다리가 잘리고 살갗이 갈기갈기 찢어진 모습, 불에 타 숯처럼 그을린 시신에서 허연 백골이 드러난 모습, 칼에 찔리고, 차에 치이고, 지뢰를 밟아 망가진 인체를 내내 보았다. 괴로웠지만 두 눈으로 보고 기억하는 것 또한 N이 할 수 있는 투쟁이었다.

그 지난한 과정을 겪으며 N은 스스로도 모르는 사이 잔혹함에 익숙해졌다. 〈오징어 게임〉을 보며 감독의 상상력이 주는 섬뜩함에 몸서리가 쳐졌지만, 미얀마 쿠데타 이후 생겨난 내성으로 N은 드라마를 끝까지 봤다. 그 어떠한 고어 장르도 잔혹한 현실을 따라오지 못한다는 생각과 함께.

후방부대에서 휴식을 마친 K는 다시 응웨따웅 인근 전선으로 갔다. 어느새 군부가 불법 쿠데타를 일으키고 만 1년이라는 시간이 지났다. 2022년 1월 31일, 군부는 수도 네삐도에서 연례 회의를 열어 국가비상사태를 6개월 더 연장하겠다고 발표했다. 회의에 참석한 군부 수장 민 아웅 흘라잉은 시민의 저항을 '불법적 행위'로 규정하며

"폭도들이 국내외적으로 벌인 행위가 없었다면 미얀마 상황은 안정화 되었을 것."이라는 괴변을 펼쳤다.

군부가 막장행보를 계속하고 있었지만 이를 관망하는 국제사회의 태도는 여전히 강 건너 불구경이었다. 참다못한 각국 시민사회가 비판의 목소리를 냈다. 특히 아시아에서 민주주의 표방하고 있는 나라들에 대한 비판은 매우 거셌다. 호주, 인도, 일본, 그리고 대한민국은 쿠데타 이후 1년 동안 군부를 견제하려는 실효적 조치를 전혀 취하지 않았다. 미국, 영국, 캐나다와 유럽 연합을 위시한 서방국가들이 표면적으로나마 경제제재와 군부 수뇌부의 해외계좌를 동결하며 민주진영에 힘을 보낸 것과 비교하면 사실상 상황을 멀리서 관망하고 있는 셈이었다.

군부가 벌이고 있는 각종 전쟁범죄와 잔학행위를 멈추기 위해서는 국제사회의 전방위적全方位的 공조가 필요하다. 불행하게도 미얀마 사태를 보는 각국 정부의 시선은 상이했다. 중국과 러시아는 끊임없이 미얀마 사태에 '내부적 문제'라는 프레임을 씌웠고, 아세안 또한 '내정 불간섭'이라는 원칙을 들먹이며 해결의지를 보이지 않았다. 미얀마에 대규모 투자를 했거나 다수의 기업을 진출시킨 국가들은 오히려 군부와의 밀월관계를 유지했다. 혼란의 와중에도 개발과 수익사업을 계속하면서 발생한 배당금을 군부에 지급하여 자금줄 역할까지 했다.

미얀마 시민은 나날이 고립의 늪으로 빠져들고 있었다.

포가튼 미얀마

2022년 2월 1일, 쿠데타 발생 1주기를 맞아 미얀마 전역에서는 침묵시위가 벌어졌다. 불의를 관망하고만 있는 국제사회에 경종을 울리려는 듯 미얀마 시민은 모든 활동을 중단하고 집안에 머물렀다. 시장과 가게는 문을 닫았고, 도로는 텅텅 비었다. 생계활동과 외출까지 거부함으로써 시민은 여전히 군부에 대한 저항의지를 잃지 않았음을 공고히 했다.

그리고 다음날, 시민은 침묵을 깨고 다시 거리로 나왔다. 군부의 삼엄한 감시 속에서도 청년들은 현수막을 들고 구호를 외쳤다. 전투도 재개됐다. 북부 까친주에서 남부 꺼잉주까지 소수민족 혁명단체와 시민방위군은 공세 수위를 높였다. 약진이 두드러진 곳은 단연 미얀마 중부였다. 서가잉주와 마궤주 곳곳에서 시민방위군은 군부 초소와 경찰서를 기습했다. 화력이 열세인 상황임에도 불구하고 기동력을 앞세워 게릴라 전투를 벌인 시민방위군은 군부로부터 화기와 탄약을 노획하고 초소를 불태우며 전공을 세웠다. 쿠데타 1주기를 맞아 촉발된 전투는 2월 중순까지 쉼 없이 계속됐다. 군부는 으레 그래왔듯 무차별 폭격과 방화를 저지르며 미얀마 중부 지역을 쑥대밭으로 만들었다.

전선 상황은 엄혹했지만 기쁜 소식도 날아들었다. 2022년 2월 16일, 그간 연락이 두절됐던 양곤 UG 청년들이 무사하다는 기별이 온 것이다.

"누님, 그 동안 안녕하셨습니까?"

화상통화를 건 P가 싱겁게 웃어 보이며 N에게 안부를 물었다. P는 그간 잠적을 해야만 했던 이유를 찬찬히 설명했다.

예버 A와 P, 그리고 L은 작년 11월 말에 양곤에서 벌어진 군부의 대규모 소탕작전을 피해 도시를 등졌다. 동부 몬(Mon)주를 거쳐 소수민족 지역인 꺼잉(Karen)주까지 피신하는 길은 고단했다. 주요 길목에는 군경의 검문소가 즐비했고, 도시를 피해 소읍과 마을을 지나쳐 갈 때도 사방에 숨어있는 첩자와 밀정의 눈을 피해야 했다. 그나마 무사히 꺼잉주의 해방구까지 도착할 수 있었던 것은 예버 A가 군사훈련을 받았던 국경의 무장단체 ABSDF가 도움을 제공하여 각 지역에서 안전한 피신처를 제공받고, 부족하지만 일부 보급품도 받아 생활할 수 있었기 때문이었다.

"누님에게도 그렇고 K에게도 연락을 하고 싶었지만 그럴 수 없었어요. 아시는 것처럼 혁명단체 모두가 보안문제 때문에 모르는 게 차라리 나은 일이라는 말을 입에 달고 살잖아요. 저희 때문에 걱정이 많으셨을텐데…"

N은 이해한다는 의미로 고개를 끄덕였다. P는 잠시 일이 생겨 자리를 비운 에버 A와 함께 L과 K도 불러 온라인에서 나마 회포를 풀자고 제안했다. 사흘 뒤, 모두는 줌(zoom)으로 생성한 회의실에서 재회했다.

"무사해서 다행이야. 아무런 소식도 없어서 얼마나 조마조마했는지 알아? 대체 어떻게 지낸 거야?"

K가 UG 청년들의 얼굴을 보자마자 반가움 반 야속함 반이 섞인 목소리로 외쳤다.

"미안하다. 11월에 잠적 명령이 떨어지고 나서 정말 쉴 새 없이 움직이며 지냈거든. UG 대원들이 줄줄이 체포된 직후 양곤 UG 내부에 들란이 있다는 이야기가 나왔어. 때문에 상부에서는 내·외부로 통신을 자제하고 각자 조직별로 선임들의 인도를 받아 은밀히 해방구를 찾아가라고 지령을 내렸지. 우리 조직은 A형이 훈련을 받았던 단체가 제공하는 은신처를 전전하며 거의 한 달 가까이 이동했어. 지금은 꺼잉주 해방구에 있고."

P가 그간의 사정을 설명했다.

"K, 너는 무사히 잘 지내고 있니? 까야주 전선에서도 계속 교전이 있다고 들었다."

예버 A가 근심스러운 얼굴로 물었다.

"나흘 전에도 응웨따웅 댐 근처에서 교전을 벌였어요. 군부 쪽 첨병尖兵과 우리 쪽 수색조가 만나서 한 20분 정도 전투가 벌어졌죠. 군부 쪽에서 네 다섯 명 정도가 죽었고, 우리 쪽에서도 부상자가 나왔어요. 지금은 내내 대치 상태고요. 지금 '프예띠'들이 보내주는 첩보로는 며칠 안에 군부가 샨주 접경지역인 모비예쪽으로 군부가 대규모 공세를 벌일 거라고 해요. 해서 우리 부대 지휘부도 모비예 쪽으로 원군을 보내야할지 아니면 응웨싸웅 댐으로 진격해서 양동작전을 벌일지 고민하고 있더라고요."

프예띠는 수박이라는 뜻의 버마어다. N은 수박과 첩보가 가진 연관성이 무엇인지 알 수 없었다. K가 의아해하는 N의 표정을 눈치 채고는 설명을 덧붙였다.

"프예띠는 군부 내부에서 민주진영에 정보를 제공하는 군인이나 경찰을 뜻하는 은어에요. 마음은 시민의 편에 있지만 가족이 볼모로 잡혀있거나 군부의 내부 단속이 심해 CDM에 참여하지 못하는 군경이 정보제공을 통해서나마 시민방위군이나 UG를 돕는 거죠. 겉으로는 초록색 군복을 입고 있지만, 그 속살은 붉다고 해서 수박이라고 부르는 거고요. 민주진영과 NLD를 상징하는 색이 붉은색이잖아요."

K의 설명을 들은 N은 고개를 끄덕였다. 화력이 열세인 시민방위군이 군부와 대등하게 싸울 수 있는 요인 중 하나는 캄캄한 어둠 속

에서도 신념을 따라 올곧은 선택을 한 이들이 군부 내부에도 존재하기 때문이라는 깨달음 때문이다.

2022년 초 미얀마 중부에서 탈영한 대위 계급의 장교는 현지 자유언론과의 인터뷰에서 군부 내부 사정을 폭로했다. 그는 군부 지휘부가 병력을 전장으로 투입할 때 말단 간부와 병사들에게 작전 목적지에 대해 절대 알려주지 않는다고 했다. 때문에 어떤 병사들은 자신이 태어난 고장이나 고향 근처에 투입되었음에도 아무것도 모른 채 동향사람들에게 총을 쏴야했다. 뒤늦게 실상을 깨달은 군인들 중 인간성을 잃지 않은 이들은 군부를 등지고 싶어 했다. 하지만 지휘부에 의한 감시와 통제, 그리고 가족이 다칠 수 있다는 두려움 때문에 어쩔 수 없이 명령을 따르는 경우가 대부분이라는 게 탈영 대위의 말이다. 그럼에도 용기를 낸 일부는 프예띠가 되어 군부에 저항했다. 프예띠들이 제공한 정보와 자체적인 첩보활동, 지역 주민이 전하는 군부 병력의 동향을 종합해 전략을 세운 시민방위군은 불리한 상황에서도 괄목할 만한 전략적 성과를 내고 있었다.

"형네 쪽 계획은 어떻게 되요? 다시 양곤으로 돌아갈 건가요?"

K가 예버 A에게 물었다.

"나는 곧 양곤으로 돌아간다. 아직 지하에서 활동하고 있는 UG 대원들과 합류할거야. 하지만 P와 L은 당분간은 이곳에서 계속 지낼 계획이다."

"왜요? 무슨 일 때문에 그러는데요? P, 왜 형 혼자 양곤으로 가는 거야?"

"형은 정예 전투원이니까 양곤에 먼저 복귀하는 거야. 나는 해방구에서 지내는 동안 다른 임무를 맡게 됐어. 여기 병기창에서 드론(Drone)에 포탄을 달아서 원격조종으로 적진에 투하하는 전술을 연구 중인데, 내가 공대를 다녔고 양곤에서도 폭발물 제조를 해봤다는 얘기를 듣더니 바로 도움을 요청해 오더라고. 나도 당연히 형을 따라가고 싶지. 그런데 상부에서 이쪽 단체에 신세를 졌으니 프로젝트를 몇 주 정도 도와주고 복귀하라는 결정을 내렸어."

"그럼 L은? L도 병기창으로 합류하는 거야?"

L이 고개를 저으며 답했다.

"아니, 이곳 지원팀에서 일을 도와주기로 했어. 나는 전투원이 아니니까 복귀를 해도 큰 의미가 없잖아. 어차피 기존 활동도 온라인에서 해왔으니까 장소가 어딘들 상관없지. 양곤보다는 여기가 조금 안전하기도 하고. 최근 꺼잉주에 피란민이 급증해서 구호물품을 후원해 줄 기부자와 단체 찾는 일을 돕기로 했어. 그리고 버마어를 모르는 꺼잉족 피란민들을 위한 통역일도 맡게 됐고."

"A형은 그럼 언제 복귀하시는데요?"

K의 물음에 예버 A가 답했다.

"나는 이틀 뒤 출발할 계획이야."

청년들은 근황과 계획에 대해 몇 분 더 이야기를 나누고는 서로의 안녕을 기원했다. 그들은 N에게도 건강과 평안이 늘 함께하길 바란다는 축원을 전했다. N은 민망했다. 전선에서 지내고 있는 이들이 평화로운 대한민국 서울 한 구석에 살고 있는 이를 위해 기도하겠다니. 보내준 축원에 N은 모두가 온라인이 아닌 현실에서 만나는 날까지 무탈하기를 염원하겠노라 답했다.

"누님, 저번에 나한테 배터질 때까지 맥주 사준다고 약속한 거 잊지 말아요. 이참에 A형이랑 P, 그리고 L도 껴줍시다. 우리 모두가 한 배를 탄 동진데 혁명이 끝나면 함께 축배를 들어야죠."

K의 말에 모두가 방긋 웃으며 고개를 끄덕였다.

사흘 뒤 프예띠가 준 정보대로 군부는 샨주와 까야주 접경도시 모비예를 공격했다. 하지만 꺼잉니족 혁명단체와 시민방위군은 이미 공동전선을 구축하고 전투준비를 마친 뒤였다. 군부는 지휘관을 포함해 병력 40여 명이 사망하고 군용차량 3대를 잃는 피해를 입고 패퇴했다. 소수민족 꺼잉니족 출신 병사 한 명도 전투 중 목숨을 잃었다. 군부는 전투패배에 대한 보복으로 모비예에 주둔 중인 포병대에 무차별 포격을 명령했다. 모비예 일대는 불바다가 됐다. 이로도 성에 차지 않았는지 군부는 전투기 4대를 급파해 무려 9차례에 걸쳐 마구잡이로 포탄을 쏟아 부었다. 급하게 떨어진 소개령疏開令에 지역

주민들은 황망히 밀림 속으로 숨어들어야 했다.

최대도시 양곤에서도 저항은 재개됐다. 2월 24일 도심을 활보하던 군부 군용차량이 폭발물 공격을 받았다. 차량에 탑승 중인 병력 다수가 사망한 뒤 군부는 현장을 봉쇄하고 수색을 벌였지만 이미 공격자는 현장을 떠난 뒤였다. 도심에서 다수의 사상자가 발생하자 군부는 급하게 언론의 입을 막고 사건을 은폐했다. 차량에서 몇 명이 죽었는지는 끝내 알려지지 않았다. 그리고 그날 밤 믿기 어려운 소식이 전 세계를 강타했다.

러시아 대통령 블라디미르 푸틴이 내린 특별 군사작전 개시 명령으로 러시아 군대가 우크라이나를 침공했다. 침공 징후가 있었다고는 하지만 막상 21세기 유럽에서 침략전쟁이 실제로 일어나자 세계는 당혹했다. 대부분은 우크라이나가 며칠 버티지 못하고 항복하거나 패전할 것이라 예측했다. 하지만 우크라이나 국민은 결사항전 의지를 드러내며 밀려오는 러시아 군대에 맞서 총력전을 펼쳤다. 치열한 저항에 러시아군이 고전하기 시작하며 전황은 점점 장기화 조짐을 보였다. 서방국가들을 위시한 국제사회는 우크라이나를 전폭 지원했다. 우크라이나 전쟁은 세계경제와 여러 국가의 안보에 직접적인 영향을 미치는 국제전國際戰이었기 때문이다. 개전과 동시에 우크라이나 소식은 즉각 언론과 사회전반에서 비중 있게 다루는 주요 의제가 됐다. 하지만 그 사이 아시아 한편에 있는 미얀마는 세계시민의 기억 속에서 흐릿해지기 시작했다. 대한민국 언론보도에서도 미얀마 소식은 빠르게 사라졌다. 잊힌 전쟁터로 전락한 것이다.

세계의 무관심 속에서도 미얀마 현장에서는 투쟁이 계속됐다. 2022년 3월 1일 전국적으로 벌어진 교전에서 군부 병력 42명이 사망했고, 시민방위군도 5명 숨졌다. 대규모 전투는 국경에서 연이어 벌어졌다. 3월 3일 꺼잉주, 3월 4일 친주, 그리고 3월 5일과 6일에는 K가 있는 까야주 디머소 일대에서 전투가 치열했다.

지난해 9월 7일 민주진영 임시정부 NUG가 '총력적인 저항전쟁'을 선포하고 어느 덧 6개월이 흘렀다. NUG 산하 국방부는 보고서를 통해 지난 반년 동안 국내외에서 기부금 미화 3,000만 달러(한화 약 370억)를 모았으며, 그 중 약 85%에 해당하는 2,500만 달러(한화 약 310억)를 무장투쟁을 위한 총기와 탄약을 구매하는데 집행했다고 밝혔다. 이어 국방부는 국민적 저항전쟁이 초기 출발단계의 궤도에 올랐다고 자평하면서도 현재까지 집행한 금액으로는 현장에 무기와 탄약을 충분하게 공급하지 못하는 점을 고백했다. 더불어 NUG는 예산이 항시 부족하지만 불법 쿠데타 이후 국제사회는 물론 어떠한 개별적인 국가와 정부조차 자신들에게 실질적 지원을 보내주지 않았다고도 성토했다.

만달레이 출신 반 군부 활동가 '떼이자산' 역시 시민혁명의 알파와 오메가는 '예산' 이라고 못 박았다. 그는 소수민족 혁명단체 내 군사전문가와 고위직 베테랑 지휘관들의 말을 인용해 "현 상황에서 쿠데타 군부와 전국적인 단위에서 효과적인 전쟁을 벌이려면, 매달 최소 1500만 불(한화 187억)에서 많게는 3000만 불(한화 약 373억)에 달하는 비용이 필요하다." 라고 했다. 그는 "만약 그만한 비용을 지속적으로 투입할 수 있다면 작금의 시민혁명은 오래갈 일이 없을 뿐만 아니라 조기에 마감될 수도 있다."고 주장했다.

    NUG 국방부가 집행한 밝힌 3,000만 불은 미얀마 식 표현으로 '코끼리 입 속에 깨알 하나' 라고해도 과언이 아니다. 단적으로 유엔 인권이사회가 밝힌 바에 따르면 우리나라 기업 '포스코 인터내셔널' 은 미얀마 서부 해상광구에서 운영하는 슈웨 가스전 사업을 통해 연간 2억에서 최대 4억 불(한화 약 2,500억~5,000억)에 달하는 배당금을 군부가 장악한 국영기업에 지급하고 있다. 군부와 합작사업을 하는 크고 작은 다국적 기업은 포스코 인터내셔널 외에도 수십 개에 이른다. 이러한 금액의 규모차이는 시민의 저항전쟁이 목표 달성까지

▲포스코 인터내셔널이 군부 소유 국영기업 MOGE와 합작으로 진행 중인 슈웨 가스전 사업(좌)ⓒPOSCO INT'L.
▲포스코 인터내셔널과 롯데, 군부 고위급 장성이 지분을 가진 양곤 롯데호텔(우상)ⓒYangon Lotte hotel.
▲군부 소유기업 MEHL과 한국기업 이노그룹이 양곤에 건설 중인 주상복합거주시설 이노시티(우하)ⓒINNO Group.

갈 길이 꽤나 멀다는 것을 의미했다. 냉혹한 현실 속에서도 N은 현장에서 싸우는 청년들을 계속 지원했다. 작은 참깨알을 모으고 또 모으면 언젠간 거대한 코끼리 입도 가득 차리라는 희망을 품고.

* 쿠데타 발생 후 3년이 지난 2024년까지도 일부 한국기업은 여전히 군부에 사업으로 발생한 배당금을 지급하거나 군부 장성들과의 유착을 통해 사업을 계속하고 있다.

메멘토

    2022년 3월 중순, N은 군자금 전달을 위해 예버 A와 연락을 했다. 약간의 어색함이 채팅창의 텍스트에서도 묻어났다. 다른 청년들과는 개별적으로 수 없이 연락을 해봤지만 예버A와 단 둘이 대화를 나누는 것은 처음이었기 때문이다. 보통은 보안문제 때문에 연락책을 담당하는 L을 통해 필요한 내용을 전달하곤 했지만 최근 L이 국경지역 피란민 지원활동으로 정신이 없는 바람에 생긴 자리였다. 군자금 이체와 증빙자료 관련된 일 사무적인 이야기를 전부 마친 뒤였지만 예버 A는 로그아웃하지 않고 접속을 유지했다. 잠시간의 침묵, 그리고는 뜻밖에 대화가 이어졌다.

    "제가 작년 7월에 국경에서 군사훈련을 받을 때 함께 훈련을 시작한 동기가 200명입니다. 근데 지금 그 중 몇 명이 남았는지 아십니까?"

    N은 잘 모르겠다고 답한 뒤 몇 명이 남았는지 되물었다.

    "50명입니다. 4명 중 3명이 사라졌습니다. 일부는 죽었고, 일부는 체포됐고, 일부는 실종되거나 연락이 끊겼습니다. 한번 씩 부침을 겪을 때마다 무수히 많은 사람들이 사라졌습니다."

메신저 창에는 A가 계속 텍스트를 쓰고 있다는 안내가 떴다. N은 그가 계속 말을 이어갈 수 있도록 기다렸다.

"제가 양곤으로 복귀하고 불과 한 달도 안 되는 시간동안 벌써 수십 명을 잃었습니다. 그 중에는 작전 중 입은 부상을 제때 치료하지 못해 죽은 동지도 있고 우리 활동 구역 내에서 기습시위를 벌이다 체포되어 실종된 시민들도 있습니다. 그 중에서는 사진 한 장은커녕 이름조차 남기지 못한 이들도 있습니다. 제가 쓴 일기를 N씨가 읽었다고 들었습니다. 일기에도 적은 것처럼 저는 죽거나 사라진 사람들의 얼굴과 이름을 기억에 새깁니다. 혹여나 잊을까봐 기록으로 남기기도 하고요. 그런데 최근 들어 그 수가 너무도 많아져서 과부화가 온 것 같아요. 그 사람들의 아련한 이미지와 이름 머리글자만 어렴풋이 기억나더니 언제부턴가는 그조차도 기억나지 않습니다. 아무것도 떠오르지 않아요. 저는 그들이 너무 가엾습니다. 모두가 기꺼이 새 시대를 위한 거름이 되겠다는 마음으로 투신했지만, 혁명이 성공해서 새 나라를 세운다고 해도 그렇게 잊힌 사람들, 썩어 없어진 그 희생을 과연 누가 기억할까요?"

그랬다. 예버 A가 말한 대로 집계조차 되지 않는 수많은 죽음이 미얀마에 존재했다. 현지언론과 시민단체가 현장을 추적하여 목숨을 잃은 이들의 소식을 전하며 죽음을 데이터로 쌓았지만, 그를 눈여겨보는 이는 적었다. 과도기 정부 NUG 마저도 초개와 같이 쓰러진 혁명청년들의 죽음을 공개적으로 애도한 적 없었다. 그들의 시선은 여전히 아웅산 수찌 여사와 민주진영 지도자들의 안위, 즉 '위' 로 향했다. 유명인사나 상징적인 인물이 아니라면 지나간 죽음을 다시 꺼내보는 일도 적었다. 늘 평범하고 일상적인 죽음이 그 위로 더께처럼 쌓였기 때문이다. 현장에서는 집계에도 잡히지 않는 희생자까지 아득하게 많았다. 모두가 명예도 이름도 남김없이 문자 그대로 '증발'해버린 이들이다.

"상부에서는 다음 달 띤잔을 전후로 도시에서 공세 수위를 높일 계획입니다. 아마도 현장에서는 많은 희생이 뒤따를 겁니다. 제가 드리고 싶은 말씀은 지금 하고 계시는 일을 포기하지 말아 달라는 겁니다. 단순하게 저희를 물질적으로 돕는 것만을 이야기 하는 건 아닙니다. 신념으로 죽은 사람들, 군부의 무차별 폭력에 희생된 무고한 사람들, 그들이 어떻게 저항했고 또 어떻게 삶을 마감했는지를 후대가 알 수 있게끔 기억해주십시오."

기억하는 일, 예버 A가 N에게 요구한 것은 그 한 가지였다. N은 답했다. 기꺼이 그렇게 하겠노라고.

"한동안 임무 수행 때문에 잠적할 것 같습니다. 그간 연락이 안 되더라도 이해해주십시오. 그리고 저희를 위해 해주신 모든 노력에 감사드립니다. 정말 고맙습니다. 누님."

예버 A는 인사를 남기고 곧 메신저 상에서 사라졌다. N는 불안했다. 군부 병력이 곳곳에서 똬리를 틀고 있는 양곤에서 목숨을 걸고 작전에 나서야하는 그와 UG 청년들에게 걱정이 미쳤기 때문이다.

마지막으로 나눈 대화 역시 마음에 걸렸다. 죽음을 기억해 달라는 말. 출사표와 같은 비장한 말을 던지고 전장으로 나선 예버 A 때문에 이후 N의 모든 신경은 내내 양곤에 쏠렸다. 하지만 며칠 뒤, 비보는 양곤이 아닌 꺼잉주로부터 날아들었다.

꽃잎처럼 흘러 흘러 그대 잘 가라

P가 죽었다.
그가 일하던 병기창에서 폭발이 있었다.

드론에 포탄을 장착하고 이륙 전 포탄과 드론 연결고리를 최종 점검하는 과정에서 갑작스럽게 포탄이 터졌다. 오렌지 빛 화염이 치솟으며 시험비행을 준비하던 병기창 소속 대원들은 방사형으로 날아가 땅에 처박혔다. 불행하게도 P는 드론과 가장 가까운 곳에 있었다. 날아든 불꽃과 포탄 파편은 P의 목숨뿐만 아니라 꺼잉족 청년 한 명의 다리 한 쪽을 앗아갔다.

사고소식을 들은 L은 현장으로 달려왔다. 주변의 만류를 뿌리치고 폭발현장을 직접 본 L은 부서지고 찢긴 친구의 모습에 외마디 비명과 함께 정신을 잃었다. 군부 쿠데타 이후 1년 넘게 고락을 함께해온 벗이 허망하게 세상을 떠났다는 사실은 그녀를 무너뜨렸다. 작전에 나간 예버 A와 K와는 연락조차 닿지 않았다. 폭발에서 살아남은 병기창 소속 대원들과 소수민족 단체가 P의 장례를 치렀다. 2022년 3월 23일, P는 꺼잉주 모처 해방구 외곽에 있는 숲속에 묻혔다. 추도사를 낭독하고 관을 내리는 것이 장례의 전부였다.

P가 죽었지만 현장은 생물生物처럼 쉴새 없이 급변했다. 크고 작은 교전은 전국에서 쉴새 없이 계속됐다. 3월 27일, 미얀마 국군의 날을 맞아 군부 수장 민 아웅 흘라잉은 대규모 열병식을 열고 세를 과시했다. 그는 군부에 대항하는 청년을 '공무원과 교육자, 무고하고 선량한 시민을 무차별 살해하고 있는 테러리스트'라고 매도하며, 반군부 세력과 타협하는 일 없이 발본색원해 소탕하겠다고 으름장을 놓았다. 으름장대로 군부는 곧장 꺼잉주 일대에 공습을 가했다. 민간인 거주지까지 표적으로 삼은 무차별 공격에 국경마을은 불탔다. P가 잠든 해방구 인근 숲에도 포탄이 떨어졌다. 살아남은 자들은 황급히 짐을 꾸려 더 깊은 밀림 속으로 향했다.

▲군부 공습을 피해 참호로 숨은 소수민족 어린이들(좌).
▲군부가 공습으로 투하한 불발 포탄을 수거하는 소수민족 혁명단체(우)ⓒtwitter.

2022년 4월 8일, 미얀마력 새해인 띤잔 연휴를 앞두고 민주진영은 그간 공언한 대로 도시지역에서 대규모 공세를 벌였다. 이른바 '난타익아웅 작전[18]'이 시작된 것이다. 양곤에 있는 UG는 일제히 작전에 돌입했다. 꺼무, 슈웨삐따, 인세인, 밍글라돈, 흘라잉따야, 까마웃, 란마도 등 양곤 대부분의 지역에서 총성과 폭발음이 울려 퍼졌다. 군경이 설치한 초소와 벙커, 군부 장성이 소유한 사업장이 동시다발적인 공격을 받았으며, 군부에 정보를 제공하는 첩자와 지역 행정관들도 피습 당했다. 도심 한 가운데 있는 민 아웅 흘라잉 소유의 저택도 공격 대상이 되었다. UG 대원들은 차량을 이용해 저택 앞까지 접근한 뒤 위병소를 설치하고 경비를 서고 있던 군경을 기습해 사살했다. 대규모 도심 게릴라 작전은 양곤에서 시작되어 며칠 만에 주변 지역으로 확산됐다. 버고주와 몬주 도시에서도 총격전이 벌어졌으며, 4월 말에 이르러서는 서부 에야와디주와 최남단 뜨닌따리주까지 하부 미얀마 전역에서 작전이 벌어졌다. 군부는 가만히 당하고 있지 않았다. 첩자와 밀정, 친 군부 민병대를 총동원해 도시 내 저항활동을 탄압했다. 수많은 UG 대원들이 총격전 중 목숨을 잃거나 첩자의 밀고로 체포되어 끌려갔다.

2022년 4월 27일, 양곤 찌민다잉동洞에서 UG 조직 하나가 와해됐다. 난타익아웅 작전 중 체포된 UG 대원 한 명이 취조실에서 자행한 모진 고문을 못 이기고 은신처 위치를 실토했기 때문이다. 군부는 첩자와 밀정을 풀어 은신처의 구조와 UG 대원들의 동선을 철저하게

---

18) NUG가 2022년 4월 띤잔(새해연휴)를 기해 착수한 도시지역 중심의 동시다발적 공격작전.

조사한 뒤 소탕을 위해 UG 은신처를 포위하고 공격에 나섰다. 예상치 못한 습격을 받은 UG 대원들은 처절하게 저항하며 도주를 시도했다. 도심 한 블록을 전진할 때마다 두세 명의 UG 대원이 군부의 흉탄에 쓰러졌다. 간신히 살아남아 포위망을 뚫는데 성공한 UG 대원들은 대여섯 명씩 그룹을 나누어 사방으로 흩어졌다. 뭉쳐서 일망타진 당할 바에야 흩어져서 군부의 주의를 흩트리는 것이 살아날 가능성이 높을 것이라는 판단 때문이다. 하지만 사전에 철저하게 준비를 마친 군부는 이미 도시 곳곳에 겹겹이 포위망을 쳐놓았다. 얼마 못가 한 그룹이 군부 병력에 발목을 잡혔다. 그들은 최후의 순간까지 저항했다. 그리고 모두가 현장에서 총탄에 맞아 쓰러졌다. 군경은 숨진 청년들의 시신을 군용트럭에 실어갔다. 이름도 얼굴도 모르는 생떼 같은 목숨들이 또 다시 사라졌다.

2022년 5월 7일, L은 상부로부터 전달 받은 정보를 통해 예버 A가 열흘 전 찌민다잉 사건 현장에 있었다는 사실을 알게 되었다. 습격 현장과 1차 포위망에서 적지 않은 대원들이 목숨을 잃었음에도 다행히 상당수 그룹이 혈투를 벌이며 2차 포위망을 벗어나 살아남았다고 했다. 하지만 도시 외곽에 도달해 도시를 탈출하기 직전 한 그룹이 매복한 군부 병력과 조우했다. 상부는 매복에 당한 이들 중 살아남은 사람은 없다고 했다. 모두가 차가운 총탄을 맞고 검붉은 피를 쏟으며 거리에 쓰러졌다고 했다. 그리고 전멸한 그룹 속에는 예버 A도 있었다. 프예띠들이 제공한 정보에 따르면 예버 A와 함께 도망치던 이들 중 군부 측 첩자가 섞여 있었다. 첩자는 도주 와중에 혼란을 틈타 몰래 군경에 탈출 예상경로를 밀고했다. 동지라고 믿었던 군부 끄나풀 때문에 혁명청년들은 허망하게 목숨을 잃었다.

L은 예버 A에게 일어난 일을 도무지 믿을 수 없었다. 혹여나 탈출했을 수도 있다고, 아니면 체포되어 목숨은 건졌을 수도 있으니 새 소식이 들릴 때까지 기다려봐야 한다고 주장했다. P에 이어 예버 A까지 허망하게 떠났다는 사실을 도무지 인정할 수 없었던 것이다. 하지만 며칠 뒤 L의 고향마을이 군부병력의 습격을 받았다. L이 몸담고 있는 꺼잉족 혁명단체 정보국은 프예띠가 제공한 군부 내부 정보를 분석해 예버 A가 속한 UG 조직이 와해되며 말단 지원팀까지 신분이 노출된 것 같다고 추정했다. 다행히 L의 가족은 참화慘禍를 피해 무사히 피신했지만 고향집은 군부 병력의 방화로 잿더미가 됐다. L은 모든 활동에서 손을 놓았다. 그녀의 가족이 무사히 국경지역으로 올 수 있게끔 손을 쓰기 위해서였다. L의 가족은 밀림과 벌판에서 노숙하며 보름 가까이 걸은 끝에 L이 있는 꺼잉주 해방구에 도착했다.

L은 막막했다. 혁명을 하더라도 자기 한 몸 희생하면 될 일이라고 여겼는데 그게 아니었다. 군부는 활동가를 잡지 못하면 남아있는 가족을 찾아갔다. 무차별적인 폭력에 L의 가족은 평생 일궈온 터전을 잃었다. 꺼잉족 혁명단체가 L의 가족과 같은 피란민들을 구휼했고, 자선단체와 세계시민사회도 구호물자와 지원금을 보내왔지만 나날이 증가하는 피란민 전부를 감당하기에는 역부족이었다. L의 가족은 나무줄기와 비닐 천막으로 얼기설기 지은 움막에서 지냈다. 전기는커녕 상·하수 시설조차 없었다. 낮에도 독사가 움막 옆을 기어 다녔고 밤이면 온갖 들짐승이 주변을 배회했다. 처참한 상황에서 생활해

야하는 가족을 보며 L은 괴로움과 죄책감을 떨칠 수 없었다.

　2022년 5월 29일, L은 N에게 영상통화를 걸었다. 작전에 나간 K가 연락이 닿지 않는 상황에서 연락할 사람은 그녀 밖에 없었기 때문이다. 화면에 비친 N의 모습 또한 초췌했다. 그녀 역시 얼마전 예버 A와 P에게 생긴 일을 들었기 때문이다. L은 잠시 머뭇거리다 마침내 가슴 속에 담아뒀던 말을 N에게 꺼낸다.

　"언니, 저 태국으로 가려고요."

　예상치 못한 말에 N이 연유를 물었다.

　"캠프에 있는 가족들이 살아가려면 돈이 필요해요. 지금 지원이 많이 줄어서 하루에 제대로 한 끼를 먹기도 힘든 상황이거든요. 만약 식구 중 누군가 아프기라도 하면 병원은커녕 약도 구해줄 수 없어요. 국경 쪽에 브로커를 통해 태국 매솟 쪽으로 넘어가면 농장 같은데서 일을 할 수 있대요. 숙소랑 식사도 제공된다고 하고요. 돈을 벌어 가족들을 건사할 생각이에요. 3일 뒤에 브로커가 캠프로 와서 지원자들을 픽업한다는데 그 때 따라갈 생각이에요."

　L은 담담히 자신의 결심을 밝혔다. 브로커를 통한 태국 밀입국이라니. 너무 위험했다. N은 달래는 어조로 피란민 캠프를 위해 기부금을 모아보겠다고 하며 재고해보라고 설득했다. 그러나 L은 단호했다.

"말씀만으로도 감사해요. 하지만 저의 개인적인 일로 활동하시는데 누를 끼치고 싶지 않아요. 언니! 한 가지 부탁을 드려도 될까요?"

설득이 먹히지 않을 것을 깨달은 N이 무력감을 느끼는 사이 L이 말을 이었다.

"다른 건 아니고 K 때문이에요. 벌써 두 달 가까이 까야주 쪽에서 교전이 계속되는 바람에 연락이 닿지 않아서요. 아직 K는 아무런 소식도 듣지 못했어요. P와 A오빠에게 일어난 일 말이에요. 만약 제가 떠나고 난 뒤 연락이 오면 그간 있었던 이야기를 저 대신 전해주세요. 저는 지금으로서는 도저히 어떻게 말을 꺼내야할지 모르겠거든요."

N은 L의 부탁에 조용히 고개를 끄덕였다. L은 다음 주에 출발한 뒤에 태국 쪽 일터에 도착할 때까지 일주일 정도 연락이 어려울 수도 있음을 설명했다. 한층 더 깊어진 근심으로 어두워진 표정의 N이 부디 자주 안부를 전하라 당부하자 L은 희미하게 웃어 보였다.

N이 K에게 연락을 받은 것은 L이 브로커를 따라 떠나고 5일 후인 2022년 6월 5일이었다. N은 그간의 일을 설명하기 위해 K에게 영상통화를 걸었다. 현지 통신사정이 좋지 않은지 서너 번 시도한 끝에 겨우 K의 얼굴이 화면에 떠오른다. 그런데 그의 왼쪽 뺨에 전에 없던 기다란 흉터가 자리 잡고 있었다.

"얼마 전에 씻쿼들이 던진 수류탄 파편에 맞았어요. 운이 좋았죠. 조금만 위에 맞았으면 눈이 멀 뻔 했다니까요."

5cm 정도 길이의 흉터는 왼쪽 눈 아래에 수직으로 깊게 파여 있었다. 지울 수 없는 그 흔적은 지난 두 달 K가 겪은 아수라장을 조용히 웅변했다.

"양곤도 그렇고 꺼잉쪽도 그렇고 연락이 닿지 않아요. 메시지를 보냈는데도 다들 답도 없고요. 다들 잘 지내고 있는 건가요? 또 무슨 일이 생긴 거예요?"

올 것이 왔다. N은 이 순간이 오면 K에게 전할 말을 머릿속으로 수십 번 고민하고 또 고민했다. 하지만 막상 상황이 닥치자 그간 준비한 단어와 문장은 순식간에 사라져 버렸다. N은 한참을 뜸을 들이다 입을 열었다. 더듬더듬 쏟아내는 말에 K의 표정은 점점 어두워졌고, 이내 뺨에 낸 기다란 흉터를 따라 굵은 눈물방울이 흘러 떨어졌다. K는 한참을 고개 숙이고 흐느꼈다.

"L에게서는 아직 연락 없나요?"

퉁퉁 부은 눈을 손등으로 훔쳐내며 K가 물었다. N은 L이 태국 땅에 도착할 때까지 연락이 일주일 정도 연락이 어려울 수도 있다고 했던 말을 전했다. K는 말없이 고개를 끄덕였다.

그날 이후 K가 있는 디머소 일대에서는 다시 교전이 시작됐다. 군부는 1천여 명이 넘는 대규모 병력을 투입했다. 병력을 세 갈래로 나눈 군부는 지역 전체를 포위하고 맹공을 펼쳤다. 군부의 공격에 꺼잉니족 혁명단체와 시민방위군도 병력을 총동원해 저항했다. 일진일퇴를 거듭한 싸움이 사흘 간 이어졌다. 군부는 3일 내내 무차별 포격과 공습을 감행했음에도 승기를 잡지 못했다. 프예띠들은 군부 말단병사들이 교전에서 죽는 것을 두려워한 나머지 지휘관의 명령을 따르지 않고 살 길을 찾느라 몸을 사린다는 첩보를 전했다. 꺼잉니족 혁명단체와 시민방위군은 정찰용 드론을 띄워 군부 병력의 동태를 파악하며 반격을 준비했다. 그리고 나흘 차 아침부터 벌어진 전투에서 군부는 다수의 병력을 잃었고 결국 전선에서 물러났다. 디머소 전선에는 포성이 멈추고 잠시간의 고요가 찾아왔다.

주둔지로 돌아온 K는 N에게 자금 지원을 요청하는 메시지를 보냈다. 그는 최근 디머소 일대에서 격화된 교전 때문에 지역 곳곳에 고립된 주민들을 구출해 시민방위군 주둔지로 데려와 임시로 보호하고 있다는 사실을 밝혔다. 피란민들이 입고 있는 옷가지 말고는 아무것도 지닌 게 없어서 현재 군량미와 물자를 나눠 쓰느라 대원들 전부가 허리띠를 졸라매고 있다고 했다. N은 그간 모은 후원금을 K에게 송금했다. 최근 들어 후원금이 많이 줄어 큰 금액은 아니었지만, 그래도 식량과 립스틱 몇 십 자루 보탠다면 현장에서도 하루 이틀은 더 버틸 수 있을 터였다.

채 며칠 안 되는 휴전이 끝났다. 군부는 6월 15일부터 다시 병력을 움직였다. 디머소 남부에 있는 퍼루소로 이동한 군부 병력은 민간인 지역까지 표적으로 삼아 포격을 가했다. K가 속한 부대도 지원군으로 참전하여 퍼루소로 이동했다. 군부 병력은 퍼루소에 무차별 공격을 기한 뒤 있는 디머소와 퍼루소를 잇는 대로를 따라 북상하며 디머소에 있는 꺼잉니족 혁명단체와 시민방위군을 압박했다. 대로변을 따라 크고 작은 전투가 하루에도 몇 번 씩 일어났지만 군부는 이번에도 디머소에서 통제권을 잡는데 실패했다. 군부는 2022년 6월 한 달 내내 까야주에서 백 명 가까운 군사를 잃고 디머소 북부에 있는 주도主都 라이꺼와 샨주 남부까지 후퇴했다.

명예도 이름도 남김없이

2022년 6월 28일. 업무로 바쁜 화요일 오후, 정신없이 일하고 있던 N의 휴대폰이 길게 울린다. 페이스북 메신저로 메시지가 왔다는 알림이다. 하지만 밀려드는 일거리에 N은 휴대폰을 확인할 틈도 없다. 10분이 지났다. 이번에는 전화벨이 울린다. N은 손을 뻗어 휴대폰을 든다. K가 걸어온 영상통화다. N은 일에서 손을 놓고 일터 밖으로 나간다. 직원 휴게실로 연결되는 계단을 오르며 푸른색 통화 연결 버튼을 누르니 K의 얼굴이 화면에 나타난다.

"누님, 바빠요? 일하는 중이에요?"

N은 괜찮다고 말하며 휴게실 앞에 놓인 플라스틱 의자에 자리를 잡았다. 의자 옆 알루미늄 깡통에서 물에 젖은 담배꽁초 냄새가 비릿하게 날아든다.

"어제 주둔지로 복귀했어요. 군부 쪽이 북쪽으로 병력을 물려서 우리 쪽도 잠시 정비를 하고 있는 중이에요. 다른 건 아니고, 월 초에 보내준 돈 잘 썼어요. 절반은 피란민들 먹을 식량이랑 모포 사는데 쓰고 나머지는 전부 립스틱 샀어요. 립스틱 가격이 갈수록 올라서 같은 돈이라도 물량이 점점 적어지네요."

말을 잇는 K의 얼굴이 유난히 야위어서 뺨 위에 패인 흉터가 더욱 짙어 보인다. 차려입은 얼룩무늬 전투복마저 오늘따라 헐렁하게 느껴졌다. N은 K가 끼니 챙겨먹는 일을 걱정했다.

"끼니는 그래도 하루 세 번 나와요. 요즘 지원도 많이 줄고 피란민들도 있어서 배식량을 더 줄였어요. 그보다는 립스틱 사서 쟁여두는 게 더 중요하니까 어쩔 수 없이 허리띠 졸라매고 있는 거죠."

K의 대답에 N은 위로라도 전하고 싶지만 머릿속에서는 어떠한 말도 떠오르지 않는다. N에게 이런 순간은 유독 괴롭다. 어떤 위로의 말을 해야 할 것 같은데 어떤 말도 상대방에 도움이 되지 않는 순간 말이다. "아이고"나 "어쩌니!" 같은 탄식을 뱉는 것보다 적합한 대처를 N은 지금까지도 떠올리지 못했다.

"씻퀘들이 다시 공격해올 것 같아요. 프예띠들이 보내는 소식으로는 최근에 우리한테 계속 밀리니까 타 지역에서 계속 지원군을 부르고 있나 봐요. 어느 정도 머릿수가 차면 또 밀고 들어오려고 하겠죠. 근데 우리도 만반의 준비를 해놓은 상태라서 이번에도 막아낼 수 있을 거예요. 무슨 준비를 해놨냐고요? 알 만한 사람이 뭘 또 물어요. 당연히 모르는 게 나은 이야기죠. 나중에 언론보도 나오면 읽어보세요. 전투 끝나고 아무리 늦어도 이틀 안에는 시민방위군 공보부에서 보도자료 넘기니까 뉴스 바로 나올 겁니다."

K는 담배 하나를 꺼내 물었다. 담배필터를 빨며 불을 붙이는 그

의 얼굴은 더 이상 앳된 기운이 하나도 남아있지 않았다. 지난 10개월 동안 온갖 사선을 넘으며 겪은 고통이 청년의 얼굴에 깃들어야 마땅할 생기와 싱그러움을 앗아간 것이다. 깊게 빤 한 모금에 담배가 빠르게 타들어간다. K의 시선은 카메라의 저 너머를 바라보고 있다. N은 그의 눈에 짙은 피로가 깔려있는 것을 눈치 챘다.

"별일 없냐고요? 별일은 무슨. 새벽에 일어나서 구보하고, 진 빠지게 단련하고, 순찰 나가고, 그러다 시간 나면 이렇게 나와서 앉아있는 거고, 매일 똑같죠 뭐. 그냥 저는…"

K의 말이 끊긴다. 통신상황이 나쁜 것은 아니었다. K는 말을 멈춘 뒤 한 마디 남짓 밖에 남지 않은 담배를 바닥에 버렸다.

"저는 요즘 따라 P가 너무 그리워요. 무뚝뚝했지만 속정 많은 A형도요. 양곤에서 정말 힘든 일이 많았지만 그때는 우리가 함께였잖아요. L은 떠나고 나서 연락조차 없고… 누님, 저는 단 5분이라도 좋으니 집에 가고 싶어요. 그런데 생각해보니까 저는 돌아갈 집이 없어요. 보뜨타웅에 있는 집으로 가야할까요? 아니면 부모님이 있는 따칠레익으로 가야할까요? 어디가 됐든 언제쯤 이 싸움이 끝나서 돌아갈 수 있을까요? 아니 이 싸움이 끝나기는 할까요?"

강인했던 K의 눈동자가 일순간 흔들렸다. N은 고개를 끄덕이며 "아무렴 집에 갈 수 있고말고." 라고 일부러 힘주어 말했다. 그렇지만 그 이상 어떤 말도 할 수 없다. N은 누구보다 K와 청년들이 귀향할 수 있는 날이 빨리 오기를 바랐다. 그러나 국경에서 양곤은 너무도 멀었고, 그곳은 여전히 군부가 철옹성 같은 방비를 갖추고 버티고 있었다.

K가 씁쓸하게 웃으며 말한다.

"그냥 한번 해본 말이에요. 저 마음 약해진 거 아니니까 걱정 마세요."

담배를 하나 더 꺼내든 K는 라이터 부싯돌을 퉁겨 불을 붙인다. 깊게 빨아 내쉬는 담배 연기 속에 한 숨이 섞여있다.

"누님, 여기 풍경이라도 볼래요? 경치 하나는 기가 막힌 곳이거든요."

영상통화 속 화면이 바뀌고 K의 얼굴대신 그가 앉아있는 장소의 풍광이 펼쳐진다.

지금 미얀마는 태양이 머리 위에 높이 떠오른 시간이다. 8분 19초 동안 우주공간을 날아 지구에 도착한 빛이 까야주의 산세를 비춘다. 어둠을 가르고 날아온 무수한 빛이 광활한 대지에 내리자 키 작은 관목으로 덮인 골산骨山의 회색빛 능선이 은빛으로 빛났다. 은빛으로 빛나는 산, 소수민족 꺼잉니족이 자신들이 사는 곳을 은빛 산이라고 부르는 이유가 이것이었다. 푸르른 하늘 아래 산악은 싱그러웠다. 새

지저귀는 소리와 불어오는 바람소리가 섞이며 기분 좋은 백색소음을 냈다. 이곳이 미얀마 까야주라는 사전정보가 없었다면 윈도우 배경 화면에 등장하는 장소라고 해도 믿었을 것이다. 그러나 늘어선 봉우리 저 멀리에는 적이 똬리를 틀고 있었고, 하늘에서는 언제라도 공포와 죽음을 쏟아내는 군부의 전투기가 나타날 수 있었다. 아름다운 자연과 상반된 두려운 형상이 떠오르자 N은 K가 더욱 가엽다.

이윽고 화면이 뭉개진다. 선명하던 산마루의 모습은 뭉그러진 픽셀 덩어리가 되고 듣기 좋은 바람소리는 귀를 거슬리는 소음이 되었다. 통신망이 약해지고 있었다.

"신호가 약하네요. 누님, 이제 가볼게요. 또 연락합시다. 그리고…"

소리까지 뭉그러지며 N은 K가 마지막으로 한 말을 듣지 못했다. 이번에는 통신문제였다. 영상통화는 그대로 중단됐고 무언가를 말하려 입을 벌린 K의 모습만이 손바닥만 한 휴대폰 액정 안에 얼어붙은 듯 남아있다. N은 붉은색 통화종료 버튼을 누른다. 검은 화면과 함께 K의 모습이 사라지고 7분 58초라는 통화시간이 뜬다. 태양빛이 지구에 도달하는 것보다 짧았던 통화. 그것이 N이 K와 나눈 마지막 대화였다.

K와 통화하고 이틀 뒤에 자유언론은 그의 부대가 공격받은 사실을 보도했다. 군부는 그날 K의 부대가 있는 지역에 무차별 공습을 퍼붓고 지상군을 투입해 대규모 공세를 벌였다. N은 애타는 마음으로

메신저를 쳐다봤지만 K의 마지막 접속시간은 이틀 전 그때에 머물러 있다. 마치 전하려던 말을 마치지 못한 K의 마지막 모습처럼.

다시 이틀이 지났다. 미리 잡아둔 약속 때문에 외출을 하던 주말 오후에 N은 K가 죽은 사실을 알게 됐다. N과 통화를 마친 그날 저녁 전투에서 K는 적의 포탄을 맞았다. 급히 후방부대로 후송되었지만 이미 피를 너무 많이 흘렸다고 했다. 붉은 흙무덤 위에 꽂은 나무판자에 그의 삶이 단 두 줄로 정리됐다.

예버 킷띳, 향년 21세. 디머소 북부 전투에서 순절.
2022년 6월 30일

N은 온 몸에 피가 죄다 빠져나간 기분을 느낀다. 7월 초의 무더움 때문인지 황망한 비보 때문인지 알 길이 없다. N은 길가 건물 앞 계단에 주저앉았다. P와 예버 A, 그리고 이제는 K까지. 지난 1년 간 온라인 속에서 정을 쌓아온 세 청년이 불귀의 객이 되어버렸다. 평화가 찾아오면 함께 생맥주를 마시자던 소소한 약속은 결국 지킬 수 없는 일이 됐다. 이 모든 이야기가 차라리 지어낸 소설이기를 기도하지만 일어난 모든 일은 논픽션이다. 다시 휴대폰을 든 N은 "정말 미안하지만…"으로 시작하는 문자를 써내려간다. 액정을 누르는 손끝이 떨려 몇 번이나 오타가 난다.

N은 약속을 취소하고 걸어온 길을 돌아 집으로 향한다. 세상은 지독히도 평온했다. 형형색색의 여름옷을 입은 사람들이 거리를 지

나가고, 주인과 함께 산책 나온 반려견들은 입 꼬리가 올라갔다. 이유 없는 야속함이 솟구치는 것을 억누르며 집에 도착했다. N은 곧장 방으로 돌아와 침대 위에서 몸을 웅크린다. 열린 창문 사이로 배달 오토바이 소리와 에어컨 실외기 돌아가는 소리가 어지러이 섞여 들어왔다. 태국으로 떠난 L은 한 달이 넘도록 여전히 소식이 없다. 서너 차례 보낸 메시지는 여전히 '읽지 않음' 상태다. N은 이불을 머리 끝까지 뒤집어쓴다. 그리고 소리죽여 운다.

에필로그

2022년 7월 이후에도 미얀마 전역에서는 계속 전투가 벌어졌다. 서가잉, 마궤, 까친, 꺼잉, 친, 라카인, 몬, 샨, 꺼잉니, 뜨닌따리, 에야와디, 버고, 만달레이, 그리고 양곤과 군부의 심장부인 네삐도에서도 시민방위군과 UG, 소수민족 혁명단체 청년들은 끊임없이 피를 흘렸다. 하지만 미얀마 민주주의라는 이름의 나무는 여전히 그 이상의 희생을 요구하고 있다.

학살과 방화는 이미 미얀마 전역에서 일상이 됐다. 국제사회의 규탄이 이어졌지만 군부는 아랑곳 않고 민주화 운동가에 대한 사형을 전격 집행했다. 전 세계는 분노했고, 날선 비난이 군부를 향해 날아들었다. 군부는 생색내듯 불법 체포해 수감 중인 시민을 석방했다. 하지만 1만 명이 넘는 무고한 시민이 정의와 자유를 외쳤다는 이유로 여전히 억울한 옥살이를 하고 있다. 인권의 사각지대인 미얀마 전역의 교도소에서는 수감자에 대한 가혹행위와 여성에 대한 성범죄가 시시각각 발생한다.

쿠데타로 경제가 붕괴하며 수많은 서민이 빈곤층으로 전락했다. 혼란사태가 길어지자 다수의 시민은 생계를 위해 생업으로 복귀했지만, 군부의 공격과 방화로 복구 불가능한 수준의 피해를 입은 시민의 수는 2백만 명에 이른다. 그들은 현재 광야와 밀림을 유랑 중이며, 일부 국경선을 넘어 태국, 인도 등지로 밀입국 했다. 고향은 물론 정부와 국가까지 잃은 실향민은 사회적 안전망을 상실한 채 온갖 위험에 노출된 삶을 살고 있다.

국제사회는 안보리 결의를 통해 군부를 제재할 방도를 논의하고 인도주의적 지원을 위한 자금을 투입하겠다는 계획을 밝혔다. 그러나 민주진영과 현장에서 무장투쟁을 벌이고 있는 청년들은 2년이라는 시간동안 국제사회로부터 어떠한 지원조차 받지 못했다.

2023년 2월 1일, 어느덧 군부 쿠데타 2주기가 됐다. 전 세계의 사회단체와 비영리단체, 시민모임, 해외 미얀마인 커뮤니티는 여전히 미얀마의 민주주의 회복을 위해 고군분투하고 있다. 그러나 국제사회와 각국 정부의 냉담한 대처, 지속적인 언론 취재의 부재, 사태에 대한 사회적 공론화 실패로 미얀마는 나날이 잊히고 있다.

세계가 미얀마를 망각했음에도 N은 쉴 수 없었다. 실의에 빠져 있는 사이에도 미얀마 각지에서 연락이 왔기 때문이다.

한동안 연락이 잠잠했던 N의 대학 동기가 오랜만에 소식을 전했다. 번듯한 직장에 사표를 던지고 밀림으로 떠난 동기는 참혹한 전장에서 살아남아 어느새 시민방위군 중대를 이끄는 지도자가 됐다. 그는 자신과 청년 부대가 군부와의 전투에서 살아남기 위해선 총탄이 더 필요하다고 했다. N은 더 이상 울고만 있을 수 없었다. 비록 동지들은 떠났지만 여전히 현장에는 수많은 동포들이 피땀을 쏟으며 혁명을 계속하고 있었으니까. 섣불리 희망을 꺾는 일은 악의 승리를 방관하는 것과 진배없었다.

　N은 웅크렸던 자리를 털고 일어나 창문가에 선다. 여닫이창을 힘껏 밀어제치자 늦겨울의 찬바람이 거칠게 방안으로 밀려든다. N은 눈을 감고 매섭도록 차가운 공기를 한가득 들이마신다. 폐 속까지 얼어붙는 냉기에 몸서리를 치면서도 N은 알고 있다. 이 엄혹한 바람의 끝자락이 봄과 닿아있음을. 봄이 오면 겨우내 사그라진 동지들의 희생이 마침내 아름다운 이름으로 피어나리라는 것을. N은 창문가에 선채로 눈을 감는다. 낯선 바람이 얼굴을 할퀴는 듯 불어왔지만 개의치 않는다. 그리고 다시 눈을 떠 보이지 않지만 엄존하는 저 멀리 고국을 뚫어져라 응시한다. 또르르 한 방울 눈물이 흐르는 것이 찬바람 때문인지 상념 때문인지 알 길 없다. 바람이 그칠 기미없이 불듯 N의 투쟁 또한 아직 끝나지 않았다.

제3부
빼앗긴 들에도 봄은 온다

잔혹한 폭력에 희생당한 미얀마 민중 · 1
- 찌민다잉 참사와 뒷이야기

2021년 12월 5일 오전 8시, 양곤 도심 동부에 있는 찌민다잉동洞에서 시위가 벌어졌다. 군부의 실책으로 확대된 코로나19 감염병 사태, 끝 모르고 추락하는 경제로 파탄 난 서민경제, 탄압과 감시로 가득한 공포통치. 무엇 하나 쉽지않은 상황 속에서도 시민은 저항을 포기하지 않았다.

이날 청년 서른 명 남짓이 시위에 참여했다. '두려움으로부터의 자유(Freedom from fear)' 라는 문구가 적힌 붉은 현수막을 든 청년들은 구호를 외치며 도로를 행진했다. 시민들은 아파트 창문이나 베란다에서 몸을 내밀고 구호를 따라하며 응원을 보냈다.

그러나 곧 비극이 닥쳤다. 군용차량 한 대가 시위대 후미에서 빠른 속도로 접근했다. 차는 사람들과 점차 가까워졌지만 속도는 줄지 않았다. 그리고 그대로 시위대 후미를 추돌했다. 사람들이 나뒹굴며 비명이 울려 퍼졌다. 곧장 총성이 뒤를 따랐다. 잠복하고 있던 군경이 현장을 덮친 것이다. 그 상황을 지켜보던 주민들은 시위대에 도망치라며 소리를 질렀지만 이미 군경은 그들의 등 뒤로 실탄을 쏘며 추격했다.

군부의 무지막지한 차량테러로 이날 찌민다잉에서 5명이 목숨을 잃었다. 5명 중 3명은 차량추돌과 동시에 현장에서 즉사했다. 체포자도 속출했다. 시위에 참여한 청년과 주변에서 상황을 지켜보던 시민

◀찌민다잉 참사 직후 현장에서 촬영된 사진ⓒcitizen journalist.

최소 15명이 군경에 끌려갔다. 부상자도 예외 없었다. 피를 흘리고 쓰러진 시민을 군경은 병원이 아닌 취조실로 끌고 갔다. 시신 또한 증거인멸을 위해 모두 탈취했다.

군부가 벌인 잔혹한 테러는 즉각 전 세계로 송출됐다. 아파트와 인도에서 시위장면을 촬영하던 시민들이 현장 영상을 자유언론에 제보했기 때문이다. 가장 먼저 반응한 것은 양곤에서 활동하는 UG였다. 그들은 "비무장 시민이 벌인 평화시위를 비인간적인 방식으로 탄압한 만행에 대해 이를 지시한 군부 수괴를 포함해 말단 추종자에 이르기까지 무거운 책임을 피하지 못할 것이다. 우리는 강력한 응징을 위해 혁명의 속도에 박차를 가하리라."라고 즉각 성명을 냈다.

참혹한 차량테러 소식에 연대시위도 줄을 이었다. 양곤 곳곳에서 학생단체, 노동자 연맹, 성소수자 공동체, 청소년 모임 등 각계각층의 시민이 "찌민다잉과 함께한다."는 구호를 외치며 거리로 나왔다. 그간 탄압에 위축되어있던 저항 열기가 다시 터져 나온 것이다. 이러한 시민의 반응에 군부는 또다시 비열한 방식으로 대응했다. 찌민다

▶참사 직후 제보자를 체포하기 위해 현장에 투입된 군경ⓒcitizen journalist.

잉 지역 전체를 봉쇄한 군경은 소셜미디어에 올라온 현장 사진과 영상을 보며 촬영이 이루어진 장소를 찾기 시작했다. 그들은 카메라 앵글과 주변 지형을 보며 차량 테러당시 촬영자가 있던 장소를 특정했다. 그리고 촬영추정 장소로 쳐들어가 주민들을 무차별 연행했다. 군부가 치졸하기 짝이 없는 행태를 벌인 사실은 지역주민들의 제보로 온 도시에 퍼졌다. 거기에 더해 오늘 찌민다잉에서 목숨을 잃은 이들의 시신을 군부가 바로 화장해 버렸다는 소문이 돌기 시작했다. 시민은 분노했다.

오랫동안 침묵해온 양곤의 밤이 다시 달아올랐다. 저녁 8시가 되자마자 어디선가 철제기물을 두드리는 소리가 울려 퍼지기 시작했다. 그 소리는 이윽고 양곤 도시 전역으로 확대되었다. "군부독재를 타도하자."는 울분에 찬 구호도 울려 퍼졌다. 곧장 군경이 도심에 투입되었지만 공포로 제어할 수 있는 분노가 아니었다. 야간 시위는 걷잡을 수 없는 들불과 같았다. 오늘 벌어진 만행이 시민들이 그간 억누른 감정을 모두 폭발시켰기 때문이다. 12월 5일 밤 시작된 야간 시위는 다음날도, 그리고 그 다음날도 계속되었다.

"유래 없는 비인간적인 테러다. 살다 살다 처음 보는 못한 추악한 폭력이다."

미얀마 현지 자유언론의 베테랑 기자가 찌민다잉 참사를 보고 한 말이다. 영화보다도 참혹한 차량추돌 장면에 묻혀 널리 알려지지 않은 사실이지만, 그날 찌민다잉 현장에는 자유언론 기자들이 있었다. '미얀마 프레스포토 에이전시(Myanmar Pressphoto Agency)' 소속 남성 사진기자 '까웅셋린' 과 여성 리포터 '흐무야다나' 가 그들이다. 두 언론인은 시위대 측면에서 시위 모습을 취재하던 중 돌진해온 군용차량에 받쳤다. 두 명 모두 심각한 부상을 입은 채 현장에 쓰러졌다.

까웅셋린은 허리뼈와 골반 뼈가 부러졌다. 흐무야다나는 왼쪽 얼굴과 머리에 중상을 입은 것도 모자라 왼쪽 다리뼈까지 부러졌다. 특히 흐무야다나의 부상은 현장 목격자의 증언이 곳곳에서 이어질 정도로 심각했다.

"머리와 눈두덩이에서 터져 나온 피가 얼굴을 뒤덮었고, 부러진 다리뼈가 튀어나온 게 보였다. 의식을 잃은 것인지 이미 숨을 거둔 것인지 알 수 없는 여성 기자를 군부가 구급차에 싣고 갔다."

그녀는 사건 당일 생명이 위태로운 상황이었다. 그러나 군부에 끌려간 뒤 소재와 상황이 한동안 전해지지 않았다. 나중에 알려진 바로는 다행히 두 언론인 모두 목숨을 건졌다. 군부는 두 언론인이 채 부상에서 회복되기 전 취조실로 끌고 갔다. 까웅셋린은 부상당한지 6일 만에 고강도 취조를 받았으며, 흐무야다나는 교도소 내 의료시설에서 눈과 얼굴, 다리에 긴급수술을 받은 뒤 회복기간에 취조실로 끌려갔다. 군부는 두 언론인을 형법 제505조 Ka로 기소했다. 내란과 선동을 획책했다는 죄목이다. 이후 그들은 3년 형을 받고 수감 생활을 하고 있다. 2022년 12월 들려온 소식에 따르면 흐무야다나는 현재도 부상 후유증에서 회복되지 못하고 있으며, 남은 평생을 휠체어에 의지해야할 가능성이 높다고 한다.

두 언론인이 겪은 일만 보아도 당시 찌민다잉 현장이 얼마나 참혹했는지를 미루어 짐작할 수 있다. 이러한 참혹한 현장을 부상을 당한 상태에서도 꿋꿋하게 부상자를 돌보다가 체포된 사람이 있다. 그녀의 이름은 '먀주주띤' 이다.

먀주주띤은 양곤 인세인 지역에 거주하며, 인세인 공대에 재학 중인 대학생이다. 2021년 당시 만 20세였던 그녀는 찌민따잉 시위현장에서 부상당했다. 차량추돌 이후 군경이 달려들며 총을 쏘고 곤봉

▲MPA 소속 까웅린셋(좌), 리포터 흐무야다나(중), 참사 직후 촬영된 흐무야다나의 모습(우)ⓒMPA.

을 휘두르자 현장은 순식간에 아비규환으로 변했다. 모두가 쓰러진 이들을 돌볼 여력 없이 피신했다. 다행히 그녀의 부상은 경미했고 도주를 시도할 수도 있었다. 하지만 먀주주띤은 자리를 지켰다. 차에 치여 쓰러진 자신의 친구와 시위대가 내뱉는 고통스러운 비명을 외면하지 못했기 때문이다. 먀주주띤은 쓰러진 부상자들을 돌보다가 군경에게 끌려갔다.

자신의 안위를 돌보지 않고 부상자를 돌보는데 전념한 그녀는 양곤 인세인 지역 적십자회 회원이다. 어린 시절부터 적십자회에서 활동한 먀주주띤은 쿠데타 이후에도 꾸준히 지역에서 선행을 이어왔다. 특히 2020년 코로나19 대유행시기에 그녀는 눈부시게 활약했다. 헌신적으로 지역사회에서 방역과 감염병 치료활동을 도왔다. 심지어 밤중에 긴급환자가 발생했다는 소식을 듣고 위험을 생각하지 않고 현장으로 달려갈 정도였다. 동료들은 먀주주띤이 자신에게 주어진 의무 이상으로 환자를 위해 헌신했다고 회고했다.

"먀주주띤은 아픈 사람이 있으면 결코 그냥 지나가지 못했어요. 적십자회의 정신을 항상 새기며 자신의 역량을 동원해 어려운 이들을 돕곤 했습니다. 그리고 종교와 민족으로 사람을 구분하지 않고 누구에게나 평등하게 봉사했어요. 적십자회에서 가장 열정적이고 지적인 멤버였죠. 우리는 아무리 노력해도 먀주주띤 만큼 헌신적일 수 없었어요."

그녀는 평소의 신념처럼 공포와 혼란으로 가득한 테러 현장에서도 자신의 안위를 돌보지 않고 곤경에 처한 이를 돕다가 체포당했다. 그녀가 군부에 끌려간 이후 이야기는 참담하다. 군경은 가벼운 뇌진

◀적십자회 제복을 입은 먀주주띤의 모습ⓒtwitter.

탕 증세가 있는 먀주주띤에 고강도 폭행을 가했다. 그녀는 머리에 큰 부상을 입은 채 수감됐다. 코피를 쏟고 두통과 현기증을 느끼는 뇌출혈 증세를 보였다. 하지만 교도소 내 의료시설의 수준은 열악했다. 기본적인 처치 말고는 제대로 된 치료를 받을 수 없었다. 가족들은 그녀가 수감된 후 두 달 뒤 변호사를 선임해 먀주주띤이 외부의 병원에서 치료를 받을 수 있게 해달라고 호소했다. 군부는 가족들의 애타는 청원을 무시했다. 그리고 이후 먀주주띤의 후일담은 현재까지 알려지지 않는다.

자유와 평화를 외쳤다는 이유, 외침을 기록했다는 이유, 타인의 어려움을 외면하지 않았다는 이유로 부당한 수형생활을 이어나가는 사람들이 있다. 미얀마 현지 시민단체 정치범 지원협회에 따르면 쿠데타 발생 이후 2년 동안 약 1만 7천 명이 부당하게 감옥에 갇혀있다. 그들은 최소한의 인권조차 보장되지 않는 감옥에서 온갖 학대와 고문에 시달린다. 군부는 때때로 국제사회의 압력에 못 이기는 척 사면을 단행했다. 그러나 정당한 사유 없이 불법 체포한 시민, 정치범, 까웅셋린과 흐무야나다 같은 언론인, 먀주주띤 같은 정의로운 이들은 매번 사면대상에서 제외되었다. 시간이 지나고 이런 이름들은 점점 잊힌다. 망각 속에 고립된 그들은 지금도 매시간 삶을 희구하며 하루하루를 견디고 있다.

잔혹한 폭력에 희생당한 미얀마 민중 · 2
- 뗏수 흘라잉에게 자유를

필자는 페이스북에서 뉴스그룹 미얀마 투데이를 운영하며 현지에서 투쟁하는 여러 활동가와 인연을 맺게 되었다. 평화시기였다면 서로의 존재마저 모른 채 각자의 삶을 살았을 우리는 군부독재라는 공동의 적에 대항하는 길 위에서 만났다. '뗏수 흘라잉'도 그 중 한 사람이다.

그녀를 처음 알게 된 것은 2021년 8월 초, 미얀마에서 코로나19 감염병이 재차 유행하며 매일 수백 명이 목숨을 잃던 때였다. 당시 미얀마 투데이는 코로나19와 쿠데타 사태로 경제활동을 하지 못해 생계유지에 곤란을 겪고 있는 미얀마 저소득층을 돕기 위한 캠페인을 진행했다. 한국에서 온라인 모금운동을 하여 후원금을 모은 뒤 미얀마로 보내 현지에서 식량과 의약품을 사서 전달하자는 계획이었다. 후원금을 송금하고 필요한 물품을 현지에서 구입하는 일은 일사천리로 진행됐다. 그러나 막상 적합한 수혜자를 찾고 물품을 직접 전달하는 일이 문제였다. 그 때 만달레이에 살며 우리 단체에 현지 소식을 전해주는 정보원의 소개로 뗏수 흘라잉을 알게 됐다. 뗏수 흘라잉은 만달레이에서 고등학교 교사로 일하다가 군부쿠데타 이후 CDM에 참여한 뒤 활발하게 반군부 저항활동을 벌이고 있는 현장활동가다. 우리 단체는 뗏수 흘라잉과 그녀가 속해있는 단체의 도움으로 무사히 저소득층에 식량과 의약품을 전달할 수 있었다. 그렇게 시작된 인연은 계속 이어졌다. 우리는 뗏수 흘라잉을 통해 군부에 저항하고 있는 무장단체와 소수민족 지역에서 피란민 구호 활동을 하는 시민단체 활동가들을 알게 되었다. 자연히 미얀마 투데이의 활동범위도 점차 늘어났다. 코로나19로 인한 빈곤층을 돕기 위해 시작한 일은 자연스럽게 소수민족 피란민과 시민방위군을 지원하는 일로 확대됐다. 서울과 미얀마의 물리적 거리 때문에 항상 어려운 점이 발생했지만 뗏수 흘라잉과 우리는 온라인에서 긴밀하게 소통하며 연대를 이어갔다.

그녀와 연대를 시작한 지 만 3달이 지난 2021년 10월 31일 이른 새벽. 만달레이에 있는 정보원에게서 메시지가 도착했다. 어제 밤 뗏수 흘라잉과 몇몇 동지들이 군경에 체포됐다는 소식이었다. 순간 온몸의 피가 바짝 마르는 기분이었다. 불과 전날 오후까지도 필자는 뗏수 흘라잉과 페이스북 메신저로 대화를 나눴기 때문이다. 정보원은 뗏수 흘라잉과 동지 5명이 만달레이 시내에 있는 은신처에서 휴식을 취하던 중 갑작스러운 군경의 기습을 받고 저항조차 못한 채 끌

◀CDM 참여 후 만달레이 거리시위에 참여한 뗏수흘라잉 (2021년 3월 경 촬영)ⓒtwitter.

려갔다고 했다. 조심성이 많은 그들이 전혀 군경이 다가오는 것을 눈치 채지 못한 것을 봤을 때 아마도 조직 내에 첩자가 있는 것 같다는 말을 덧붙였다. 또 들란이었다. 체포를 피한 나머지 동료들은 황급히 만달레이를 떠나 피란길에 올랐다. 우리는 한순간에 믿을 수 있는 동지를 모조리 허망하게 잃었다.

군경에 체포된 뒤 뗏수 흘라잉에 대한 소식은 일절 들리지 않았다. 어디로 끌려갔는지, 살아 있는지조차 알 수 없었다. 불안한 하루하루가 속절없이 흘러갔다.

2021년 11월 16일. 체포된 뒤 17일 만에 만달레이 정보원을 통해 그녀에 관한 소식을 전해 들었다. 정보원은 뗏수 흘라잉이 최근까지 만달레이 옛 왕궁터에 있는 군사기지에 수감된 채 고강도 심문을 당했다고 했다. 그는 군부 지지자들이 텔레그램 채널에서 반 군부 활동가들을 조롱하기 위해 공유하고 있다는 뗏수 흘라잉의 사진도 갈무리하여 보내왔다. 사진은 체포 이후 취조과정에서 찍힌 듯했다. 그녀의 얼굴은 폭행을 당해 퉁퉁 부어있었고 명민하던 눈빛도 생기를 잃은 모습이었다. 사진을 보는 순간 가슴이 찢어졌다. 상상할 수도 없는 고초를 겪고 있는 그녀와 동지들을 떠올리며 우리는 참담함으로 어떠한 말조차 꺼낼 수 없었다.

해가 바뀌어 2022년이 되었다. 뗏수 흘라잉은 만달레이 오보 교도소로 이감됐다. 정보원은 최소한 교도소에서는 취조실만큼 잔혹하게 고문을 하는 일이 적다며 우리를 안심시켰다. 직계가족에 한하여 면회를 하거나 영치품을 넣어 줄 수도 있는 상황이라고 했다.

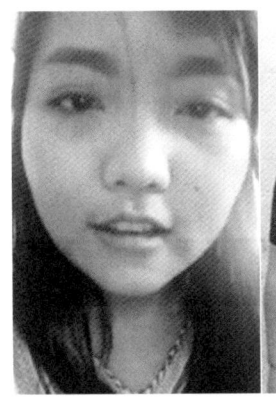
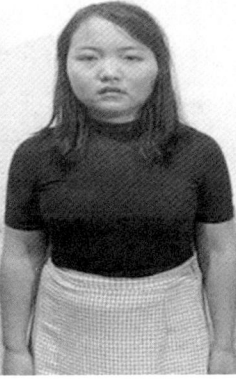

◀2021년 10월 초 미얀마 투데이와 화상회의 중인 뗏수 흘라잉(좌).
◀체포 후 보름 후 군부 추종자들이 텔레그램에 공유한 뗏수흘라잉(우)ⓒ필자 제공.

시간이 흘러 한국에는 봄이 찾아왔다. 2022년 4월 중순, 정보원은 한 장의 사진을 보냈다. 뗏수 흘라잉이 모친과 면회를 하며 전한 옥중서신이었다. 손바닥 두 개를 합친 것보다 조금 큰 거친 재생용지에는 빼곡한 글씨가 가득했다. 그녀는 자신과 반 군부 활동가들이 체포 후 겪은 끔찍한 일들을 담담한 어조로 눌러 적었다.

"취조 과정에서 얻은 상처, 추위, 배고픔과 함께 더러운 감방에서 구십일 하고도 하루를 보냈지만 나는 믿을 수 없을 만큼 건강해. 다른 무엇보다 항상 보안에 신경 쓰길 바라. 새로 잡혀 들어온 친구들이 말하길 다른 도시로 도주로를 마련해주는 연락책 중에 첩자가 있는 것 같대. 그 쪽에서 구해준 차를 타고 도시를 벗어나려는데 군경이 길목에서 대기하고 있었다고 해. 믿을 수 없는 작자들이니 조심해. 같이 갇혀있던 친구가 며칠 전에 사형선고를 받은 동지들과 함께 네삐도로 이감됐어. 비타민이 부족해서인지 항상 잇몸에서 피가 나곤 했던 친구야. 정말 이감을 한 걸까? 쥐도 새도 모르게 죽임을 당하진 않았을까? 걱정이 멈추지 않아. 가끔은 고문을 받았을 때의 기억으로 제정신을 유지할 수 없어. 그렇지만 나보다 더한 고초를 겪은 이들을 생각하며 감정을 추스르곤 해. 국경 쪽에서 붙잡혀서 끌려온 남자 두 명이 취조실에서 동성인 군인들에게 강간을 당했다는 이야기를 들었어. 그 짓을 마친 군인들이 항문에 대나무 막대기를 넣고 휘저으며 모욕을 했대. 감옥 안 사정도 마찬가지야. 젊고 예쁘장한 여성 수감자 모두가 희롱과 추행에 시달리고 있어. 모욕적인 언사는 기본이고, 밤중에 찾아와 몸을 더듬거나 입안에 발가락을 집어넣는 짓을 저지르기까지 해. 때리는 소리, 고함소리, 욕설, 앓는 소리로 가득한 감방에서 불경을 외고 좋아하던 노래의 가사와 시詩를 되뇌며 버티고 있어. 이렇게 글을 쓸 수 있는 기회는 한 달에 두 번이야. 교도관들이 그 날을 미리는 알려주지 않아서 늘 기다리고 기대하곤 해. 나는 가족과 사랑하는 사람들을 재회하는 날까지 버틸 거야. 밖에서는 부디 좌절하지 말고 해야 할 일을 계속하기를 바라. 모든 동지들에게 그리움을 전하며."

4월 옥중서신 이후 뗏수 흘라잉은 감옥에서 별 탈 없이 지냈다. 이미 취조가 끝났고 기소까지 이루어진 터라 군부도 그녀를 괴롭힐 건더기가 없었다. 뗏수 흘라잉은 가족들이 보내준 책을 읽으며 무더운 미얀마의 한 여름을 감옥에서 견뎠다. 우리는 무소식이 차라리 희소식이라는 생각으로 그녀의 소식이 들려오지 않기를 바랐다.

그러나 2022년 8월 6일, 그녀의 이름은 미얀마 현지 자유언론의 보도에 다시 등장했다. 뗏수 흘라잉이 감옥에 갇힌 동료 3명과 함께 단식투쟁에 돌입했다는 소식이었다. 이는 7월 말 군부의 사형집행으로 목숨을 잃은 민주화 열사 4명에 관한 소식을 접한 뒤 단행한 단식이었다. 언론은 "뗏수 흘라잉과 동료들이 군부가 저지른 사법살인司法殺人에 저항하기 위한 행동으로 단식에 돌입했으며, 오보 교도소는 이들을 독방에 수감했다. 그 과정에서 교도관들이 구타와 가혹행위를 자행해 단식 참여자 4명 모두 건강상태가 우려스러운 수준이다."라고 전했다.

나쁜 소식은 이게 끝이 아니었다. 군부는 열흘 뒤인 8월 17일, 궐석재판에서 뗏수 흘라잉에 테러 방지법 위반 혐의를 확정해 5년형을 선고했다. 테러리스트들이 자유투사에 테러를 운운하는 모습을 본 우리는 참담함을 가눌 길이 없다.

아직 뗏수 흘라잉에게는 한 번의 재판이 더 남아있다. 내란과 선동에 관한 법률인 형법 제505조Ka 위반 혐의로도 기소 당했기 때문이다. 일반적으로 형법 제505조Ka는 3년형을 받는다. 차후 재판에서 군부가 형을 확정하면 뗏수 흘라잉은 최장 8년 동안 감옥생활을 해야만 한다. 작금의 시민혁명이 성공하지 못하면 2030년까지 갇혀있어야 한다는 뜻이다.

필자는 언젠가 뗏수 흘라잉에게 왜 혁명에 뛰어들었냐고 물은 적 있다. 그녀의 답은 명료했다.

"저는 아이들을 가르치는 교사니까요."

그녀는 자신의 세대에서 오욕의 역사를 끝내야한다고 힘주어 말했다. 혹자는 적당한 선에서 군부와 타협할 수 없냐고 묻기도 했다. 그녀는 한결같이 "불가합니다."라고 단호히 답했다. 조국을 꽁꽁 묶고 있는 군부독재라는 족쇄는 반드시 우리 손으로 부숴버려야 한다는 게 그녀의 지론이다. 옛수 흘라잉은 늘 신념에 따라 행동했다. 거리로 나서 독재타도와 민주주의를 외쳤고, 군부의 폭력으로 고통 받는 이들을 돕기 위해 동분서주했다. 그리고 불의가 자유를 빼앗고 좁은 감방 안으로 밀어 넣은 순간마저도 옳은 일을 위해 분연히 저항했다. 우리는 그녀가 자유를 되찾길 원한다. 감방이 아닌 교실에서 책을 펼치길 원한다. 미래세대에게 자유와 평화의 가치를 가르치는 교사가 되기를 원한다. 미얀마 시민혁명이 반드시 성공해야만 하는 이유다.

잔혹한 폭력에 희생당한 미얀마 민중·3
- 흘라잉따야의 두 민주열사, 흘라묘아웅과 아웅뚜라저

2022년 7월 25일, 군부가 반군부 활동을 전개하던 중 체포되어 사형을 선고받은 짐미(본명 쩌민유, 88항쟁 당시 학생운동 지도자)와 표제야떠(문화예술인 출신 국회의원)을 비롯한 민주화운동가 4명의 사형을 집행했다. 1993년을 마지막으로 29년동안 사형을 집행하지 않은 미얀마에서 군부가 사형집행을 강행했다는 소식에 전 세계는 경악했다. 세계시민사회는 즉각 군부의 만행을 규탄하며 제재수위를 높이겠다고 목소리를 높였다.

그와 함께 희생된 4명에 대한 관심도 높아졌다. 88년 항쟁 때부터 학생운동에 투신하며 명성을 얻은 짐미와 유명 랩퍼 출신이자 민주주의민족동맹 소속 의원으로 이름 높은 표제야떠에 대한 취재와 보도가 줄을 이었다. 하지만 같은 날 양곤 인세인 교도소의 형장刑場에서 목숨을 잃은 두 시민에 대한 이야기는 적었다. 언론마저 '짐미와 표제야떠 외 2명'으로 둘을 표현하는 경우가 대부분이었다. 일부 언론이 '흘라묘아웅'과 '아웅뚜라저'라는 이름을 싣기는 했으나 두 명 모두 양곤 흘라잉따야 출신이라는 점, 친 군부 인사 처단에 가담했다는 내용 이외에는 아무런 정보조차 없었다. 그렇게 시간이 흘러 장기화하는 미얀마 사태 속에서 흘라잉따야의 두 남자는 잊혀졌다.

태어난 아들의 얼굴조차 보지 못한 아웅뚜라저

▲민주열사 아웅뚜라저ⓒ필자제공.

아웅뚜라저는 2022년 7월 25일 오전에 양곤 인세인 감옥에서 만 27세의 나이로 교수형을 당했다. 그는 흘라잉따야에서 살았지만 태어난 곳은 따로 있다. 미얀마 서부 에야와디주의 작은 도시 보글레(Bogale)가 그의 고향이다. 고향에서 고등학교에 다니던 아웅뚜라저는 대학진학을 포기하고 돈을 벌기 위해 친구들과 양곤으로 상경한다. 노동자 생활을 하며 돈을 모은 그는 고향에 있는 가족을 불러 막 도시화하기 시작한 흘라잉따야에 정착했다. 쿠데타가 발생하기 전 아웅뚜라저는 철공소 노동자였다. 아내는 공장을 다녔다. 빠듯한 생계였지만 부부가 맞벌이를 하며 착실하게 돈을 모았다. 정치에는 일절 관심 없었다. 지역주민들은 '친절한 성품을 가졌고 가족을 끔찍이도 아끼는 사내'로 생전의 그를 기억했다.

2021년 4월 아웅뚜라저는 군부에 체포되어 교도소에 수감됐다. 당시 그의 아내는 임신 2개월 차였다. 아내는 아이를 가진 상태에서도 계속 공장에 나갔다. 남은 가족의 생계를 유지해야했기 때문이다. 일부러 시간을 내어 남편이 있는 감옥을 찾아가 면회를 신청해본적도 있었다. 그러나 군부는 코로나19를 핑계 삼아 "영치품과 편지만 전달 가능하고 남편은 만날 수 없다."라고 선을 그었다. 남편이 감옥에 있는 사이 아내는 사내아이를 낳았다. 아웅뚜라저는 아들의 얼굴을 편지 안에 동봉된 작은 사진을 통해서 봐야했다.

그러던 2022년 7월 23일, 군부가 갑작스럽게 남편과의 면회를 허락했다. 하지만 아내는 그날도 공장에 출근해야했기에 아쉽지만 다음을 기약했다. 대신 아웅뚜라저의 모친이 인세인 교도소를 찾았다. 대면對面 면회는 불가했고, 화상회의 플랫폼을 통해 온라인으로 아들의 얼굴을 보고 대화를 나눌 수 있었다. 다행히 아들은 건강해보였다. 모친은 안심했다. 시간이 다되어 떠나야하는 모친에 아들은 치약과 칫솔, 그리고 신발 한 켤레를 영치품으로 넣어 달라 부탁했다. 모친은 칫솔과 치약은 바로 인편으로 보내고 신발은 돈을 좀 마련한 뒤에 넣어주겠다고 답했다. 이것은 모자가 이번 생에서 나눈 마지막 대화가 됐다.

이틀 뒤인 2022년 7월 25일, 군부는 사형을 전격 집행했다. 불과 이틀 전만 해도 건강한 모습이었던 아웅뚜라저는 이제 세상에 없다. 아내는 이날도 공장에 있었다. 남편이 죽은 사실을 새카맣게 모르고 있던 그녀는 저녁 늦게 퇴근해서야 비보를 전해 들었다. 군부는 시신을 돌려달라는 유가족의 요청마저 무시했다. 가족들은 장례마저 치르지 못한 채 가장을 잃었다.

시간이 흘러 아웅뚜라저의 아들 '미얏본칸'은 어느새 무럭무럭 자라 돌을 넘겼다. 아이는 조금씩 옹알이를 하며 깨우친 짧은 단어를 말하곤 한다. 하지만 그 속에는 없는 결코 없는 단어가 하나가 있다. 바로 '아빠'란 단어다.

인심 좋고 친절한 이웃, 뚱보형 흘라묘아웅

향년 41세. 흘라묘아웅, 그는 양곤 흘라잉따야에서 나고 자란 토박이다. 쿠데타 전에는 아내와 노점식당을 운영했으며, 프로 뺨치는 실력을 갖춘 아마추어 당구선수로 활약하기도 했다. 동네에서는 풍채가 좋고 얼굴에 살집이 많다고 하여 그를 '뚱보형' 이라는 별명으로 불렀다. 뚱보형 흘라묘아웅은 동네에 어려움을 겪는 사람이 있으면 앞장서서 도왔고, 자선과 봉사활동에도 앞장선 호인好人이었다. 그리고 흘라묘아웅과 그의 아내는 민주주의민족동맹(NLD)을 열성적으로 지지했다.

2021년 2월. 군부가 쿠데타를 일으켰다. 자신의 손으로 뽑은 정부가 하루아침에 불법 쿠데타로 무너지는 모습을 본 부부는 공분했다. 부부는 가게 문을 닫고 매일 시위를 벌였다. 흘라잉따야에서 뿐만 아니라 강 건너에 있는 양곤 시내인 흘레단과 메니곤까지 행진하며 군부독재타도를 외쳤다. 부부는 곧 체포대상이 되었다. 하지만 흘라묘아웅 부부는 매번 군부의 체포를 피해 달아났다. 간악한 군부는 흘라묘아웅의 장인과 장모, 외조카 1명을 볼모로 붙잡아 흘라잉따야 경찰서 내 유치장에 수감했다. 처갓집 식구들이 볼모로 잡힌 지 한 달 만에 흘라묘아웅

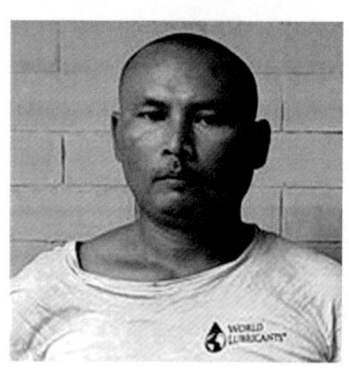
▲민주열사 흘라묘아웅ⓒ필자제공.

부부는 체포됐다. 가족들은 풀려났지만 아내는 형법505조ka로 기소된 뒤 감옥에 갇혔고, 흘라묘아웅 또한 따웅우 교도소로 보내졌다가 2021년 4월 12일 사형선고를 받은 뒤 양곤 인세인 교도소로 이감됐다.

다른 사형 희생자와는 달리 흘라묘아웅은 목숨을 잃는 날까지 가족들을 만나지 못했다. 면회는 매번 거절당했고, 사형 이틀 전 희생자들이 일괄적으로 화상으로 면회 기회를 얻은 때에도 배제됐다. 2022년 7월 25일 오전, 흘라묘아웅은 교수형을 당했다. 군부는 그의 시신 또한 유가족에 돌려주지 않았다. 흘라묘아웅의 아내는 지금까지도 여전히 교도소에 갇혀있으며, 그의 아들딸은 양친 대신 조부모와 함께 살고 있다.

흘라잉따야의 두 열사를 기억에 새기며

군부는 흘라묘아웅과 아웅뚜라저를 살인 혐의로 기소해 사형을 선고했다. 2021년 3월에 양곤 흘라잉따야에서 한 여성을 들란으로 몰아 살해했다는 혐의다. 군부가 어용언론을 통해 주장한 바는 이러하다.

"흘라잉따야에서 야간에 철제기물을 두드리는 시위가 한창 진행되고 있었다. 그때 가사도우미 일을 하는 한 여성이 시위에 참여하지 않고 가만히 있는 모습을 흘라묘아웅과 아웅뚜라저가 포착했다. 두 사람은 여성에게 접근해 욕을 했다. 여성이 이를 무시하자 이들은 격분했다. 둘은 여성을 구타해 쓰러뜨린 뒤 결박하여 지역 내 사원으로 끌고 갔다. 사원에 있던 이들을 모두 내 쫓은 둘은 여성을 고문하기 시작했다. 밤새 폭행과 학대가 이어졌다. 다음날 흘라묘아웅과 아웅뚜라저는 강변으로 여성을 데려갔다. 여성은 목숨만은 살려달라고 빌었지만 둘은 수십 차례 칼로 찔러 여성을 잔인하게 살해했다."

하지만 이는 철저하게 군부가 주장하는 내용이다. 2021년 3월 발생했다는 군부 첩자 처단 사건은 관련자가 무려 26명에 이른다. 26명 중 그 누구도 체포과정과 재판과정에서 공정한 변호의 기회를 얻지 못했으며, 심문 중에는 강압과 고문이 이루어졌다. 지극히 불법적이고 자의적인 수사 끝에 군부는 흘라묘아웅과 아웅뚜라저를 주범으로 기소했고 사형을 선고했다. 두 사람이 흘라잉따야에 살고 있다는 점은 군부가 왜곡된 주장을 형성하는데 더욱 용이하게 작용했다. 양곤에서 흘라잉따야가 가진 이미지는 '가난하고 위험한 동네'다. 깡패, 무법자, 일용직 공장노동자들이 거주하는 불법 판자촌이 있는 빈곤지역, 정치와 사회에는 관심 없는 하루 벌어 하루 사는 무지한 사람들의 터전이 쿠데타 이전 일반사람들의 머리에 박힌 흘라잉따야의 모습이었다. 그러나 흘라잉따야는 군부가 민간정부를 전복하고 권력을 찬탈한 2021년 2월 1일 이후 가장 격렬하게 저항하는 지역으로 떠올랐다. 그들은 "짓누를수록 솟구쳐 오르고, 되로 때리면 말로 갚는다."는 구호를 외치며 거리로 나왔다. 때문에 흘라잉따야는 쿠데타 초반에 가장 강력한 탄압을 받은 지역 중 하나가 됐다. 특히 2021년 3월 14일 흘라잉따야 싱체폰동洞에서는 하루 만에 시위대 50여 명이 군부에게 학살당하는 끔찍한 일이 벌어지기도 했다.

이러한 배경을 이용해 군부는 흘라묘아웅과 아웅뚜라저에 깡패와 무법자 이미지를 씌웠다. 항거불능 상태인 여성을 수차례 칼로 찔러 잔인하게 살해한 흘라잉따야 출신 두 남자의 이야기를 자극적으로 보도하는 동시에 이러한 중범죄를 일으킨 자들을 처단한 것은 정당한 법 집행이라는 프레임을 만들었다. 군부가 거짓을 말해도 시민은 진실을 알았다. 두 희생자가 무고함을 아는 이들은 "두 남자에 군부가 조직폭력배니 테러리스트니 하는 누명을 씌웠다. 하지만 그들이 몹쓸 짓을 하며 산 적이 없다는 것은 세상천지가 안다. 그들은 그저 평범한 소시민이었다."고 증언했다.

아웅뚜라저의 모친은 현지 자유언론과의 인터뷰에서 이렇게 말했다.

"아들을 잃은 일은 매순간 저를 고통스럽게 만듭니다. 한 번도 삶에서 이만한 고통을 겪은 적 없어요. 그럼에도 나는 아들이 스스로 신념에 따라 옳은 길을 선택했다고 믿습니다. 그 선택을 존중하고 존경합니다."

군부는 어떠한 뚜렷한 근거도 제시하지 않은 채 불분명한 구실로 흘라묘아웅과 아웅뚜라저를 체포했고, 공정한 변호의 기회조차 주지 않았다. 모든 인간의 기본권을 상실한 채 불법 구금당한 두 사람은 15개월 동안 부당한 감옥생활을 하다 결국 사법살인의 희생자가 되었다. 흘라묘아웅과 아웅뚜라저는 결코 폭력배나 테러리스트가 아니다. 거짓과 기만의 희생자이며, 자신의 안위를 돌보지 않고 불의에 맞서다 산화한 민주화 열사다.

미얀마의 저항시인 '떳사니'는 아래 시를 헌정하며 두 열사를 추도했다.

말문조차 막히는 지독한 여름에
들판 가득 사람이 피었다
죽는 일이 뭣이 새로운가
지는 게 두려우면 꽃은 피지 못 한다

Rest in Power.
두 사람의 삶과 죽음을 기억에 새기며.

잔혹한 폭력에 희생당한 미얀마 민중·4
- 2022년 10월 23일 오후 8시 40분, 잊힌 참사, 까친주 어난바 학살

잔잔한 전주가 흐른다. 건반에서 흘러나오는 청아한 소리에 맞춰 분홍빛 드레스를 입은 초대가수가 무대 위로 올랐다. 테이블에서 만찬을 즐기던 관객의 시선이 무대로 모이며 분위기가 달아오른다. 사람들은 가수의 무대를 기념으로 남기기 위해 황급히 휴대폰을 꺼내들었다. 가수가 부드럽게 스탠드에서 마이크를 뽑아 손에 쥔다. 그리고…

순간 눈앞이 깜깜해졌다. 붉은 섬광이 솟구치며 굉음이 울려 퍼진다. 천장의 철골 구조물이 무너지며 엄청난 파열음과 열기가 덮쳐왔다. 비명조차 지르지 못하고 휴대폰을 떨어뜨린다. 2022년 10월 23일 오후 8시 40분. 희생자가 마지막으로 촬영한 19초짜리 영상은 칠흑같이 검은 화면과 찢어지는 소음으로 끝났다.

다음날 아침. 속보가 날아들었다. 미얀마 북부 까친주 파깐에서 열린 까친독립기구(Kachin Independence Organisation) 창설 제62주년 기념 행사장에 군부가 전투기 3대를 투입해 무차별 공습을 가했다는 소식이다. 미얀마 현지 자유언론은 공습 장소에서 음악회가 열리고 있었으며, 교전지역과는 거리가 먼 장소라고 보도했다. 음악회장에 있던 문화예술인과 관객 중 어림잡아 50명 정도가 다치거나

◀까친주 파깐 어난바 마을에서 군부 공습 직전(상)과 직후의 모습(하)가 고스란히 담긴 현장 영상ⓒtwitter.

목숨을 잃은 것으로 알려졌다.

 그리고 정오가 지나기 전 조금 더 자세한 소식이 들렸다. 언론은 최소 50명이 현장에서 목숨을 잃었다는 내용을 확정했다. 사망자 중에는 까친족 출신 유명 문화예술인 4명과 까친독립군 지휘관 1명이 포함됐다는 내용이 더해졌다. 소셜 미디어에서는 현지 주민이 공습 당한 현장을 찍은 영상을 공유했다. 그들은 어제 군부가 무차별 공격을 가한 곳이 '어난바' 라는 이름의 마을이라고 전했다. 현장은 참혹했다. 목조건물과 집기가 폭발 때문에 문자 그대로 산산조각이 났다. 마치 탑처럼 높게 쌓아올린 성냥개비가 우르르 무너져 한 곳으로 쏟아진 듯 모든 것이 조각조각 부서지고 흩어졌다. 영상을 공유한 사람은 "시신이 계속 발견되고 있고, 중상자가 너무 많아 피해규모는 더

▲군부의 무차별 폭격으로 파괴된 어난바 마을ⓒMyitkyina News Journal.

욱 늘어날 것 같다."는 암울한 예측을 전했다.

 오후가 되었다. 안타깝게도 영상 제보자들의 판단은 옳았다. 현장에서 확인된 시신이 80구를 넘었다는 소식이다. 중상을 입은 사람들을 병원으로 옮기고 있지만 일대 교통이 마비되어 후송이 쉽지 않다고 현지 언론은 설명했다.

 다음날 아침. 날이 바뀌었는데도 현장에서는 아무런 소식이 들리지 않는다. 군부의 만행을 규탄하는 반 군부 단체들이 성명만이 오전 내내 줄줄이 이어졌다. 그리고 오후. 현장에서 한 장의 사진이 날아들었다. 안개 낀 숲속 가운데 적갈색 붉은 흙더미 위로 십자가가 줄지어 꽂혀 있는 사진이다. 그곳은 집단 무덤이었고 십자가 하나가 까친족 한 명의 목숨이었다. 현지 언론은 군부 공습으로 숨진 희생자들의 합동 장례가 어제 오후 치러졌으며, 사진 속 장소인 파깐 지역 깐시 마을 근방에는 희생자 60명이 집단 매장되었다고 설명했다. 까친주 소식통은 군부가 공습 이후 파깐 지역으로 이어진 도로를 모두 봉쇄했으며, 이로 인해 병원에 제 때 도착하지 못한 중상자들이 과다출혈과 쇼크로 길 위에서 목숨을 잃었다고 했다.

참혹한 일이다. 군부는 전투가 일어나지 않는 민간인 지역에서 열린 음악회장을 공격했다. 오폭도 아니었다. 현지 사람들은 어난바 마을이 교전과는 전혀 상관없는 곳에 있다고 입을 모았다. 이는 민간인을 표적으로 한 다분히 의도적인 공격이자 비열하기 짝이 없는 군부의 전쟁범죄다.

하지만 어난바 마을 학살은 우리나라에서 큰 주목을 받지 못했다. 일부 언론과 인터넷 뉴스가 외신보도를 인용해 공습 사실을 보도했지만, 사람들의 기억에 남을 만큼 공론화되지 못했다. 결국 어난바 학살은 숨진 까친족 유명인사 몇몇의 이름만을 남긴 채 잊혔다. 80명 가까운 목숨이 이름도 남김없이 사라진 것이다. 한 미얀마 누리꾼이 소셜 미디어에 성토의 글을 남겼다. 아니, 차라리 절규에 가깝다.

"국제사회는 언론의 관심을 끌만한 군부의 잔혹행위가 있을 때마다 관심을 갖고 비판을 한다. 그리고 그보다 더한 일이 생길 때까지 미얀마는 잊힌다. 세계가 망각한 사이사이에 너무나도 많은 사람들이 미얀마에서 목숨을 잃는다. 부디 우리의 목숨도 소중히 여겨 달라"

▲파깐 깐시 마을인근에 집단 매장된 어난바 마을 학살 희생자들ⓒMyitkyina News Journal.

잔혹한 폭력에 희생당한 미얀마 민중 · 5
- 폐허가 된 도시 탄드란, 그리고 돌아가지 못하는 사람들

오늘 오전 11시 반
아, 탄드란이여
눈물이 앞을 가리네

친구가 말하네
우리 집이 잿더미가 되었다고
우리 부모님과
생때같은 형제자매가
밀림으로 숨어들었다고
눈물이 그렁그렁 맺힌
친구의 울먹이는 목소리에
나는 왈칵 울고 말았네 탄드란이여

친구 뻬타익이 말하네
옆집 사는 아낙이
해산한지 얼마 되지 않았는데
아직 성치도 않은 몸으로
품안에 갓난아이를 안은 채
피난길에 올라야만 했다고
꽤나 쌀쌀해진 고산의 바람에
몸 가릴 홑이불 한 장이나
챙길 겨를 있었으려나 하는 생각에
나는 왈칵 울고 말았네 탄드란이여

해마다 이맘때면
우리는 크리스마스를 고대하며
설레는 준비를 시작했지
우리 교회도 불길에 휩싸였으니
눈물이 절로 앞을 가리며
나는 왈칵 울고 말았네 탄드란이여

예년 같으면
서리가 내려 앉은 우리 도시는
무척 아름다웠다네
모두 불타버린 지금
나는 그들의 잔혹함에
고통스런 몸서리를 치네
불길이 번지는 소리
내 가슴에 금이 가는 소리
너에게 들리는가?
탄드란이여

잊을 수 없는 이름, 친주 탄드란

군부는 2021년 9월 말 대다수가 기독교를 믿는 친(Chin)족 인구 약 1만 명이 거주하는 소읍 탄드란에 대규모 병력을 투입해 공세를 벌였다. 친족 무장단체 친민족방위군(Chin National Defense Force)이 도시에서 항전했다. 이에 군부는 도시를 향해 무차별 포격을 가했다. 화력차를 좁히지 못한 친민족방위군은 결국 후퇴할 수밖에 없었다. 탄드란을 점령한 군부 병력은 이후 한 달 동안 약 30차례에 걸쳐 조직적인 방화를 저질렀다. 도시 내 약 1,800가구 중 1,300가구가 전소됐으며, 교회와 상점가도 파괴됐다. 도시거주민 1만여 명은 모두 피란길에 올랐다. 불타는 탄드란의 모습은 전 세계로 중계됐다. 화마로 일그러진 탄드란의 모습은 고통 받는 미얀마 전체 민중을 대변하는 상징으로 도약했다. 군부가 저지르고 있는 반인류범죄, 집단살해, 전쟁범죄의 추악한 모습이 탄드란에서 모두 드러났기 때문이다.

"전부 또는 부분적인 물리적 파괴를 초래할 목적으로 생활조건을 의도적으로 파괴하는 것"

1948년 12월 9일 유엔 총회가 결의한 집단살해죄의 방지와 처벌에 관한 협약(Convention on the Prevention and Punishment of the

▲군부 병력이 조직적으로 저지른 방화로 불타는 탄드란 시내(2021년 10월 29일)ⓒtwitter.

Crime of Genocide) 제2조 3항의 내용이다. 이는 군부가 탄드란에 가한 행위를 매우 적확히 정의한다. 민간인 거주구역을 향한 무차별 포격, 조직적인 학살, 의도적인 방화 행위, 그리고 약탈과 파괴. 탄드란이 입은 상처는 미얀마 상황에 대한 국제적 압박이 고조되고 있는 시기에 군부를 국제형사재판소에 재소할 수 있는 명백한 근거로 고스란히 남아있다. 쿠데타와 학살을 일으킨 주범들이 법과 정의의 심판대 앞에 서는 역사적인 날이 오면 탄드란의 존재는 부정할 수 없는 결정적인 증거가 되리라. 탄드란이라는 이름이 결코 잊히면 안 되는 이유다.

지금 탄드란 주민들은 어디에?

2023년 1월, 탄드란 참사가 일어나고 1년 4개월이 지났지만 지금도 탄드란 주민들은 고향으로 돌아가지 못하고 여전히 실향민 생활을 이어가고 있다. 군부가 무차별 공격을 자행한 지난 2021년 9월부터 탄드란 시민 1만여 명은 도시를 떠나 뿔뿔이 흩어졌다. 다른 도시에 친척이나 지인이 있는 사람들은 그나마 의지처가 있었지만 타 지역에 연고가 없는 사람들은 말 그대로 집도 절도 없는 신세가 됐다. 그들은 탄드란시 근방에 있는 산중턱이나 벌판에 있는 너른 땅으로 갔다. 나무를 잘라 기둥을 세워 틀을 만든 다음 방수천을 둘러 벽과 지붕으로 삼았다. 곧 돌아갈 수 있다는 희망으로 '임시거주지'라는 이름을 붙이고 지내던 조약한 천막은 어느 새 그들이 집이라고 부르는 공간이 됐다. 평균 해발고도가 1,400미터인 고산도시 탄드란의 연

▲탄드란 출신 피란민들이 거주하는 임시주거지 모습(2022년 8월 촬영)ⓒ탄드란재건위원회.

 평균 기온은 미얀마의 여타 지역에 비해 꽤나 쌀쌀하다. 얇은 방수천과 대나무를 쪼개 얼기설기 엮어 만든 바닥은 산악의 거센 바람을 막기엔 역부족이었다.

 노약자와 영유아들이 가장 먼저 피해를 입었다. 풍토병이나 물갈이, 독사나 독충에 의한 상해는 물론 단순 감기몸살 때문에 사람이 목숨을 잃는 게 임시거주지의 현실이다. 좀처럼 잦아들지 않는 코로나19 감염병에 쓰러진 이들도 적지 않다. 평시라면 충분히 살릴 수 있는 질병임에도 의료 서비스는 커녕 기본적인 상비약조차 결핍된 피란생활 와중에 수많은 사람이 허망하게 목숨을 잃었다. 구호단체들은 그렇게 숨진 사람의 수가 얼마나 있는지 집계조차 하지 못하고 있는 실정이라고 토로했다. 생존에 필요한 식량, 식수, 의약품, 옷가지, 담요 등 모든 게 부족했다. 피란민을 돕기 위해 국내외에서 성금과 물자를 보내오고 있지만 전국적으로 시시각각 늘고 있는 피란민의 숫자를 감당하기에는 역부족일 따름이다.

피란생활이 계속 길어지고 있지만 탄드란 주민들은 섣불리 귀향할 엄두조차 내지 못한다. 70%가 넘게 완파된 도시를 재건할 여력이 없을 뿐만 아니라 군부가 탄드란을 불태운 뒤 도시에 주둔하면서 시 외곽 순환도로를 따라 지뢰를 매설했기 때문이다. 이러한 가운데 2023년 1월 10일, 군부가 미얀마-인도 국경에 있는 친족 무장단체 친민족전선(CNF) 사령부 '빅토리아 캠프'에 무차별 공습을 감행했다. 군사훈련을 받던 친족 청년 5명이 현장에서 목숨을 잃었다. 친족 무장단체는 격노했다. 군부가 평화를 원하는 미얀마 전체 민족의 염원을 노골적으로 짓밟았다고 비난하며 저항 수위를 높이겠다고 천명했다. 친주 전역에서 교전재개 가능성이 어느 때보다 높아졌다. 자연히 탄드란 주민들의 귀향은 더욱 불투명해졌다. 한 탄드란 출신 피란민 여성은 "우리들 중 그 누구도 도시로 돌아갈 엄두를 못 내고 있어요. 군부가 지뢰를 심어 길을 막기도 했고, 다시 전투가 벌어질 수 있다는 소문이 계속 들리기 때문이죠. 사람이 돌아가지 못하니 도시 재건은 더욱 요원한 일이 되어버렸습니다"라고 속내를 밝혔다.

이 같은 사정은 비단 탄드란 만의 문제가 아니다. 군부는 쿠데타 이후 2년 동안 전국적으로 48,000여 채에 이르는 가옥을 불태웠다. 군부의 공격으로 집을 잃고 유랑하는 민간인은 2023년 1월 말을 기준으로 이미 200만 명을 돌파했다. 미얀마 국민 100명 중 4명이 집을 잃고 떠돌고 있는 셈이다. 탄드란시 초입에는 'Not rich, but happy', '부유하지 않아도 우리는 행복하다'고 쓴 작은 현판이 하나 걸려있다고 한다. 연중행사인 크리스마스를 손꼽아 고대하는 소박한 사람들, 아름다운 산악에서 부富보다 일상이 주는 행복에 가치를 두고 사는 순박한 그들은 여전히 찬바람 매서운 어느 산기슭에서 지척에 있는 고향을 그저 바라만 보고 있다.

 탄드란 주민들이 잃어버린 행복을 되찾는 날은 언제가 될 것인가?

▲탄드란시(市) 초입의 간판(좌), 임시 거주지에서 생활하는 친족 소녀(우)ⓒcitizen journalist.

부치지 못한 편지[20]
- 전선에서 숨진 군부 군인이 아내에게 남긴 말

여보,
교전이 나날이 격해지고 있소.
다가오는 전투에서 내가 살아남지 못할 수도 있다는 생각에
이 글을 미리 써두오.

만약 내가 돌아오지 못한대도 울지 마시오.
그리고 내가 죽더라도 PDF(시민방위군)를 미워하지 마오.
애초부터 우리를 사지로 몰아넣은 건 저 권력에 미친 자들이니
그들을 증오하시오.

만약 내가 돌아오지 못하면 당신은 스스로의 삶을 잘 살아나가시오.
울지 말고 강건하시오.
그리고 내 아들은 절대 전쟁터로 나가는 일이 없게 해주길 바라오.

아들과 함께 아이 할머니가 있는 무돈(몬주의 도시 이름)으로 가시

---

20) 2022년 4월 말에 페이스북을 통해 공유된 군부 소속 군인의 마지막 편지. 결국 그는 가족의 품으로 돌아가지 못하고 전장에서 목숨을 잃었다.

오.
내가 어머니께 맡겨 놓은 돈이 조금 있소.
한 오십만 짯 되니 그 돈을 받아쓰시오.
만약 기회가 된다면 나는 군에서 이탈하려하오.

이 편지는 사진을 찍어 둔 아저씨에게 보낼 것이오.
내 살아남으면 어떻게든 우리 가족을 찾아가리다.

지금 군의 상황은 매우 좋지 않소.
지금 우리가 하고 있는 건 의미 없는 싸움이라오.
권력에 미친 장군이 펼친 아수라장을
말단 병사들이 목숨을 내버리며 지키는 형국이오.

내 진작 당신 말을 들었어야하는데…
일찍이 군에서 도망치라는 그 말을 듣지 않은 게 너무도 후회가 되오.

그리운 나의 닐라.
우리 아들을 잘 부탁해요.
이만…

군부의 만행, 현재 진행형 · 1
- 악마를 보았다, 세상으로 나온 추악한 학살의 증거

- 26명을 죽였어.
- 어떻게 죽여 봤는데?
- 응?
- 죽여 봤다며. 어떻게 죽였냐고?
- 26명이라고.
- 아니, 왜 말귀를 못 알아들어? 26명이라는 건 알겠고 어떻게 죽였냐고? 총으로 쐈어?
- 총으로 쏴 죽였지. 직접 손을 써서는 안 죽여 봤어.
- 나는 칼로 목도 따봤어. 목을 따서 다섯을 죽였지.
- 저는 그렇게는 아직 못 해봤어요.
- 왜? 계집년처럼 겁이 나서? 흐흐흐흐.
- 그래도 8명을 죽였어요. 보셨잖아요? 제가 8명을 죽이는 걸.
- 솔직히 나도 사람을 죽일 만큼 죽여 봤잖아. 근데 아직도 피를 보면 역겨워. 죽이는 건 참 좋은데 말이야.
- 야, 그거 봤어? 저 쪽에 시체를 세 토막 내놨던데.
- 봤지. 그런 게 징그럽다는 거야.
- 그것들 어제 내가 죽였거든. 내가 직접 잡아온 새끼들이야. 근대 대대장이 시체를 토막 내서 묻으라고 시켰데.
- 아니 씨팔, 죽였으면 됐지 토막은 왜 낸대? 뭐 고기로 먹으려고?

꼬챙이에 꽂아 구워 팔기라도 하려고?
　- 근데 자꾸 보니까 사람 피가 노랗기도 하더라.
　- 그걸 이제야 아셨어요?
　- 몰랐지. 난 이번에 처음 봤어.
　- 사람 목이 생각보다 쉽게 안 잘려. 칼로 대여섯 번은 내리쳐야 돼.
　- 그냥 뒤통수에 한 방 쏘는 게 제일 깔끔해요.
　- 저번에 말이야. 시체를 불태웠잖아. 보니까 옷가지에 살점이 늘러 붙어서 같이 타더라고. 그거 보고 정말 진절머리가 났어. 살점이 쌩, 벗겨져 나오더라니까. 불에 그슬려서.
　- 그거 불태우라고 시킨 선임 하사 며칠 전에 죽었어요. PDF 새끼들한테 기습당해서.
　- 뒤질 운명인 놈은 뒤지는 거지. 너도 운이 좋아서 아직 안 뒤진 거 아냐. 안 그래? 난 운이 좋았어. 예전부터 항상 운이 좋았지.
　- 그래도 우리 생활 살만 하잖아? 필요한 게 있으면 집집마다 들어가 훔치면 되고.
　- 맞아. 돼지고기 먹고 싶으면 돼지 한 마리 쏴 죽이고 닭도 한 마리 잡고. 얼마나 좋아.
　- 우리말을 못 믿겠다고? 그러면 와서 한번 봐봐. 죽이는 일은 내가 전문가니까. 필요하면 말해. 난 어렸을 때부터 산목숨을 죽이는 게 특기였으니까.

▲학살 사실을 자랑처럼 떠벌리는 모습을 스스로 영상으로 남긴 군부 병사들ⓒRFA.

  2022년 6월 19일, 자유아시아방송(RFA)[21]은 충격적인 영상을 공개했다. 영상 속에서 군부 병사 3명은 교전지역에서 대화를 나누는 자신들의 모습을 스스로 카메라에 담았다. 대화 내용은 참담했다. 그들은 카메라를 응시하며 자신이 사람 몇 명을 어떻게 죽였는지에 대해 이야기를 마치 밥 먹는 이야기를 하듯 나누고 있었다. 시종일관 가벼운 웃음을 흘리며 입에 담기 어려운 만행을 자랑하는 그들은 인간의 얼굴을 한 악마였다.

  해당 영상을 촬영한 휴대폰은 미얀마 중부 서가잉주 어야더(Ayadaw) 지역에서 발견됐다. 한 지역주민이 교전이 벌어졌던 지역에서 군부 군인이 분실한 휴대폰을 땅에서 주운 것이다. 휴대폰에서는 영상과 더불어 사진 144장이 나왔다. 민간인 30여 명을 결박해 사원으로 보이는 장소에 구속한 모습, 천으로 눈이 가려진 상태에서 양

---

21) 1996년에 미국의회의 투자로 출범한 국제방송국이다. 미국하원의 지원을 받아 9개 언어로 아시아 전 지역을 향해 단파방송을 하고 있다. 버마어 방송은 1996년 12월부터 시작됐다.

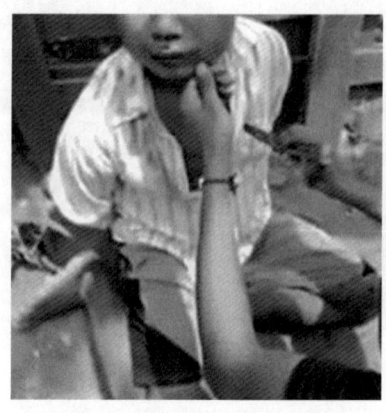
▲군부 병력이 저지른 민간인 고문의 증거ⓒRFA.

손이 뒤로 묶인 채 후면에서 총을 맞아 숨진 민간인들의 모습, 피투성이가 된 민간인의 가슴에 칼을 겨눈 모습 등 모두가 군부 병력이 저지른 민간인 학살 증거였다. 학살 사진뿐만 아니라 여느 사람들처럼 일상을 담은 사진과 소위 셀피(Selfie)라 불리는 자가촬영 사진도 수두룩하게 발견되었다. 셀피의 주인공은 영상 속 인물들과 동일했다. 그들은 자신이 저지른 전쟁범죄의 증거를 스스로 남긴 것이다. 휴대폰을 습득한 지역주민은 사진과 영상을 언론에 제보해 군부의 끔찍한 만행을 세상에 알렸다.

언론은 사진을 분석해 휴대폰 주인의 정체를 쫓았다. 사진 속 부대마크와 총기 개머리판에 부착된 일련번호가 단서가 되었다. CDM에 참여한 전직 군부 장교의 자문을 받아 취재를 벌인 결과 살인자들은 양곤 주둔군인 군부 제4작전사령부 산하 708경보병대대 소속으로 밝혀졌다. 언론은 이들이 서가잉주에서 점차 세를 넓히고 있는 시민방위군을 격퇴하기 위해 군부가 투입한 증원부대로 추정된다.

희생당한 민간인의 행방을 쫓는 일도 이뤄졌다. 디지털 포렌식을 통해 영상과 사진 144장이 중국 휴대전화 제조기업 오포(OPPO)가 생산한 휴대폰으로 촬영됐으며, 촬영 시기는 2022년 4월 13일부터 6월 3일까지임을 밝혀냈다. 그러나 학살과 불법체포가 이루어진 장소와 희생자들의 신원은 여전히 불명이다.

다만 지역 미디어의 보도와 소식통의 제보를 통해 사건 발생 장소를 추정할 수 있었다. 온라인 미디어 채널 '어야더 포스트'(Ayadaw Post)는 지난 2022년 5월 11일 보도에서 "2022년 5월 7일 어야더 타운십에 있는 친빈 마을을 군부 병력이 습격해 마을 사원에 숨어있던 주민 6명을 총살하고, 30명 이상을 인질로 끌고 갔다."고 전했다. 그리고 어야더 지역 소식통은 "군부 병력이 5월 10일부터 13일까지 예이우(Ye-U)타운십 몬다잉뻰 마을에서 주민 30여 명을 살해했다는 이야기가 지역주민들 사이에서 퍼지고 있다."고 제보했다. 포렌식으로

▲분실한 휴대폰에서 나온 사진. 사진 속에 결박된 민간인 30여 명은 모두 살해당한 것으로 추정.ⓒ RFA.

밝혀낸 사진 촬영 시기와 현장 발췌 소식의 시기가 일치하고, 거론되는 장소 역시 휴대폰이 발견된 위치와도 매우 가까웠다.

정리하면 군부 제4작전사령부 산하 708경보병대대 병력이 2022년 5월 7일에서 5월 13일 사이 서가잉주 어야더 타운십 친빈 마을과 서가잉주 예이우 타운십 몽다잉뻰 마을에서 최소 36명에 이르는 민간인을 조직적으로 학살 정황이 확인된 것이다. 영상과 사진이 공개되고 논란이 일자 자유아시아방송은 미얀마 군부 대변인 저민툰(Zaw Min Tun) 소장에게 해명을 요구했다. 그러나 대변인은 "이 문제들에 관한 현장조사를 마친 뒤에야 질문에 답할 수 있을 것이다. 우리는 해당사안을 조사 중에 있다."는 원론적인 말로 답변을 회피했다. 이후 현장조사나 추가적인 해명은 이루어지지 않았다.

이와 같은 군부의 민간인 학살은 현재도 미얀마 전역에서 벌어지고 있다. 학살 증거는 차고 넘친다. 유엔 산하 미얀마독립조사기구(Indeoendent Investigative Mechanism of Myanmar, IIMM)는 이미 2022년 9월에 "미얀마 군부가 저지른 전쟁범죄의 증거와 반인륜적 행위를 폭로할 수 있는 수백만 건의 정보를 페이스북을 통해 수집했다."고 밝혔다. IIMM은 "200개 이상의 출처에서 약 300만 개의 정보를 받았다"라고 하며 "현재 전문가와 ICC 등 국제법원이 검증한 67건의 미얀마 관련 정보를 국제사법재판소에 송부할 예정"이라고 덧붙였다. 그러나 실제로 전쟁범죄를 저지른 살인자들이 법의 처벌을 받게 만들기까지는 갈 길이 멀다. 판결의 내용을 강제할 수 있는 수단이 결여된 국제사법재판소는 미얀마의 전쟁범죄 피의자를 소환할 권한이 없다. 결국 민주진영이 힘으로 군부에 승리하지 못하면 처벌은 불가능하다. 여전히 군부는 네삐도 왕좌를 굳건히 지키고 있고, 민주진영은 군비軍備를 갖추기 위한 노력을 무던히 하고 있는 중이다.

결국 우리가 저들을 기억해야 한다. 정의가 복권되는 그날 법정에 세울 수 있도록. 하찮은 무력으로 항거할 힘이 없는 무고한 사람들을 놀이하듯 살해한 저 자들을 망각해서는 안 된다. 인두겁을 쓴 악귀들을. 우리가 본 악惡의 얼굴을 인류 역사에 영원히 박제해야한다.

군부의 만행, 현재 진행형 · 2
- 용서할 수 없는 자, 한녜인우 보고서

장막 뒤에 숨은 비열한 밀고자

한녜인우(Han Nyein Oo)는 1989년 출생으로, 미얀마 군부 추종자이자 소셜미디어에서 친 군부 활동을 하는 선동가다. 그는 미얀마에서 쿠데타가 발생하기 전 양곤에서 생수를 배달하며 생계를 유지했다. 그가 유명해진 계기는 소셜 미디어에서 미얀마의 연예인과 유명인사의 가십을 유포하는 황색언론(Yellow Journalism) 활동을 시작하면서부터다. 그는 철저하게 자신의 모습을 숨긴 채 자극적인 화류계 뒷이야기나 확인되지 않은 가짜뉴스를 퍼뜨리며 손쉽게 팔로워를 모았다.

2021년 2월 군부 쿠데타 이후 그는 군부를 지지하며 본격적으로 군부 앞잡이 역할을 했다. 가십성 기사를 유포하던 소셜미디어에서의 영향력(쿠데타 이후 그의 텔레그램 팔로워는 10만 명을 웃돌았다)을 활용해 반 군부활동을 하는 유명인사나 활동가의 신상정보를 수집하기 시작한 것이다. 곧장 군

▲한녜인우 텔레그램 프로필ⓒ필자 제공.

부를 추종하는 무리가 그에게 몰려들었다. 한녜인우는 군부 추종자들을 조직화 해 사회관계망을 형성한 뒤 온라인에서 조직적으로 시민들을 사찰伺察하며 수집한 정보를 군부에 넘겼다. 군부는 한녜인우가 제공한 신상정보와 사진을 바탕으로 군경을 동원해 민족통합정부(NUG)와 민주주의민족동맹(NLD) 지지자, 시민방위군 관련자를 체포하거나 공격했다. 자유아시아방송(RFA) 보도에 따르면 한녜인우의 밀고로 인해 체포되거나 재산을 압류당한 시민은 약 200명에 이른다. 심지어 한녜인우는 자신을 비난하는 여성 활동가를 공격하고자 온라인상에 리벤지 포르노(Revenge Porno)를 유포하기도 하는 등 죄질이 매우 나쁘다.

2022년 3월12일 텔레그램(Telegram)은 이용약관 위반을 이유로 한녜인우의 채널을 삭제했다. 그러나 곧 새로운 채널로 복귀한 그는 바로 다시 팔로워를 끌어 모았다. 이후에도 수차례 한녜인우의 채널은 제재를 받았지만, 그는 머지않아 채널 이름을 바꾼 뒤 복귀했다. 한녜인우의 악명이 높아지자 일각에서 민간인 사찰로 반 군부 활동가를 탄압하는 행태에 대한 비난 여론이 일었다. 이에 군부 대변인이자 정보차관 저민툰 소장은 기자회견을 통해 "한녜인우는 군에 소속된 인사가 아니며, 군부는 그에게 어떠한 명령을 내린 적도 없다."고 발뺌했다. 한녜인우가 제공한 정보로 탄압을 자행하는 것이 분명함에도 뻔뻔하게 연관성을 부인한 것이다. 군부의 묵인 속에 한녜인우와 추종자들은 오늘 이 시간에도 무고한 시민을 밀고하고 있다.

아래는 한녜인우와 추종자들이 온라인에서 벌이고 있는 행위를 정리한 것이다.

① NUG/CRPH/NLD/PDF 관련자와 지지자를 소셜 미디어 상에서 색출해 신상정보를 배포

◀한녜인우와 추종자들은 반 군부 활동과 관련된 일반인을 사찰해 신상정보와 사진을 군부측에 밀고한다. 실제로 밀고로 인한 체포나 살해는 현장에서 빈번하게 발생한다.(한녜인우 텔레그램 갈무리)ⓒ필자 제공.

② 군부의 선전, 선동 자료 배포

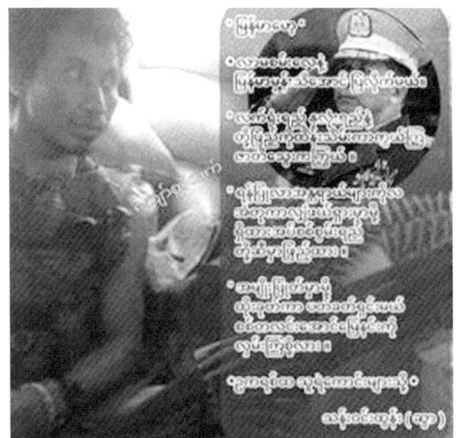

◀사진은 꺼잉(Karen)주 우꺼릿따 기지에서 전사한 군부 소속 기관총 사수를 영웅화하는 군부측 선전 자료를 한녜인우가 자신의 텔레그램 채널에 공유한 것이다.(한녜인우 텔레그램 갈무리)ⓒ필자 제공.

③ 전선 상황에 대한 과장되거나 왜곡된 정보 제공, 패륜적인 사자명예훼손

▲한녜인우는 전선에서 사망한 시민방위군이나 소수민족 혁명단체의 모습을 군부 추종자들로부터 공유 받아 배포한다. 때로는 전선 상황에 대해 과장되거나 왜곡 정보를 제공하기도 하며, 이를 통해 군부 추종자들의 결속력을 강화한다. 추종자들은 사망한 시민이나 소수민족을 모욕하며 패륜적인 사자명예훼손을 수시로 자행한다.(한녜인우 텔레그램 갈무리)ⓒ필자 제공.

④ 반 군부 활동가에 대한 모욕, 리벤지 포르노와 가짜뉴스 배포

▶반군부 활동가를 모욕하기 위한 가짜뉴스나 가공된 이미지 등을 게시하거나, 리벤지 포르노를 불법적으로 공유하는 활동이 한녜인우의 텔레그램 채널을 통해 이루어지고 있다.(한녜인우 텔레그램 갈무리) ⓒ 필자 제공.

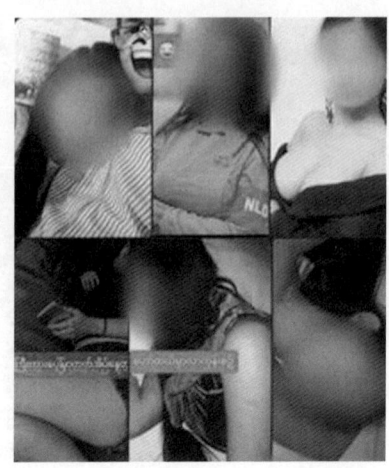

밀고, 미얀마를 넘어 한국까지

지난 2022년 7월 2일. 인천광역시 부평구에 있는 부평역 앞에서 국내 미얀마 활동가들이 시민방위군과 피란민을 돕기 위한 모금운동을 벌이고 있었다. 그때 주취노숙인 한 명이 나타났다. 노숙인은 술에 취해 활동가들에게 고함을 치며 모금함과 피켓을 발로 차는 등 소란을 부렸다. 즉각 경찰이 출동해 노숙인을 제지했고 사건은 일단락되는 듯했다. 그러나 노숙인은 다음날도 나타나 똑같이 행패를 부렸다. 현장에 있던 미얀마 활동가들은 증거 보존을 위해 노숙인이 행패를 부리는 모습을 영상으로 촬영하여 페이스북에 게시했다. 이 사건을 일부미얀마 현지 자유언론이 기사로 보도하면서 이른바 '부평역전 노숙인 사건' 으로 미얀마 현지에서도 이슈가 됐다.

▲부평역전 노숙인 사건 당시 모습ⓒ필자 제공.

문제는 다른 곳에서 발생했다. 한녜인우가 부평역전 노숙인 사건과 관련된 미얀마 활동가들을 표적으로 삼은 것이다. 한녜인우의 추종자들은 기사보도에 첨부된 사진과 영상을 참고해 페이스북에서 한국에 있는 반 군부 활동가를 추적했다. 그리고 얼마 지나지 않아 부평역전에 있던 활동가들의 신상정보와 사진이 한녜인우의 텔레그램 채널에 공유되었다.

활동가의 페이스북 계정, 실명, 사진 모두가 고스란히 노출됐다. 그의 이름은 곧 주한 미얀마 무관부'가 작성한 '반 군부 활동가 블랙리스트'에도 올랐다. 리스트에는 활동가의 이름과 개인정보 뿐만 아니라 고향 본가 상세주소와 부모의 이름까지 적혀있었다. 만약 해당 리스트가 미얀마 본국의 군부에게 전해진다면 활동가의 가족은 크나큰 위험에 직면할 수밖에 없는 상황이다. 이러한 블랙리스트 작성과 민간인 사찰은 미얀마 무관부에 의해 공공연하게 이루어졌다. 쿠데타 이후 군부의 감시와 통제가 국내외를 막론하고 무분별하게 벌어지면서 반 군부 활동가들과 본국에 있는 활동가 가족의 안전을 심각하게 저해하고 있다. 이는 중장기적으로 민주화 운동의 동력을 약화

시킬 수도 있는 사안이다.

세계 각국은 해외에 국방무관國防武官을 파견한다. 그들은 군인이지만 외교관 신분으로 활동하며, 재외공관과 협력하여 군사 관련 외교를 수행한다. 하지만 미얀마 무관부는 기존 외교라인과 분리되어 별도의 공관을 차린 뒤 막후에서 불분명한 활동을 계속하고 있다. 특히 쿠데타가 발생한 2021년 2월 이후 미얀마 무관부는 재외국민을 사찰하는 감시탑에 불과한 실정이다. 테러세력과 다름없는 미얀마 군부의 산하기관이 우리 영토에 버젓이 자리를 잡고 있는 셈이다.

미얀마 무관부[22]는 지금도 한네인우와 같은 밀고자와 접촉해 자유로이 협업하며 고군분투하고 있는 민주진영 인사들의 숨통을 옥죄고 있다. 이제는 정부와 시민사회가 역할을 해야 하는 시간이다. 미얀마 무관부를 우리나라 영토에서 퇴거시키고, 쿠데타 군부에 소속된 무관들이 우리 땅에 발을 붙이지 못하게 만들기 위한 논의를 시작해야한다. 무관부가 우리 영토에 버젓이 존재하는 건 우리가 악을 방관하고 살고 있다는 이야기밖에 안 된다.

---

22) 서울특별시 성동구 옥수동에 있다. 미얀마 군부가 대사관 업무와 별도로 군사 관련 외교 업무를 수행하겠다는 빌미로 설치한 공관이다.

군부의 만행, 현재 진행형 · 3
- 민병대와 암살단을 조직해 시민의 숨통을 조이는 미얀마 군부

2022년 6월 28일, 페이스북에서 한 영상이 급속도로 확산됐다. 미얀마 투데이는 미얀마 현지에 있는 정보원을 통해 해당 영상을 확보했다. 그는 마음 단단히 먹고 영상을 켜라는 경고를 전했다. 내용은 참혹했다.

한 여성이 콘크리트 바닥에 무릎을 꿇고 있다. 두 손은 등 뒤로 결박당한 상태다. 쇳소리를 긁는 듯 거친 남성의 목소리가 여성에게 명령한다.

"고개 숙여."

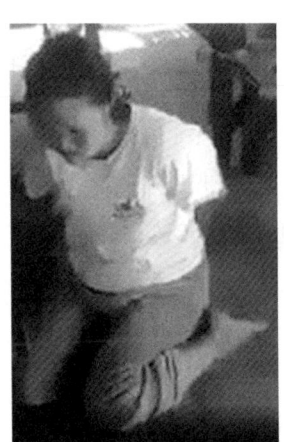
▲군부 민병대에 살해당한 여성ⓒ필자 제공.

여성이 고개를 숙이는 순간 바로 목 뒤로 무엇인가가 날아들었다. 거대한 정글도(刀)였다. 묵직한 파열음이 터지며 여성은 비명조차 지르지 못하고 그대로 꼬꾸라져 즉사했다. 칼을 맞은 상처에서 붉은 피가 쉴 새 없이 쏟아졌다. 여성이 숨을 거뒀음에도 남성은 그치지 않았다. 쓰러진 여성의 몸을 발로 차 뒤집은 뒤 칼로 목을 수차례 내리쳐 결국 여성의

머리를 잘라냈다.

나는 구역질을 느끼며 몇 번이나 영상을 멈췄다. 제정신으로는 끝까지 볼 수 없는 참혹한 참수 동영상이었다. 정보원은 여성이 CDM에 참여한 경찰이 도주하는 것을 도왔다는 이유로 군부를 추종하는 이들에 붙잡힌 뒤 살해당했으며, 살인을 자행한 자들은 미얀마 중부 마궤주 먀잉 지역에서 활동하는 '쀼저티'라고 밝혔다.

쀼저티, 전설적인 왕의 이름을 더럽힌 악한들

2021년 2월 쿠데타 이후 군부는 시민의 저항에 맞서기 위해 자신들을 지지하는 이들을 규합했다. 시작은 관제시위管制示威였다. 군부 지지자와 일당을 주고 고용한 자들을 동원해 정당한 쿠데타에 찬성한다는 구호를 외치며 대도시를 행진하게 했다. 결과는 시민과 자유 언론의 비웃음을 샀을 뿐이다.

그러자 군부는 건달들을 고용했다. 사복을 입고 쇠파이프와 단도를 숨긴 채 시위대에 숨어든 건달들은 군부의 지시에 따라 시민들을 공격하고 도시내에서 파괴행위를 일삼았다. 시위를 이끄는 지도자를 찾아내 공격하는 한편 평화노선을 유지하고 있는 시민을 폭도로 둔갑시키기 위한 수작이었다. 같은 복장을 하고 있던 이가 사실은 적의 끄나풀이었다는 사실을 깨달은 시민은 당혹스러웠다. 군부는 이 술책으로 시민에게 공포를 불어넣는데 어느 정도 성과를 거둔다. 공포, 의심, 반목, 분열로 이어지는 이간책. 이는 군부가 미얀마에서 오랫동안 효율적으로 써먹은 전략이다.

이후 군부는 본격적으로 들란이라고 불리는 첩자와 밀정을 지원하기 시작했다. 친 군부 성향의 시민이나 퇴역 군인 등을 육성해 사회 요소요소에 배치했다. 그들은 시민과 같은 모습을 하고 곳곳에 스며들었다. 그들은 시위계획을 사전에 알아내 밀고하거나 시위현장에서 갑자기 돌변해 시민들을 공격했다. 기승을 부리는 들란과 나날이 수위를 높이는 군부의 탄압은 무장혁명으로 투쟁 노선을 전환하고 있던 시민을 더욱 자극했다.

도시지역에서 활동하는 시민방위군은 즉각 들란을 표적으로 삼았다. 혁명 활동과 시민안전에 치명타를 줄 수 있는 위험요소를 미연에 제거하기 위함이다. 들란에 더불어 친 군부 행정관과 연합단결발전당(친 군부 정치단체), '마바따[23]' 라고 불리는 극단적인 불교근본

▲군부가 고용한 폭력배가 시민을 칼로 찌르는 모습(좌), 들란이 현장에 도착한 경찰에 밀고를 하는 모습(우) twitter.

---

23) 어묘따(민족), 바따(종교), 따뜨나(율법)을 강조하는 불교근본주의 조직으로 군부와 결탁해 여러 사회문제를 일으키고 있다.

주의자도 시민방위군의 공격을 받았다.

무장투쟁이 시작되자마자 시민방위군과 소수민족 혁명단체는 각 지역에서 선전했다. 도시에서는 들란을 추적해 제거했고, 분쟁지역에서는 우세한 화력을 가진 군부 병력을 몰아붙였다. 곳곳에서 사기를 잃고 이탈하는 군부 병사들이 발생하기 시작했다. 군부는 점차 약화되고 있었다.

반면 민주진영의 군세는 늘어났다. 탄압에 못 이겨 도시를 떠난 청년들이 소수민족 혁명단체가 제공하는 군사훈련을 받고 군인으로 변모했기 때문이다. 국내외에서 보내온 군자금으로 무기를 마련하면서 전력은 계속 늘어났다. 민주진영은 군부를 압도할 만한 힘까지는 없었지만 그것은 군부도 마찬가지였다. 전국으로 확대된 전선, 늘어지는 보급로, 곳곳에서 산발적으로 나타나는 시민방위군 유격대의 공격에 군부 역시 민주진영을 소탕할 힘을 상실했다. 군부는 다시 계책을 마련한다.

미얀마 전역에서 무장투쟁이 물꼬를 튼 2021년 5월 중순, 군부는 본격적으로 자신들의 추종하는 민간인을 조직해 민병대를 만든다. 퇴역군인과 군경 가족, 마바따 조직원이 주축이 되어 제2도시 만달레이의 북北 미얀마 조직과 최대 도시양곤의 남南 미얀마 조직을 구성했다. 군부 민병대는 스스로를 쀼저티라고 이름 지었다.

쀼저티는 고대 미얀마 버간(Bagan) 지역을 다스린 전설적인 왕이다. 옛 기록은 쀼[24]족의 왕자라는 뜻의 이름을 가진 그가 167년에

---

24) 2세기경부터 9세기까지 에야와디 강의 중류에 성읍국가를 건설하고 살았던 고대 민족이다.

태어나 242년경에 사망했다고 적었다. 전설처럼 전해지는 이야기 속 쀼저티는 뛰어난 완력과 재기才器, 누구도 따라올 수 없는 활 솜씨를 가진 초인으로 묘사된다. 쀼저티가 청년이던 시절 미얀마 중부에서는 괴수들이 출몰했다. 거대한 괴조怪鳥, 호랑이, 멧돼지, 비룡飛龍이라고 불리는 날짐승이 나타나 백성들에게 피해를 끼쳤다. 쀼저티는 단신으로 활을 들고 나가 괴수 네 마리를 모두 쏘아 죽였다. 특히 거대 괴조를 쓰러뜨린 일화는 몹시 유명하다. 지금까지도 괴조가 화살을 맞고 떨어져 죽은 지역은 홍엣뼷따웅[25](새를 떨어뜨린 산)이라는 지명으로 불린다. 쀼저티의 영웅적인 활약을 들은 바간 지역의 왕은 그를 사위로 삼았다. 부마가 된 쀼저티는 이후 왕위를 물려받으며 왕국을 다스린다.

군부를 추종하는 민병대가 그리스 신화의 영웅 헤라클레스에 필적할만한 쀼저티의 이름을 사용한 것은 이번이 처음이 아니다. 쀼저티는 미얀마가 영국으로부터 독립한 뒤 이른바 '땃마도' 라 불리는 미얀마 국군 산하에 존재한 장교 협의체 이름으로 쓰였다. 협의체는 당시 집권정당 내 인사들과 국군 사이의 가교 역할을 수행하며 1962년 네윈[26]이 쿠데타를 일으킬 때까지 존속했다. 네윈이 장기집권하며 점차 협의체 쀼저티는 자취를 감췄다. 그러나 1992년에 정권을 잡은 딴슈웨[27]가 친군부 정당 통합단결발전협회 산하 사회조직에 쀼저티라는 이름을 하사하며 다시 부활했다. 이때 등장한 쀼저티는 사실상

---

25) 버간 냐웅우면(面) 근방에 위치한 지역이다.
26) 미얀마의 독립운동가이자 군인, 독재자이면서 1962년 버마 군사반란의 주동자다. 쿠데타로 정권을 장악한 뒤 1962년부터 1981년까지 미얀마를 통치했다.
27) 1992년부터 2011년까지 미얀마를 통치한 군부독재자.

정치깡패의 역할을 수행했다. 선거 때 친군부 집권당이 열세인 지역을 찾아가 선거를 방해하거나 반대파의 인사를 살해하기까지 하며 고대古代왕의 이름을 더럽혔다. 혹자는 미신과 점성술에 혹한 딴슈웨가 정적政敵관계인 민주주의민족동맹(NLD)의 당기黨旗에 새겨진 공작 문양을 의식해 괴조를 활로 쏘아 죽인 쀼저티의 이름으로 조직명을 정했다는 이론을 펼치기도 했지만 내막은 딴슈웨 본인만이 알 뿐이다.

다시 2021년 5월로 돌아가자. 만달레이와 양곤에 조직을 만든 쀼저티는 주변지역으로 세력을 확장하며 반 군부활동가와 시위 주동자, 시민방위군 가담자를 감시하고 블랙리스트를 만들었다. 또한 지역 내 들란과 주요 군부인사, 군경가족, Non-CDM을 보호하는 역할을 수행했다. 또 다른 활동목표는 군부의 정적인 민주주의민족동맹 소속 정당인과 지지자를 압박하는 일이다. 2021년 7월까지 전국적으로 500명이 넘는 사람들이 쀼저티로부터 살해협박을 받았다.

시민방위군이 쀼저티를 공격 목표에 포함시키자 이에 대항하기 위해 군부는 2021년 8월부터 본격적으로 쀼저티에 무기를 지급하고 군사훈련을 시켰다. 훈련을 위해 현직 군경 인사까지 파견하며 조직화에 힘을 쏟았다. 인력 또한 계속 확충했다. 지역에서 활개 치는 깡패와 마약사범까지 모집했고, 심지어 강력범죄를 저질러 복역 중인 범죄자를 묻지마 사면하면서까지 세력을 늘렸다. 군부는 이런 범죄자들에게도 예외 없이 무기를 지급했다. 쀼저티는 즉각 각 지역에서 분란을 일으키기 시작했다. 민간인 학살, 방화, 약탈, 성폭행, 마약 유통에 이르기까지 쀼저티는 군부 병력 이상의 잔혹함을 보이며 각종 테러를 자행했다. 군부는 병력손실을 줄이기 위해 정규군 대신 뾰저티를 일부러 분쟁지역으로 보내 시민방위군과 소수민족 혁명단체를 상대하게 하기도 했다.

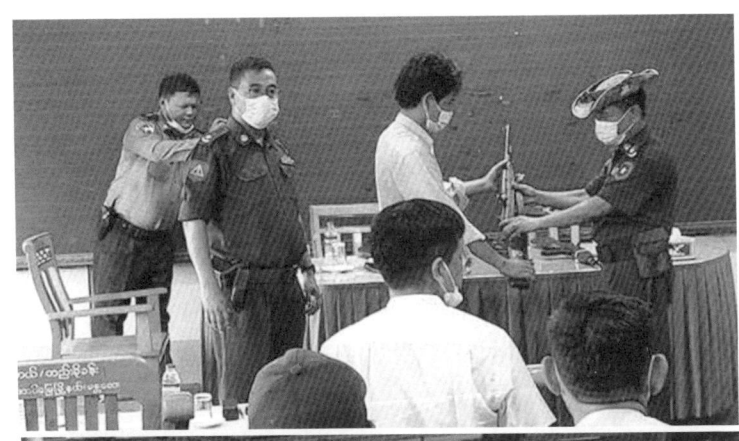

▲2022년 7월 30일 만달레이에서 '시민안전관리협회'라는 불법단체를 만들어 군부 지지자에서 무기를 지급하는 군부의 군경(상), 2022년 5월 31일양곤 도심의 버스정류장에서 뾰저티가 저지른 폭탄 테러로 중상을 입고 쓰러진 시민(하)ⓒtwitter.

뺘저티가 벌이는 패악질이 점차 도를 넘자 현지 자유언론은 민간인을 테러조직이자 소모품처럼 쓰는 전위대로 만든 군부의 행태를 질타했다. 그러나 군부 대변인 저민툰 소장은 사뭇 조롱 섞인 뉘앙스를 섞어가며 뺘저티와의 관련성을 아래와 같이 부인했다.

"우리는 뺘저티를 만들거나 훈련시키고 무기를 지원한 적 없다. 뺘저티가 벌이고 있다는 일은 그저 온라인에서 제기되는 주장에 불과하지 않나? 미얀마 국민이라면 누구나 현행법을 준수해야하고, 만일 법을 어기면 누구나 처벌을 받아야 한다. 다른 한 편으로는 모든 국민은 자위권과 저항권을 보장받을 권리가 있다. 일부 국민이 정치적 선동을 받고 국가의 안정을 저해하는 폭도로부터 스스로를 지키고자 무기를 들었다고 치자. 그것이 과연 뭐가 문제인가?"

2022년 6월 28일 마궤주 먀잉 지역 여성 참수사건은 뺘저티가 현재 미얀마 전역에서 벌이고 있는 테러행위가 얼마나 잔혹한 지를 보여주는 단적인 예다. 군부는 뺘저티와의 연관성을 부인했지만 먀잉 참수 사건을 일으킨 뺘저티는 군부 병력과 지역경찰의 비호를 받으며 계속해서 만행을 이어가고 있다. 시민방위군은 군부가 면面 수준의 행정단위인 먀잉 지역 한 곳에서만 뺘저티 그룹 6개를 구성했고, 인원이 200여 명에 이른다고 전했다. 첩보에 따르면 먀잉 지역 뺘저티 200명 중 절반 이상인 120명이 군부로부터 총기와 탄약을 지원받아 무장한 상태다. 전국적으로 얼마나 많은 뺘저티가 존재하는지에 관해서는 제대로 된 집계조차 없다.

독버섯처럼 퍼지는 군부의 민간인 테러조직

2022년 4월, 미얀마 제2도시 만달레이에서 피바람이 불었다. 희생자는 모두 민주주의민족동맹(NLD) 당원과 지지자들이었다. 시신은 처참히 훼손당한 상태로 대로변에 버려졌다. 희생자들에게는 민주주의민족동맹 관련자라는 점 밀고도 공통점이 있었다. 모두 목에 붉은색 원형 로고가 그려진 명찰을 찬 채 죽어있었다는 점이다. 발견된 로고 안에는 근대 이전에 행했던 방식으로 상투를 튼 남성이 그려져 있었다. 상의를 벗은 남성의 몸은 문신으로 가득하고, 눈에 핏발이 선 호전적인 모습의 남성은 양손에 칼을 쥔 채 돌진하려는 듯 자세를 잡고 있다. 남성의 그림을 둥그런 붉은 원이 둘러쌓아 테두리를 이룬다. 테두리에는 '뛔이따욱', 그리고 '붉은 작전'이라는 단어가 하얀 글씨로 쓰여 있다.

뛔이따욱은 직역하면 '피를 마신다'는 뜻의 버마어다. 우리식으로는 피로써 맹세한 의형제로 해석할 수 있다.

2022년 4월 21일 한 페이스북 페이지에 '영웅들이 곧 도래한다.'는 제목의 글을 올라왔다. 자신들을 뛔이따욱이라 소개한 그들은 "우리는 고대 미얀마 왕조시대부터 존재한 결사체이며, 민족과 종교가 공격받는 경우 등장하는 영웅집단이다. 이

▲희생자의 피로 얼룩진 뛔이따욱 명찰 ⓒ twitter.

제 우리는 작전을 개시한다."라는 내용을 공유하며 테러 조직의 탄생을 암시했다.

선전이 이루어진 뒤 만달레이에서 본격적인 암살이 시작됐다. 4월 24일부터 27일까지 나흘 만에 야음夜陰을 틈타 벌어진 총격과 칼부림으로 8명이 살해당했다. 암살자들은 자신들의 행각을 숨기지도 않았다. 이른 아침 통행량이 많은 도로변에 명찰을 채운 시신을 유기했다. 그리고 소셜미디어에 희생자들의 사진을 올리며 향후에도 붉은 작전을 멈추지 않겠다고 공언했다. 만달레이에서 시작된 뼤이따욱의 암살은 곧바로 최대도시 양곤까지 확대됐다. 시민방위군에 합류한 미얀마 배우 '헤잇텟'의 조부가 4월 28일 양곤 밍글라돈 지역에 있는 자택에서 살해당했다. 뼤이따욱은 즉각 살해한 노인의 사진을 공개하며 "배우가 본연의 일에 충실하지 않고 어디서 무엇을 하고 있는가? 밀림 속에서 슬픔에 울부짖고 있는가? 할아버지는 당신의 어리석음 때문에 죽었다. 만달레이의 형제들이여! 우리 양곤 형제들의 칼 또한 날카롭도다!"라고 적으며 유가족을 모욕했다.

조직력과 자본력을 봤을 때 뼤이따욱의 배후에 군부의 지원이 있음은 자명했다. 하지만 뼤이따욱은 스스로 군부와 관련성이 없음을 강하게 주장하며 "우리는 뿌저티가 아니며, 국가의 안정을 위협하는 불순분자들을 청산하기 위해 자발적으로 분연히 나선 것."이라고 억지를 부렸다. 군부 역시 관련성을 부인했음은 더 말할 필요도 없으리라.

민주진영과 시민방위군은 "뼤이따욱은 뿌저티와 마찬가지로 군부가 전략적으로 만들어 지원하고 있는 테러단체."라고 못을 박았다. 불법 쿠데타 이후 꾸준히 저지르고 있는 이간질과 공포통치의 연장에 불과하다는 것이다. 시민사회도 비난의 목소리를 높였다. "군부가 뻬이따욱이 도시에서 공공연한 살인을 벌이는 모습을 보고도 거리로 나와 저항하는 청년들에게 했던 것과 같은 '조치'가 전혀 이루어지고 있지 않다."고 비난하며 "뻬이따욱은 군부와 연루된 조직임이 명백하다."라고 꼬집었다.

▲2022년 7월 8일 만달레이에서 뻬이따욱이 살해한 남성(좌), 반군부 활동가의 집을 찾아가 로고를 남기는 방식으로 살해협박을 이어가는 뻬이따욱(우)ⓒCDMM.

군부가 심은 그릇된 이념으로 탄생한 암살단 뻬이따욱은 현재 수도 네삐도를 포함한 각 지역 대도시로 세력을 확장했다. 페이스북과 텔레그램을 활용해 구축한 전국적인 사회관계망을 통해 지령을 주고받으며 지금도 반 군부 인사 암살과 테러행위를 자행하고 있다. 광증에 사로잡힌 자들이 시민을 살해하고 공공의 안녕을 해치는 시간에 군부 지도부는 조용히 장막 뒤에 숨어 피로 물드는 국가를 지켜보고 있다.

군부의 만행, 현재 진행형 · 4
- 만달레이 시민방위군의 비극 : 보 툰따욱나인, 변절자 혹은 첩자

2021년 6월 22일 아침 7시30분. 만달레이에서 총성이 울려 퍼졌다. 소셜 미디어에는 곧장 제보 게시물이 올라왔다. 총성은 단발로 그치지 않았다. 쩌렁쩌렁한 총성과 폭발음이 연이어 들린다는 증언이 만달레이 곳곳에서 이어졌다. 30분 뒤. 구체적인 정보가 나왔다. 만달레이시 동남쪽 찬먀따지동洞 111번가와 54번가 교차지점에서 군경과 정체를 알 수 없는 무장단체가 총격전을 벌이고 있다는 것이다. 온라인에서는 온갖 추측이 난무했다. 어떤 이는 청년조직이 군부와 전투를 벌인 것이라 했고, 어떤 이는 군경이 시위대에 발포를 했을 수도 있다고 추측했다. 오전 9시께. '만달레이 시민방위군'이라는 이름의 페이스북 페이지에 짧은 글이 올라왔다.

"우리가 기다리던 지점에 도달했다. 만달레이 시민방위군은 오늘부터 투쟁에 돌입한다."

- 만달레이 시민방위군 보[28] 툰따욱나인

자신을 만달레이 시민방위군 공보담당자라고 밝힌 툰따욱나인은 군경이 시민방위군 은신처를 눈치 채고 공격해왔지만 시민방위군이

---

28) 초임장교를 뜻하는 버마어.

의연하게 맞서 싸우고 있다며 시민을 안심시켰다. 하지만 군부는 계속해서 대규모 병력을 투입했다. 툰따욱나인이 글을 올린지 채 10분이 지나지 않아 만달레이 왕궁에 있는 군부 기지에서 나온 장갑차와 병력수송차가 도시 남동부로 향하는 모습이 시민들에게 포착됐다.

오전 9시 반. 소셜 미디어는 또다시 바쁘게 돌기 시작했다. 만달레이 시민방위군 페이지는 새로 게시물을 올려 시민들에게 군부의 지원 병력이 도착하는 것을 최대한 늦춰달라고 호소했다. 시민들은 즉각 호응했다. 장정들은 주요 도로와 길목에 타이어와 쓰레기를 쌓아 놓고 불을 질렀다. 매캐한 연기는 차량의 시야를 가리고 이동 또한 지연시켰다. 만달레이에서 지하투쟁을 하던 무장단체도 나섰다. 도시 사방팔방에서 사제 폭발물을 터뜨리며 군경의 시선을 분산시켰다.

▲군경의 진입을 막고 시선을 분산하기 위해 만달레이 시민들이 도로상에 지른 불ⓒcitizen journalist.

오전 10시. 자유언론은 실시간으로 만달레이 소식을 전하기 시작했다. 온 나라의 시선이 만달레이로 쏠렸다. 시민들이 군경을 저지하고자 고군분투하는 사이 툰따욱나인은 언론에 "시민방위군 대원들이 안전한 곳으로 이동했다. 하지만 우리는 후퇴하지 않고 계속해서 싸울 것이다."라는 메시지를 전했다. 모두가 안도의 한숨을 쉬었다. 하지만 총성은 멈추지 않았다. 군부가 투입한 병력의 수는 계속 늘기만 했다. 무언가 이상하게 돌아가고 있었다.

정오 무렵. 도시 내의 4곳에서 큰 규모의 폭발이 일어났다. 폭발의 원인은 밝혀지지 않았다. 군부는 교전 발생지역인 동남부뿐만 아니라 시내 중심부에도 병력을 투입시켰다. 시민들은 계속해서 도로 차단을 시도했다. 이제 군경은 시민들에게 총을 쏘기 시작했다. 단순히 위협을 가해서 쫓아내려는 수준이 아니었다. 길가에 보이는 모든 사람에 총을 쐈고, 시민들은 황급히 집안으로 숨어들었다. 만달레이 도시 전체가 하나의 전장이 됐다.

오후 2시가 되자 만달레이시 주변 지역에서 활동하는 시민방위군이 지원을 자처했다. 만달레이 남부도시 짜욱새와 만달레이 동부 산악지역 삔우륀의 시민방위군은 만달레이 시민방위군의 안전을 확보하겠다며 병력을 보냈다. 전투는 시 외곽까지 번졌다. 하지만 곧 비보가 들려왔다. 군부 어용언론 먀와디(Myawaddy)가 시민방위군 8명을 사살하고 4명을 체포했다는 소식을 보도한 것이다. 어용언론은 만달레이 찬먀따지동 114번가와 54번가 교차지점에 있는 2층 건물에서 저항하던 시민방위군을 성공적으로 진압했다고 선전했다. 시민들은 군부가 가짜뉴스를 퍼뜨리는 것이라고 생각했다. 믿을 수도 믿고 싶지도 않은 뉴스였기 때문이다. 그러나 현장 근처에 거주하는 주민들이 목격한 이야기가 전해지며 비보는 사실로 밝혀졌다. 군부는 장갑차와 저격수를 투입하고 로켓포까지 발사하며 만달레이 시민방위군의 은신처를 공격했다. 시민방위군이 저항하는 과정에서 군부 지휘관 1명이 목숨을 잃었지만 결국 힘의 차이를 극복하지는 못했다. 은신처에 있던 만달레이 시민방위군은 단 한 명도 탈출하지 못하고 모두 죽거나 사로잡혔다. 탈출한 만달레이 시민방위군을 호위하고자 지원군으로 왔던 짜욱새와 삔우륀 시민방위군은 전투에서 군부 병사 1명을 생포하는 전과를 올렸지만 허망한 소식을 듣고는 결국 발길을 돌렸다.

오후 7시 30분. 사건발생 12시간 만에 자유언론은 오늘 있었던 일을 자세히 보도했다. 그런데 보도에 툰따욱나인의 이름이 다시 등장했다. 그는 자신과 일부 시민방위군이 체포를 피했지만, 군부가 사실을 왜곡해 가짜뉴스를 퍼뜨리고 있다고 주장했다. 툰따욱나인의 말은 이러했다.

▲은신처에서 군경에 체포되는 만달레이 시민방위군(좌), 만달레이 시내에 투입된 군부 장갑차(우)ⓒcitizen journalist.

▲군부 어용언론이 공개한 만달레이 시민방위군 진압 모습 ⓒ 필자 제공.

"오늘 오전 시민방위군 본거지를 습격한 군경은 정확한 첩보를 토대로 계획적 공격을 가한 게 아니었다. 본거지 근방의 사원 주변에서 폭발물이 발견되었다는 신고를 받고 조사하기 위해 출동했던 것이다. 출동한 군경이 사원 근처를 수색하고 있을 때 군부에 정보를 제공하는 지역 내 밀정이 찾아왔다. 그 자는 수상한 젊은 남성들이 근방의 2층짜리 건물에 모여 있으니 조사를 해보라며 시민방위군 본거지로 군경을 이끌었다. 군경은 건물을 포위하고 수색에 협조하라는 명령을 건물 안으로 전했다. 이에 시민방위군 대원들은 보유하고 있던 화기를 사용해 저항했고 총격전이 시작됐다. 우리는 제대로 대비하지 못한 상황에서 공격을 당했고, 결국 밀려서 후퇴할 수밖에 없었다. 어용언론은 8명을 사살하고 4명을 체포했다고 했는데 이는 거짓이다. 우리 대원 2명이 숨졌고 6명이 붙잡혔다. 군부는 체포한 6명을 사망자 옆에 엎드리게 하고 사진을 찍어 총 8명을 사살했다고 날조했다. 붙잡혀간 6명은 아직 목숨을 잃지 않은 것으로 보인다. 이들은 만달레이 출신은 아니고 무장투쟁을 위해 멀리서 만달레이 시민방위군을 찾아온 사람들이다. 시련을 맞이했지만 우리는 지레 포기해서는 안 된다. 이왕 일이 벌어진 마당에 우리가 과감하게 싸움을 시작할 시간이 되었다 여기고 군부에 맞서 싸우는 것이 더 옳지 않겠는가?'

자유언론의 보도를 통해 전해진 툰따욱나인의 말은 시민들에게 힘을 주었다. 그가 외친대로 한 번의 패배로 모든 것을 포기하기는 일렀다.

다음날인 6월 23일. 만달레이 시민방위군 페이지는 툰따욱나인과 대원들이 안전지대에 무사히 도착했으며, 재기를 위해 힘을 기를 것이라는 내용의 글을 올렸다. 시민들은 만달레이 시민방위군을 돕자며 성금을 모으기 시작했다. 해외에서도 성원은 이어졌다. 특히 미국에서 민주진영을 위해 모금운동을 전개하던 유명 인플루언서까지 발 벗고 나서 만달레이 시민방위군을 돕자고 열을 올렸다. 그러나 그날 저녁, 군부 어용언론은 만달레이 북부에 있는 소도시에서 무기를 운반하고 있던 툰따욱나인과 시민방위군을 체포했다고 보도했다. 그리고 압류한 소총과 유탄발사기 사진과 함께 수갑을 찬 툰따욱나인의 사진을 공개했다. 시민은 동요했다. 불과 아침만 해도 무사하다고 했던 이들이 저녁에 군부에 붙잡혔다는 소식은 혼란을 가져왔다. 혼란은 분열을 야기했다. 군부가 가짜뉴스를 퍼뜨리고 있다고 주장하며 계속해서 만달레이 시민방위군을 지원해야한다는 지지파支持

派와 툰따욱나인의 말과 행동이 앞뒤가 맞지 않는 점이 많다며 현장에서 활동하는 사람들의 안전을 위해 일단은 물러나 상황을 지켜봐야한다는 신중론파愼重論派로 갈린 것이다. 온라인에서 밤새 설왕설래가 이뤄졌다. 양측 모두 군부를 증오하는 사람들이었지만 만달레이의 비극이 빚어낸 혼란속에서 시민은 좀처럼 의견을 합치지 못했다.

6월 24일 오전. 만달레이 시민방위군 페이지가 다시 글을 올렸다. 밤새 시민들에 걱정을 끼쳐 송구하다는 말과 함께 툰따욱나인이 체포되었다는 뉴스는 군부가 날조한 것이라고 적었다. 부디 안심하고 계속해서 지지와 성원을 보내달라는 말과 한동안 보안유지를 위해 페이지를 잠정적으로 폐쇄하겠다는 말도 덧붙였다. 민주진영을 지지하는 인플루언서는 페이지에 올라온 글을 근거로 삼아 만달레이 시민방위군을 위한 모금운동을 전개했다. 높은 영향력을 지닌 인플루언서의 독려에 모금에 속도가 붙기 시작했다. 하지만 현장 활동가가 중심이 된 신중론파는 계속해서 반대 목소리를 냈다. 그들은 실체

 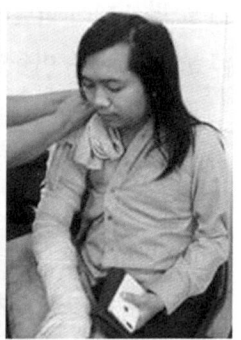

▲2021년 6월 23일 군부 어용언론이 공개한 툰따욱나인의 체포 모습ⓒtwitter.

를 명확하게 드러내지 않는 이가 온라인에서 떠드는 말만 덥석 믿고 무작정 지원을 하는 일은 위험하다고 우려했다. 하지만 인플루언서가 주축이 된 만달레이 시민방위군 지지파가 결국 페이스북 여론전에서 승리했다. 신중론파는 "지금은 모두 밝힐 수 없는 현장의 뒷이야기가 있다. 부디 심사숙고를 하여 현명하게 판단하기를 촉구 한다."는 말을 남기고 지하로 숨어들었다. 사건은 그렇게 일단락되는 듯했다.

그리고 19일 뒤인 2021년 7월 13일. 군부 어용언론은 한 인물의 인터뷰를 보도했다. 화면 아래 자막은 인터뷰를 답하는 자가 보 툰 따욱나인, 본명은 '웨이얀린'이라고 했다.

"저는 현재 시민방위군이 벌이고 있는 폭발물 공격, 인파가 몰리는 병원과 학교를 공격하는 것, 들란이라는 혐의를 씌워 무고한 사람을 죽이는 것, 지역안정을 위해 힘쓰는 행정관을 공격하는 모든 테러 행위를 거부하고 규탄합니다. 왜 옳은 일을 하는 사람을 들란이라고 부릅니까? 한 사람이 스스로 결정하고 판단할 권리는 존중 받아야 옳습니다. 지금 시민방위군에 가입한 열 명 중 아홉은 아무것도 모르는 순진한 청년들입니다. Z세대라 불리는 청년을 불온한 세력과 유사언론이 온라인에서 선동하고 있습니다. 우리 미얀마는 항상 주변국에 위협을 받고 살아왔습니다. 국제적 위기 속에서 이런 불온한 세력까지 청년을 현혹하며 우리 국력은 약화되고 있습니다. 저는 무기를 빼앗긴 일을 기쁘게 생각합니다. 그 무기는 만달레이 전체를 파괴할 위력을 지녔습니다. 결국 다치는 것은 우리 국민입니다. 그를 막아내서 다행입니다. 마지막으로 Z세대 청년들에게 전하고 싶습니다. 자신의 이득을 위해 당신들을 이용하는 정치인들을 주의하십시오. 청년이 정치에 관심을 갖는 것은 좋은 일입니다. 그러나 정치적인 활동하는 것과 나라를 망치는 것은 다릅니다. 부디 분별력을 가지십시오. 그리고 60년 이상 나라를 지켜온 군을 불과 한 달 군사훈련을 받아 대적한다는 건 있을 수 없는 일입니다. 국외에서 당신들을 부추기는 자들의 말을 경계 하십시오"

▲군부 어용언론 마와디가 2021년 7월 13일 공개한 툰따욱나인 인터뷰ⓒ필자 제공.

툰따욱나인, 아니 웨이얀린은 12분가량 진행한 인터뷰 내내 전혀 불편하거나 양심의 가책을 느끼는 기색없이 말을 이어갔다. 인터뷰가 공개되자 신중론을 주장하며 입을 닫았던 현장의 지하 혁명단체들도 비로소 입을 열었다. 툰따욱나인이 변절을 했거나 애초부터 철저하게 훈련받고 시민방위군 내부로 침투한 군부 첩자라는 것이다.

점차 만달레이 시민방위군의 비극 이면에 있던 진실이 드러났다. 드러난 전말은 괴로울 만큼 쓰디썼다.

만달레이 시민방위군은 쿠데타 이후 군부의 탄압이 거세지기 시작한 시점부터 차근차근 무장투쟁을 준비했다. 만달레이 청년들은 북부 까친주 소수민족 무장단체 까친 독립군(KIA)를 찾아갔다. 군부라는 공동의 적 앞에서 KIA는 청년들에게 지원을 아끼지 않았다. 군사훈련을 제공하고 무기까지 내주었다. 뿐만 아니라 자유언론과 협업해 여론을 형성하는 방법을 전수하고, KIA 소속 장교를 만달레이로 파견해 직접 저항의 거점을 구축하기 시작했다. KIA의 지원으로 만달레이 시내에 시민방위군 은신처 4개가 마련됐다. KIA는 만달레이 시민방위군 뿐만 아니라 만달레이시 근방에 있는 모든 혁명단체를 지원했다. 점조직으로 존재하던 단체를 촘촘하게 연결하여 일거에 군부와 결전을 벌일 수 있게끔 초석을 만들고자 하는 목적이었다. 이때부터 툰따욱나인은 만달레이 시민방위군의 공보담당자로써 KIA와 협업하기 시작한다. 툰따욱나인은 수차례 만달레이와 까친주를 오가며 무기와 지원물자를 날랐다.

그리고 운명의 날이 밝았다. 6월 22일 아침. 군경은 이미 은신처의 위치를 정확히 알고 포위망을 구축했다. 전투가 이뤄졌지만 로켓포를 발사하며 밀고 들어오는 군경을 시민방위군은 당해낼 수 없었다. 현장에서 저항하던 KIA 장교 2명이 목숨을 잃었고, 열 명 남짓의 시민방위군 대원들은 한 명도 탈출하지 못하고 죽거나 체포당했다. 군경은 남은 은신처 3곳도 공격했다. 22일 만달레이시 전역에서 발생한 폭발과 군경의 공격은 모두 사전에 계획된 일이었다.

정작 그날 툰따욱나인은 만달레이에 없었다. 그는 모처에서 페이스북 페이지에 글을 올리고 자유언론에 정보를 전달하며 혼란을 부추겼다. 그의 말을 믿은 시민과 지하 혁명단체는 만달레이 시민방위군을 돕기 위해 위험을 무릅쓰고 거리로 나왔다. 군경은 그들을 향해 무차별 총격을 가했다. 다음날인 23일. 툰따욱나인은 만달레이 북부에서 KIA가 제공한 무기를 지닌 채 군부에 체포됐다. 군부 어용언론의 보도는 가짜뉴스가 아니었던 것이다. 미화 십만 불(한화 약 1억 2천만 원)이 넘는 가치를 지닌 무기와 물자가 고스란히 군부의 손에 넘어갔다. 하지만 툰따욱나인의 기만은 그치지 않았다. 어용언론의 보도로 여론이 분열되자 다음날 또다시 페이스북 페이지에 글을 올려 자신을 지원해달라고 호소했다. 만달레이 시민방위군 지지파는 거짓말에 속아 열성적으로 모금운동을 벌였다.

▲변절자 혹은 첩자 툰따욱나인 혹은 웨이얀린ⓒ필자 제공.

만달레이의 지하 혁명단체들은 툰따욱나인이 벌인 일이 겨우 뿌리를 내린 저항의 초석에 치명타를 가했다고 말했다. 툰따욱나인을 동지라고 믿은 결과는 참혹했다. 6월 22일 비극 이후 1백여 명 가까운 반군부 활동가가 군부에 체포되거나 목숨을 잃었고, 만달레이 내 점조직들은 와해되거나 도시를 떠나 안전지대로 숨어들었다.

KIA 또한 툰따욱나인 때문에 피해를 입었다. 만달레이에서 장교 2명을 잃었으며, 툰따욱나인의 정보제공 때문에 더욱 정교해진 군부의 공습과 포격을 받아야했다. 보안상 비밀을 유지했던 KIA의 주요 인사와 지휘관의 이름이 군부 어용언론에 오르내리는 수모도 겪었다.

무엇보다 치명적인 것은 툰따욱나인의 행위가 미얀마 시민 사이에 씻을 수 없는 상처를 남긴 것이다. 시민들은 기만과 거짓에 흔들려 의견을 모으지 못했다. 모금운동을 진행했던 인플루언서는 툰따욱나인 사태에 대한 해명을 늘어놓아야 했고, 여론에 밀려 입을 다물어야 했던 현장의 신중론파는 안팎으로 깊은 상처를 입었다. 군부는 교묘한 심리전을 통해 시민사이의 간극을 벌리는데 성공한 것이다. 변절자, 첩자, 밀정, 프락치. 여러 이름을 가진 내부의 적은 정녕 직접 총구를 들이미는 군경 이상으로 두려운 존재였다.

이후 만달레이는 툰따욱나인 한 명이 야기한 혼돈을 극복하기위해 각고의 노력을 동원했다. 지하 무장단체는 치열하게 도시에서 군경에 맞섰고, 시위대는 시내 곳곳에서 게릴라 시위를 벌였다. 하지만 만달레이의 도시 혁명세력은 2021년 6월에 구축했던 기반을 재건하기 위해 수개월 이상을 허비해야만 했다.

잊힌 전장, 그러나 계속되는 투쟁 · 1
- 최전방에서 싸우는 소수민족 여성 저격수, 세상이 잊어도 우리의 싸움은 끝나지 않았다

자유시간이면 그녀는 동료들과 오두막에 모여 앉아 기타를 치고 노래를 불렀다. 여느 청년과 다르지 않은 구김 없는 그녀의 얼굴에 밝은 웃음이 번진다. 그녀가 있는 곳은 미얀마 동부 까야(Kayah)주 모처에 있는 소수민족 무장단체 꺼잉니 민족방위군(Karenni National Defense Force)의 주둔지다. 휴식을 취하는 순간에도 저격 소총 한 자루가 얼룩덜룩한 위장무늬로 가득한 군복을 입은 그녀에게 기대있는 모습이 인상적이다. 언제든 전투에 임할 수 있도록 준비된 상태에서 휴식을 취하는 것이라고 그녀는 말했다.

전선에서는 대부분 본명이 아닌 가명을 쓴다. 동료들은 그녀를 '수켓'이라는 이름으로 불렀다. 수켓은 만 18세라는 나이가 믿겨지지 않을 정도로 키가 크고 몸이 다부졌다. 십대 끝자락이라는 나이는 숫자에 불과하다는 것을 증명하려는 듯 수켓은 열성적으로 전장에서 활동하고 있다.

수켓의 보직은 현재 꺼잉니 민족방위군 제9대대 3중대 소속 저격수다. 그녀는 저격 장비로 무장하고 최전선의 군사작전에 투입되는 정예 전투병이기도 하다.

▲꺼잉니 민족방위군(KNDF) 제9대대 3중대 소속 여성 저격수 수켓ⓒ칸다와디 타임즈.

"적을 정찰하러 나갈 때면 늘 어려움이 많아요. 제일 큰 걱정은 정찰 중에 적 저격수가 먼저 저를 발견하는 일이죠. 만일 그런 일이 발생하면 저는 물론 동료들 모두가 목숨을 잃을 수도 있어요. 때문에 전선으로 나갈 때마다 저는 극도로 긴장해요. 아무리 길어야 하루내지 이틀 정도면 작전이 끝나지만 체감하는 피로는 이루 말할 수 없을 정도죠. 어떨 때는 육안으로 멀리 있는 한 지점을 오랫동안 응시하는 것만으로도 눈앞이 흐릿해지는 경우가 있어요. 눈도 지쳐버려서 더는 집중하지 못하는 거예요. 그렇게 조준경을 통해 몇 시간 적의 동태를 지켜보고 나면 제 임무가 시력에 좋지 않은 영향을 미친다는 점을 느껴요. 눈이 바짝 말라서 통증을 느낄 때도 있어요. 그렇지만 임무를 다하기 위해서는 참아야 하죠. 이런 고통 또한 군인으로써 제가 감당해야할 도전이라고 생각합니다."

수켓은 저격수로 임무에 나설 때마다 전선에서 겪는 어려움을 담담하게 전했다.

수켓의 도전은 웬만한 장정들도 짊어지기 어려운 일이다. 그러나 군부독재에 맞서 무장혁명에 뛰어든 10대 여성은 가혹한 도전에도 씩씩함을 잃지 않았다. 저격수는 전장에서 중요한 역할을 한다. 소수로 팀을 꾸려 위험천만한 교전지역 최첨단에서 잠행하며 아군의 눈과 귀 역할을 하기도 하고, 때로는 적과 직접 교전을 벌이기도 한다. 전장에서 가장 중요한 덕목이 무엇이냐고 묻자 수켓은 '신중함' 이라고 답했다. 가볍게 행동하면 임무를 그르치는데 그치지 않고 목숨까지 잃을 수도 있기 때문이라고 했다. 순간의 판단으로 생사가 결정되는 전선에서 느끼는 두려움은 전투경험이 많은 수켓에게도 결코 익숙해지지 않는 점이다.

"최전방에서는 동료들은 안전이 저에게 달려있어요. 팀으로 전술행동을 할 때면 저는 항상 준비된 자세로 경계해야하죠. 혁명이 1년을 넘은 지금은 동료들의 몸짓만 봐도 무슨 생각을 하고 있는지 단번에 파악할 수 있는 경지에 이르렀어요. 그럼에도 최전방 임무에서는 결코 가볍게 움직이면 안 돼요. 신중하지 못한 행동으로 팀 전체가 곤란을 겪을 수도 있다는 점을 항상 염두하며 실수가 발생하지 않도록 노력하고 있습니다."

지금은 어엿한 정예 저격수가 되었지만, 그녀는 전장으로 나가기까지 수많은 난관을 견뎌야 했다. 수켓은 전투병이 되기 위해 남성들과 동등한 조건에서 육체를 단련하고 총기 사용법과 전술을 습득했다. 포기하고 싶은 때도 있었지만 그녀는 모든 심리적 부담과 육체적 고통을 오직 혁명승리라는 목표 하나를 보고 이겨냈다.

"저 자신을 많이 바꿔야 했죠. 변화하기가 쉽진 않았어요. 하지만 '남자들만 전쟁터에 나가란 법은 없다.', '나도 그들과 함께 싸우겠다.' 는 결심으로 노력했죠. 그 결과 전선에서 싸우는 사람이 됐고요. 저는 여성이 약하다고 생각하지 않아요. 훈련을 받을 때도 교관님들은 저를 남성 동료들과 차별하지 않았어요. 저는 동등한 조건에서 제 노력으로 성과를 이루어내야만 했지요. 내가 왜 이 길에 뛰어들었는지, 무엇을 위해 싸우는 지를 생각하면서 어려움을 극복했습니다."

군부 쿠데타 전 수켓은 10학년에 재학 중인 평범한 학생이었다. 그리고 부모 슬하에서 예쁨을 많이 받고 자란 딸이자 아기자기한 물건을 좋아하는 소녀였다. 수켓은 어린 시절부터 부모님이 해주시는 88년 항쟁 당시 이야기를 들으며 자랐다. 끔찍한 이야기였다. 수켓은 자신은 그런 상황을 겪지 않아 다행이라고 여겼다. 하지만 잔혹한 옛날이야기는 현실이 됐다. 2021년 2월 군부는 불법 쿠데타를 일으켜 미얀마의 시계를 과거로 돌렸다. 학교는 문을 닫았다. 수켓의 세대는 학문을 위해 힘을 쏟아야하는 가장 아름다운 시절을 빼앗겼다.

혼란의 와중에 10대 소녀 수켓은 자신에게 찾아온 문제의 본질을 정면으로 바라봤다. 청년세대의 미래를 앗아간 것은 군부독재체제였다. 부모와 조부모 세대가 겪은 군부독재 치하의 공포와 불안을 미래세대에 물려주지 않고 스스로의 힘으로 깨뜨리겠다는 열망이 평범한 소녀의 삶을 바꿨다.

까야주에는 수켓처럼 교육의 기회를 잃고 군부 독재자에 맞서 무장투쟁을 전개하는 10대 여성이 다수 존재한다. 그들은 군부독재가 종식되지 않으면 평화는 없다는 생각으로 펜을 놓고 총을 들었다. 최

▲최전선에서 싸우는 수켓의 모습ⓒ칸다와디 타임즈.

전방과 후방의 지원활동 전선에서 여성들은 정의와 자유를 되찾기 위해 헌신하고 있다.

수켓의 가족은 군부 쿠데타 이후 까야주에서 첫 번째 유혈진압이 발생한 디머소 지역의 한 마을에 살았다. 당시 수켓은 모친과 함께 시위현장에 있었다. 군부의 점차 탄압이 점차 거세지자 수켓이 평화노선을 버리고 무장투쟁에 참여하겠다는 의사를 밝혔을 때도 모친은 그녀를 응원했다. 그러나 혁명이 점차 장기화되자 모친은 딸이 전쟁터를 벗어나 가족의 품으로 돌아오기를 내심 바라고 있다.

지난 2021년 5월, 수켓의 가족은 격화되는 교전을 피해 고향집을 떠나 피란길에 오른 뒤 지금까지 집으로 돌아가지 못하고 있다. 현재 그녀의 가족은 친척집에 피난처를 꾸리고 지내는 상황이다.

"어머니가 너무 보고 싶고 너무도 사랑한다는 말을 하고 싶어요. 그러나 막상 전화 통화를 할 때는 입이 떨어지지 않아요. 한 번도 어머니께 사랑한다고 말하지 못 했어요."

아직 부모의 보호가 필요한 나이지만 가족과 떨어져 무장혁명에 가담한 수켓. 그녀의 목소리에서 가족에 대한 사랑과 그리움이 절절하게 묻어났다. 혁명 장기화되면서 현장에는 전투에 필요한 무기와 탄약, 식량을 위한 기부와 지원이 점차 줄어들고 있다. 수켓은 "낙심하지 말고 어떤 방법이라도 좋으니 우리의 혁명에 계속 응원을 보내달라"는 독려의 말을 세계시민에 전했다.

▲작전지역으로 이동하는 중 들꽃으로 시선이 머무는 수켓ⓒ칸다와디 타임즈.

수켓과 같은 학령기 미얀마 청년 다수가 지금 자유와 공정 회복을 위해 군사독재에 저항하고 있다. 그들은 다방면에서 혁명을 전개하며 독재자가 몰락하는 날까지 결코 포기하지 않겠다는 다짐을 밝혔다. 비록 세상이 알아주지 않는다 해도 수켓과 수많은 미얀마 청년은 혁명 완수의 그날까지 계속 싸울 것이다.

잊힌 전장, 그러나 계속되는 투쟁 · 2
- 꺼지지 않는 등불, 총을 든 승려들

"귀관의 각오는 무엇인가?"
"강철 같은 각오!"
"귀관은 무엇을 위해 존재하나?"
"전투를 위해!"

교관의 물음에 대답하는 우렁찬 목소리가 밀림 모처의 신병훈련소에 울려 퍼진다. 군부에 무장투쟁을 벌이고자 혁명전선에 뛰어든 시민방위군 신병들이 훈련 중 내지르는 함성이다. 고단한 무장혁명의 길을 걷는 청년혁명전사들. 그들 모두는 각자의 사연을 짊어진 채 이전의 평범한 삶을 뒤로하고 밀림으로 들어왔다.

그중 파르라니 깎은 머리로 기초 군사훈련을 받고 있는 신병 한 명이 눈에 띈다. 그는 자신을 '예버 피닉스(불사조)'라고 소개했다. 피닉스가 버리고 온 과거의 삶은 다른 대원들과 사뭇 달랐다. 그는 쿠데타 군부가 불법으로 권력을 찬탈하기 전 '신 사레잇따'라는 법명으로 수행하던 테라와다 불교의 젊은 승려이자 불법에 정통한 촉망받는 수행자였다.

2021년 2월 군부가 쿠데타를 일으키자 그는 시민과 함께 비폭력 저항운동에 나섰다. 그러나 돌아오는 것은 총탄이었다. 수많은 시민

▲국경지역 해방구에서 군사훈련을 받고 있는 예버 피닉스ⓒMPA.

이 승려 신 사레잇따의 눈앞에서 목숨을 잃었다. 시민은 점차 무기를 들며 저항했다. 신 사레잇따는 선택의 기로에 놓였다. 승가의 규율대로 오계五戒를 지키며 계속해서 평화시위를 해야 하는가? 혹은 환속하여 나라의 근본인 국민과 함께 싸워야하는가? 고민은 길지 않았다. 힘이 없으면 부당한 폭거에 맞설 수 없다는 결론을 내린 신 사레잇따는 무려 아홉 살에 출가해 14년 동안 계속 이어온 불도佛道수행의 길을 내려놓았다. 승복을 벗고 속세의 옷으로 갈아입은 그는 지체 없이 밀림으로 향했다. 그렇게 승려 신 사레잇따는 시민방위군 예버 피닉스로 재탄생했다. 승려의 삶을 버리고 전사의 길을 걸으며 모든 일이 녹록치 않다는 예버 피닉스, 그러나 그는 혁명 승리에 대한 굳건한 믿음으로 계속 나아갈 것이라 답한다.

군부 쿠데타가 발생하고 세계적인 불교 종주국이란 자부심을 갖고 살아온 미얀마 국민은 자존심에 큰 상처를 받았다. 그간 군부독재에 기생하여 살아온 승려들이 자신의 이익을 지키기 위해 민 아웅 흘라잉과 군부를 옹호하는 모습을 목도해야했기 때문이다. 전 국민적인 존경을 받아온 고명한 승려들도 예외는 없었다. 그들은 민 아웅 흘라잉과 군부 장성에게 공물을 받고 축원을 전하며 불법 쿠데타에 힘을 실어줬다.

▲예버 피닉스가 신 사례잇따라는 법명으로 수행하던 당시의 모습ⓒ필자 제공.

심지어 군부의 잔혹함을 북돋은 자도 있었다. '와시뻬잇' 이라는 법명으로 알려진 친군부 승려는 "시대를 바꾸고 싶으면 머리를 노려라. 문을 천천히 열기 어렵다면 발로 차 부숴버리면 된다."는 조언을 민 아웅 흘라잉에 전하기까지 했다. 우연의 일치인지 정말 승려의 조언대로 한 것인지는 알 수 없으나 쿠데타 초기 평화시위에 나선 수많은 시민이 군경의 조준사격에 머리를 맞고 현장에서 절명했다.

군부는 중대한 정무政務적 판단을 할 때도 자신들을 지지하는 승가僧家를 찾았다. 승려들은 선문답과 점술 등을 활용해 군부 수뇌부에 조언을 하고 대가로 공물과 이권을 챙겼다. 군부는 친 군부 승가로부터 얻은 축원과 조언을 활용해 온갖 잔혹행위와 불법행위를 정당화했다. 이러한 모습을 보고도 침묵하는 승려들의 모습에 시민들은 "존경할 수 있는 스님들은 88년도 항쟁과 2007년 샤프란 혁명 때 모두 입적入寂하셨다."라고 말하며 실망감을 감추지 못했다. 청년세대를 중심으로 승가는 물론 미얀마 불교문화에 대대적인 개혁이 필요하다는 목소리가 나올 정도였다.

하지만 실추된 미얀마 불교의 자존심을 다시 세운 것 또한 참된 승려들이었다. 총구를 겨누고 있는 군경을 자신의 몸으로 막으며 시위대 선두에 선 스님들, 탄압을 피해 도망치는 시민을 사원에 숨겨준 스님들, 파탄하는 경제로 기근에 빠진 시민을 구해기 위해 사원의 재산을 꺼내 구휼에 나선 스님들, 그리고 불살생不殺生의 계를 깨고 총을 들어 시민의 곁에 선 예버 피닉스 같은 스님들이 꺼지지 않는 등불이 되어 시민의 곁에 섰다.

아래는 미얀마 테라와다 불교의 고명한 승려 '어신 오웃다마'가 고통 받는 민중에게 전한 법문法問이다. 미얀마에 평화가 찾아와 예버 피닉스와 모든 의로운 스님들이 다시 구도의 삶으로 돌아갈 수 있기를 기도한다.

> 자신의 미래는 스스로의 용기로
> 호기롭게 헤쳐 나아가야한다
> 과거로 회귀하는 이 세계에서
> 정의를 지키는 건
> 토속신앙도 천상의 신도 아니다
> 법관 역시 그를 지켜줄 수 없다
> 미래를 지킬 수 있는 자는
> 오직 자기 자신 뿐이다
> 그 누구에게도 희망을 품지 말라
> 본래 인생은

스스로의 용기로
극복해 나가야한다
당해야만 한다면 당해내라
견뎌야만 한다면 견뎌내라
항거해야 한다면 항거하라
뒤돌아보지 말라
목전에 있는 모든 부정不正를 깨부수기 위해
우리는 용기를 내야한다

▲군부에 저항하고자 승복을 벗고 무장투쟁에 뛰어든 미얀마 승려들 ⓒ필자 제공.

잊힌 전장, 그러나 계속되는 투쟁·3
- 반 군부 게릴라 아버지와 군부 부사관 아들, 혁명전선에 함께 서다

소카인린 하사, 거짓과 허위로 가득찬 군부를 등지다

소카인린(Soe Khaing Lin)은 미얀마 중부 서가잉(Sagaing)주 인마삔(Yinmarbin) 지역에 있는 농촌마을 반붸(Banbwe)에서 농부의 아들로 태어났다. 나고 자란 마을에서 고등학교까지 다닌 그는 대학에 진학하며 서가잉주 중심도시 몽유와(Monywa)로 상경했다. 대학생활을 하던 소카인린은 2020년 초 몽유와 시내에서 우연히 군부 신병모병관을 만난다. 그는 소카인린에 부사관 입대를 제안했다. 안정적인 직업을 원했던 소카인린은 고민 끝에 모병관의 제안을 받아들였다.

모병관은 소카인린을 서가잉주 슈웨보(Shwebo) 지역에 있는 신병교육소로 데려갔다. 기초 군사 훈련은 무려 6개월에 걸쳐 계속됐다. 기초훈련을 끝마친 소카인린은 바로 미얀마 동부 샨(Shan)주에 있는 육군부사관학교로 보내졌다. 그곳에서도 훈련은 끝없이 이어졌다. 임관 전까지 소카인린은 장장 2년 동안 훈련을 견뎠다. 군부는 기초 군사 훈련 기간은 물론 부사관학교에서도 훈련부사관들이 가족과 연락할 권리를 통제했다. 전화로 가족에게 간단한 안부 인사말을 전하는 것 말고는 일상적인 대화를 나누는 것조차 허락되지 않았다.

▲하사로 복무하던 당시의 소카인린ⓒ미얀마나우.

소카인린은 부사관 훈련을 받는 도중에 군부가 쿠데타를 일으켰다는 사실을 전해 들었다. 상부에서는 "엄중한 국가적 위기상황을 군이 통제하기 위해 전면에 나섰다."는 선전을 훈련부사관들에 전했다. 휴대전화와 인터넷 사용이 철저히 금지된 환경에서 소카인린을 비롯한 훈련 부사관들은 쿠데타 직후 미얀마에서 일어난 일을 전혀 알지 못했다.

2022년 5월, 마침내 소카인린은 부사관 학교 교육을 마쳤다. 수료식을 앞두고서야 그는 비로소 어머니와 처음으로 제대로 된 통화를 할 수 있었다. 어머니가 전한 소식은 참담했다. 군대는 서가잉주에서 수백 개가 넘는 마을을 불태웠다. 소카인린의 고향 마을 반붸 마을도 군부의 방화를 피해가지 못했다.

비보는 그것으로 그치지 않았다. 어머니는 그의 친형 소나인린(Soe Naing Lin)과 사촌 2명이 한 밤 중 마을을 습격한 군부 병력에 의해 총살당했으며, 아버지 또한 고향을 등지고 광야를 떠돌며 군부에 맞서 무장투쟁을 벌이고 있다고 전했다. 어머니가 고향 마을을 불태우고 자신의 형을 살해한 이들이 다름 아닌 '군부의 군대'라고 말하자 소카인린은 문자 그대로 눈앞이 깜깜해졌다. 그는 지난 2년 동안 세상이 어떻게 돌아가는지도 몰랐단 사실에 커다란 충격을 받았고, 자신의 가족뿐만 아니라 온 나라를 군홧발로 짓밟은 군부에 깊은 환멸과 증오를 느꼈다. 어머니는 그간 벌어진 모든 일을 소상히 전하며 아들에게 군대를 이탈할 것을 권유했다.

소카인린은 군을 떠나기로 결심했다. 그러나 바로 부대를 이탈하는 것은 너무도 위험했기에 적절한 때를 기다렸다. 얼마 뒤 소카인린은 하사 계급장을 받고 샨주에 있는 군부 제55사단 511보병대대에 발령받았다. 부대 적응기간 동안 행정실에 배치된 그는 3개월 동안 부대 내에서 잡무를 보며 때를 기다렸다. 그리고 2022년 8월 중순 부대를 이탈해 고향으로 향했다.

아버지 툰따욱 중위의 투쟁

소카인린과 아버지가 태어나고 자란 반붸 마을은 서가잉주 친드윈(Chindwin)강 서안에 있는 제법 큰 마을이다. 인구는 약 1,300명에 이르며, 마을 사람들은 대부분이 콩과 참깨를 재배하는 농민이다. 2021년 2월 군부 쿠데타에 반대하는 전국적인 시위가 일어났을 때 반붸 마을 주민은 의견이 둘로 나뉘었다. 주민 절반은 반 군부 시위에 나섰지만, 나머지 절반은 군부 쿠데타를 지지한 것이다. 군부의 꼭두각시 정당인 연합단결발전당(Union Solidarity and Development Party)은 반붸 마을 내 친군부 성향의 주민을 규합해 쿠데타 지지집회를 열었으며, 반군부 집회를 벌이는 같은 마을주민을 공격하기까지 했다.

아버지는 쿠데타가 발생하고 두 달이 지난 뒤 반 군부 공동행동을 위해 시민들이 조직한 '마을자치위원회'에 가입했다. 불행하게도 군부가 심은 첩자에 의해 위원회 회원 명부가 유출되는 일이 벌어졌다. 아버지를 포함한 반 군부 활동가들은 즉각 군부의 표적이 됐다. 체포를 피하기 위해서는 도망치는 수밖에 없었다. 아버지는 피란길에 무력함을 느꼈다. 군부를 몰아내기 위해서는 말이 아닌 힘과 행동이 필요하다는 사실을 체감한 것이다. 그렇게 그는 무장투쟁을 결심했다. 아버지는 마을 주변 밀림에서 수렵활동을 하는 사냥꾼들로부터 엽총을 구하고, 화약을 제조하는 방법을 전수받는 한편 동료들을 모아 저항을 준비했다.

아버지와 동료들은 2021년 4월 군부와 첫 번째 전투를 벌였다. 반붸 마을에서 약 6마일(약 9.6km) 떨어진 한 마을에 군부가 대규모 병력을 투입하자 아버지와 각 마을에서 모인 시민군은 조약한 무기로 치열하게 게릴라전을 펼쳤다.

첫 번째 전투에서 50대 초반의 아버지는 청년들에 밀리지 않는 활약과 리더십을 보이며 선봉에서 시민군을 이끌었다. 시민군은 빠른 기동력으로 동분서주하며 치고 빠지는 전술로 군부 병력을 혼란에 빠뜨렸다. 결국 사기를 잃은 군부는 병력을 물렸고 시민군은 마을을 지켜낼 수 있었다. 전투 이후 반붸마을과 주변지역에서 모인 시민군은 아버지를 지도자로 추대하고 '툰따욱 중위'라는 별명으로 부르기 시작했다. 툰따욱은 미얀마어로 '광명光明'이라는 뜻이다. 소카인린의 둘째형 소나인린도 업으로 삼던 농사일을 접고 아버지 툰따욱 중위가 이끄는 게릴라 부대에 합류했다.

하지만 툰따욱 중위를 신뢰하지 않는 이들도 많았다. 군부에서 하사로 복무하는 아들 소카인린 때문이었다. '첩자', '군부 끄나풀'과 같은 꼬리표가 늘 툰따욱 중위를 따라다녔다. 하지만 2021년 9월 군부가 툰따욱 중위의 아들 소나인린과 조카 두 명을 붙잡아 총살한 비극이 발생한 이후 모든 의심은 사라졌다. 아들 소나인린이 죽은 날 툰따욱 중위는 부대원들을 모아 놓고 말했다.

"소카인린은 나에게는 이미 죽은 사람이다. 설령 전장에서 마주치는 일이 있더라도 나는 망설임 없이 총을 쏘겠다."

잿더미로 덮힌 귀향길과 부자父子의 재회

소카인린의 고향 서가잉주는 시민군과 군부가 일년 이상 치열한 싸움을 벌이고 있다. 서가잉 주민들은 1988년 민주화 운동부터 정치 활동에 활발하게 참여해왔다. 더불어 지리적으로도 강한 군사력을 지닌 소수민족 친(Chin)주, 까친(Kachin)주에 가깝기 때문에 수많은 서가잉주 청년들이 쿠데타 이후 소수민족을 찾아가 군사훈련을 받았다. 산림이 우거진 구릉과 산악지형이 많은 지형은 게릴라 활동에 용이했다. 서가잉에서 시민군이 벌이는 저항을 지상군 투입만으로는 통제할 수 없게 된 군부는 무차별 공습과 방화를 자행했다. 2021년 2월부터 2022년 12월까지 서가잉주에서 민가 3만 6천여 채가 불탔다.

소카인린은 귀향길에 폐허가 된 수많은 마을을 목격했다. 길가에 사람 사는 곳 중에 성한 건물은 드물었다. 겨우겨우 서가잉주에 도착

◀소카인린을 환영하는 인마뻰 지역 주민과 시민방위군ⓒ미얀마 나우.

한 소카인린은 지역 시민군에 의탁했다. 시민군은 연락망을 돌려 아버지가 있는 곳을 수소문했다. 며칠 만에 소카인린의 고향과 가까운 인마뻰 지역 일대에 아버지 툰따욱 중위가 머물고 있다는 소식이 돌아왔다. 아들은 한 달음에 아버지에게 달려갔다.

게릴라 부대 지도자 아버지와 군부 하사 계급장을 버리고 귀향한 아들이 마침내 만났다. 2년 만에 만난 부자는 눈물을 흘리며 서로를 부둥켜안았다. 감격적인 가족상봉에 박수가 쏟아졌다. 이날 아들 소카인린은 아버지 툰따욱 중위가 이끄는 게릴라 부대에 합류해 싸우겠다고 발표했다.

사람들은 아버지에게 아들을 재회한 소감을 물었다.

"아들이 계속 군부에 속해 있었다면 우리는 부자가 아닌 적으로 만나 서로를 쏘아야 했을 겁니다. 하지만 아들은 불의를 거부하고 시민의 품으로 돌아왔어요. 자랑스러운 내 아들이 마침내 돌아 왔습니다."

툰따욱 중위는 기쁜 내색을 감추지 못했다. 아들 소카인린도 화답했다.

"불의와 폭력에 맞서온 아버지와 함께 고향마을로 돌아갈 수 있는 날까지 싸울 겁니다."

부자의 고향 반붸 마을은 군부 병력 60여 명과 경찰 30여 명이 주둔하여 군부를 지지하는 마을 주민 100여 명과 함께 거주하고 있다. 군부는 툰따욱 중위의 집을 포함해 피란길을 오른 마을 주민들의 집 50여 채에 불을 질렀으며, 현재도 주변 지역 마을을 습격하여 방화, 약탈, 학살과 불법체포를 일삼고 있다.

잊힌 전장, 그러나 계속되는 투쟁 · 4
- 두 다리를 잃었지만 남은 두 팔로 혁명을 계속하리

'피터 우'가 두 다리를 잃은 날은 그가 19번째 생일을 맞고 2주가 지난 2022년 5월 26일이다.

당시 미얀마 동부 까야주(Kayah State) 디머소 지역에 투입된 군부 제66사단은 지역 주둔군인 제10대대 병력과 함께 시민방위군 격퇴를 위해 대대적인 공세를 벌였다. 피터 우가 소속된 디머소 시민방위군은 군부 병력을 맞아 타운십 내 더웅안카 마을 근교에서 전투를 치렀다. 피터 우는 그날 전투 선봉에서 싸웠다.

싸움이 시작되고 얼마 지나지 않아 "쾅" 하는 굉음이 울려 퍼졌다. 19세 청년전사 피터 우의 몸이 하늘로 치솟았다가 땅으로 꼬꾸라졌다. 폭발로 인해 뿌리째 뽑힌 덤불과 흙더미가 그의 눈앞에서 어지러이 흩날렸다. 피터 우는 적군이 발사한 포탄이나 수류탄이 근처에서 폭발한 것이라 여겼다.

몇 초간 경황이 없던 상태를 벗어난 피터 우는 엎드린 자세로 뒤를 돌아보았다. 그리고 자신의 두 다리가 사라진 것을 보았다. 찢겨져 나간 종아리의 근육에서는 붉은 피가 연신 솟구치고 있었다. 정강이뼈는 으스러진 채 튀어나와 있었으며, 엉덩이 옆에는 떨어져 나간 왼발이 놓여있었다.

"돌출된 뼈를 보았을 때 제가 지뢰를 밟았다는 사실을 깨달았어요. 아무런 말이나 행동도 못하고 그대로 굳어버렸죠. 동료들이 달려와 지혈을 시작했고, 그제야 저는 울부짖기 시작했어요. 한 동료가 부대 마크가 새겨진 자신의 스카프를 벗어 제 허벅지를 단단히 동여매던 게 기억나요. 찰나지만 고통이 경감하는 걸 느꼈어요."

소수민족 꺼잉니(Karenni)족인 피터 우는 7남매 중 장남으로 태어났다. 그는 쿠데타 전 10학년에 재학 중이었다. 공교롭게도 피터 우가 다니던 학교는 그가 전투 중 다리를 잃은 더웅안카 마을에 있는 고등학교였다. 고등학생 피터 우는 대학에 진학해 공부를 마치고 나서 외국에서 일하겠다는 목표가 있었다. 그러나 2020년 전 세계를 휩쓴 코로나19로 인해 전국적인 휴교령이 떨어졌고, 피터 우는 10학년 시험(대입시험)마저 치르지 못한 채 학업을 중단해야만 했다.

▲2022년 5월 26일 피터우가 지뢰를 밟고 쓰러진 모습ⓒDMO-PDF.

엎친 데 덮친 격으로 2021년 2월 군부가 쿠데타를 일으켰다. 청년들은 거리로 나가 시위를 벌였다. 대도시뿐만 아니라 지방 소도시와 소수민족 지역까지도 반 군부시위가 확대되었다. 고등학생 피터 우도 반군부시위에 참여했다. 시위가 나날이 거세지자 군부는 무력을 동원해 시위대를 유혈진압 했다. 거대한 폭력 앞에 저항하기 위해 피터 우는 무기를 들었다. 평범한 삶을 꿈꾸던 소년이 군부 쿠데타로 인해 군부독재타도라는 원대한 목표를 세운 순간이었다. 청년들은 무장혁명을 전개하며 군부세력에 끊임없는 고통을 주었다. 그러나 혁명에는 대가가 따랐다. 누군가는 사지를 잃었고 누군가는 하나뿐인 목숨을 던졌다.

동료들은 지뢰 폭발로 쓰러진 피터 우를 업고 30분 정도를 후퇴했다. 극도의 고통과 혼란 속에서도 피터 우는 자신이 급박한 전장에서 동료의 짐이 되고 있다고 느꼈다. 그는 후송차량에 도착하기 전 자신을 업고 있던 동료를 붙잡고는 말했다.

"그냥 나를 쏘고 가."

▲피터우가 소속된 디머소 시민방위군 소속 청년 대원들ⓒDMO-PDF.

하지만 동료는 눈물이 그렁그렁한 눈으로 세차게 고개를 저었다. 차에 실려 후송되는 동안 피터 우는 여러 차례 고비를 맞았다. 흐릿해지는 의식과 감기는 눈을 막으려 동료들은 부단히 그에게 말을 붙였다. 고통과 낙심으로 흔들리는 피터 우를 일깨운 것은 동료의 한마디었다.

"두 다리가 없어도 너의 능력을 발휘할 수 있는 곳이 분명 있어."

피터 우는 부상당한지 수 시간 만에 후방부대의 진료소로 도착했다. 의료팀은 으스러진 양쪽 다리를 절단해야 한다고 했다. 결국 괴사 상태가 심했던 왼쪽 다리는 허벅지 하단까지, 오른쪽 다리는 무릎 관절 아래까지 잘라내야만 했다. 수술을 받은 지 반년 이상 지났지만 현재까지도 피터 우는 여전히 절단부위에서 통증을 느낀다. 피터 우는 낙심하지 않고 아직 끝나지 않은 혁명에 헌신할 방법을 고민했다. 비록 무장투쟁을 계속할 기회는 주어지지 않겠지만, 후방에서 전우들을 지원할 방안을 모색한 것이다.

그가 찾은 새로운 무기는 컴퓨터였다. 피터 우는 컴퓨터 사용법을 익혀 혁명단체 공보부 활동에 필요한 자료를 작성하고 배포하는 일을 시작했다.

"할 수 있는 일을 찾아낸 거죠. 동지들이 전장에서 싸울 때 누군가는 이런 작업을 해야 하는 거잖아요."

동료들도 피터 우가 좌절하지 않고 긍정적인 자세로 기운을 내는

▲주둔지에서 시민방위군 공보부 활동을 돕는 피터우ⓒDMO-PDF.

모습에 힘을 얻는다고 입을 모았다. 비록 피터 우는 배움의 기회와 신체의 일부를 잃었지만 혁명에 뛰어들기로 한 자신의 결정을 후회하지 않는다고 했다.

"혹자는 다리를 잃은 저를 측은하게 보기도 해요. 맞아요. 이만한 불행을 견디며 살아가야 하는 건 결코 녹록한 일이 아니죠. 하지만 괜찮아요. 후회하지도 않고요. 이 세상에는 다리가 없어도 큰일을 해낸 사람들이 많잖아요. 저 또한 포기하지 않고 제 길을 찾아 나아갈 겁니다. 슬퍼하지도 울지도 않을 겁니다."

7개 타운십(Township, 면面 단위와 유사)로 구성된 까야주 인구는 약 25만 명이다. 그 중 퍼루소, 롸이꺼, 디머소 타운십은 가장 치열하게 전투가 벌어지는 곳으로 손꼽힌다. 디머소 시민방위군에는 피터 우와 같은 전상자가 4명 있다. 다른 지역에서도 역시 비슷한 사상자를 냈다.

전쟁의 피해는 군인만 입는 것이 아니었다. 수많은 언덕과 산으로 이루어진 태국-미얀마 접경지역 까야 주에서는 장기화된 교전으로 인해 대부분의 현지주민이 실향민이 되었다. 피터 우의 가족 역시도 까야주 모처에서 피란생활 중이다. 피란민들은 군부의 무차별 공습과 포격, 지뢰 피해에 노출된 상태에서 힘겨운 생활을 이어가고 있다. 피터 우는 모두가 값비싼 대가를 치르고 있는 만큼 작금의 혁명은 반드시 승리해야한다고 강조했다.

"저는 할 수 있는 일을 계속 해 나갈 겁니다. 말로는 아무것도 이룰 수 없습니다. 혁명의 빠른 완수만이 지상과제이며, 그 과제가 이루어졌을 때 비로소 우리는 스스로 원하는 것을 할 수 있는 자유와 권리를 얻게 될 것입니다."

▲재활 훈련 중인 피터우ⓒDMO-PDF.

나의 벗, 우리의 혁명동지
예이민저의 삶과 죽음을 기억하며.

▲예이민저 Ye Min Zaw(1991. 4. 20. ~ 2024. 2. 10)

　소수민족 까친족 출신. 고등학교 교사로 근무하다가 2021년 불법 군부 쿠데타 직후 교단을 떠나 무장투쟁에 투신. 시민방위군 부대를 이끌며 미얀마 북부전선에서 2년 9개월 간 활약. 2024년 2월 10일 오전 까친주州 미찌나 군郡 신보면面에서 군부의 군사 요충지인 보안군 기지를 공격하던 중 적이 쏜 흉탄에 쓰러져 순절殉節.

အမြဲ သတိရနေပါ့မယ် သူငယ်ချင်း
ရောက်ရာ ဘဝမှာ အေးချမ်းပါစေ။

제4부
맺는 글
미얀마 시민혁명 연표

| 맺는 글 |

"이 일을 시작하게 된 계기가 무엇인가요?"

쿠데타 이후 미얀마 현장소식을 소셜미디어를 통해 전하며 필자가 가장 많이 들어온 질문이다. 스스로도 가끔 내가 왜 이 일을 하고 있는지를 자문하곤 한다. 고민 끝에 찾은 답은 두 가지다. 첫째는 아내 때문이며, 둘째는 현장에서 고난의 시간을 보내고 있는 미얀마 민중에 대한 연민 때문이라고.

필자의 아내는 미얀마 사람이다. 아내는 2021년 2월 1일 군부 쿠데타 이후 모국의 불안정한 상황 때문에 무척 괴로운 시간을 보냈다. 다치고 깨지고 죽어가는 고향 사람들의 소식을 매일 접하고, 또 그 혼란 속에서 생존을 모색해야하는 가족에 대한 염려로 불면증과 섭식장애에 시달리기까지 했다. 고통을 겪는 아내를 보며 나는 어떤 방법을 통해 아내와 미얀마 시민에 연대를 보낼 수 있을지 고민했다. 그렇게 찾은 방법이 미얀마 뉴스를 번역해 한국 시민사회에 전하는 일이다.

그녀는 내가 미얀마 투데이를 시작하고 운영하며 유지할 수 있는 가장 큰 원동력이다. 본문의 2장에서 현장과 연대하는 존재인 N이 등장하는데, 이 인물은 필자 곁에서 미얀마 투데이 활동 전반을 이끌고 있는 필자의 아내를 모델로 삼아 만든 인물이다. 아내는 쿠데타 이후 지난 2년 동안 헌신적으로 미얀마 소식을 전하는 동시에, 한국 시민사회가 미얀마 투데이에 전달한 후원금을 현장 활동가에 전하고자 고군분투했다.

아내와 나는 미얀마 투데이를 통해 미얀마 현장과 2년이 넘는 시간동안 연대를 이어오며 온라인에서 여러 현장 활동가를 만났다. 총을 들고 전선에서 싸우는 청년, 전투에 필요한 무기를 만드는 기술자, 군자금을 모으는 지원활동가, 거리 시위를 이끄는 지도자, 군부의 만행을 알리려 동분서주하는 키보드 워리어, CDM에 참여한 공무원 등 각양각색의 미얀마 시민이 군부의 부당한 폭력에 맞서 끈질기게 싸우는 모습을 우리는 지켜보았다.

그들 모두는 쿠데타 이전에 그저 '보통사람'이었다. 군부가 아니었다면 각자의 자리에서 평범한 삶을 누렸을 수많은 갑남을녀甲男乙女 말이다. 하지만 소리없이 찾아온 불행은 그들을 혁명의 지난한 노정路程으로 몰아넣었다. 자연스럽게 청년은 투사鬪士로 변모했다. 스스로 혁명의 전장에 뛰어든 미얀마 청년들은 처절하게 싸웠다. 그리고 수많은 목숨이 덧없이 사라졌다. 이름도 명예도 남김없이.

한번은 무장투쟁에 뛰어든 한 미얀마 청년과 이야기를 나눌 기회가 있었다. 아내와 나는 대화 끝자락에서 청년에게 만약 혁명이 끝나면 무엇을 하고 싶은지 물었다. 이 질문을 하면 보통의 청년들은 집에 돌아가 가족과 행복하게 살고 싶다는 소박한 바람이나 시민혁명으로 미뤄둔 개인적인 꿈을 이룰 수 있게끔 노력하겠다는 답을 하곤 했다. 그러나 그는 달랐다. "죽음을 기억하겠다."가 그의 답이었다. 우리는 그의 대답이 선뜻 이해가 되지 않았다. 그가 덧붙였다.

"군부에 맞서 자유와 평화를 위해 싸우다 산화한 이들이 결코 잊히는 일이 없도록 할 것이다. 민주주의 수복收復을 위해 자신의 피와 목숨이 거름이 되는 것을 마다하지 않은 수많은 동지와 동포의 이름이 역사에 빛날 수 있도록. 우리의 혁명, 그리고 우리가 세울 새로운 연방민주주의 공화국은 물 위에 뜬 기름처럼 구는 위정자와 셀러브리티(celebrity)의 덕德이 아닌 목숨을 초개와 같이 바친 시민의 공(功)으로 완성될 것이기 때문이다."

절로 고개가 끄덕여지는 말이다. 자신의 꿈과 미래가 한 순간에 사라지는 일을 두려워하지 않은 평범한 자들의 헌신이 있었기에 자유와 평화도 존재할 수 있다. 만약 그러한 헌신을 누구도 기억하지 않는다면 되찾은 민주주의는 모래알로 쌓은 허약한 전당殿堂에 불과할 것이다. 청년과의 대화 이후 우리는 현장에서 쓰러지는 이 평범한 사람들의 얼굴과 이름을 기억하고 기록했다. 이 과정에서 우리가 인지조차 못하는 수많은 죽음과 희생이 작금의 미얀마 시민혁명 속에 있다는 사실 또한 깨달았다.

필자는 사람들이 이야기를 통해 대상을 쉽게 기억하고 그와 결부될 수 있다고 생각한다. 때문에 사라진 이들에 대한 가련함과 슬픔, 두 감정이 기억될 수 있도록 〈포가튼 미얀마〉의 이야기를 구상했다. 그 과정에서 현장에서 실존하는 여러 인물을 인터뷰하고, 그들이 겪은 일을 각색해 예버 A, P와 K, 그리고 L이라는 가상의 인물을 만들었다. 작중 네 인물의 존재자체는 허구지만 이야기 속에서 발생한 일과 그들이 겪은 상황, N이 현장과 이어온 연대과정은 모두 실화實話를 기반으로 한다. 많이 부족한 작품이지만 이 이야기가 아시아 저편에서 여전히 불의에 맞서 치열한 투쟁을 벌이는 이들이 있다는 점을 우리사회에 환기喚起시키는 계기가 되기를 희망한다.

오늘 이 시간에도 우거진 밀림 속과 도시의 뒷골목에서 고독한 싸움을 계속하고 있는 형제자매들의 무사 안녕을 두 손 모아 기도하며….

미얀마 시민혁명 연표

(2021년 2월 1일 ~ 2023년 1월 31일)

■ 2021년

- 2월 1일 : 새 의회 개원일 새벽 쿠데타 발생, 1년 간 비상사태 선포, '윈민' 대통령과 '아웅산 수찌' 여사 등 민주진영 인사 불법 체포
- 2월 4일 : 만달레이에서 '떼이자산'이 전국 최초로 쿠데타 반대 거리시위 열어
- 2월 7일 : 최대도시 양곤에서 10만 명 이상 운집한 반쿠데타에 시위 열려, 군부 지도부가 시위대에 발포를 허용했다는 내부문건 소셜미디어에서 확산
- 2월 8일 : 제2도시 만달레이에서 사제차량이 시위대로 돌진해 시민 3명 사망
- 2월 9일 : 수도 네삐도에서 무장경찰 발포로 19세 여성 '먀뚜뚜카인' 의식불명 상태에 빠져
- 2월 13일 : 먀뚜뚜카인 뇌사 상태에 빠지며 연명 치료 중단으로 사망
- 2월 16일 : 군부가 아웅산 수찌 여사를 '국가재난법 위반', '자연재해 관리법 위반'으로 기소
- 2월 20일 : 만달레이에서 군경의 강경진압으로 16세 청년 '웨이얀툰' 사망
- 2월 22일 : 이른바 22222 총 파업에 전국적으로 수백만 명이 넘는 시민이 시위에 참가
- 2월 26일 : '쩌모툰' 주 유엔 미얀마 대사가 유엔 총회에서 자신은 군부가 아니 문민정부를 대표한다는 점을 밝히며 쿠데타를 일으킨 군부를 규탄
- 3월 3일 : 만달레이에서 군경의 저격으로 19세 여성 째신 사망, 군부가 CDM 공무원 150여 명을 해임하거나 직무 정지 처리
- 3월 7일 : 쿠데타에 대한 국제적인 비난이 이어지자 군부가 이스라엘계 캐나다인 로비스트 '아리 벤메나시'를 고용해 여론전 벌여
- 3월 11일 : 미국 재무부, 민 아웅 흘라잉의 두 성인 자녀가 장악한 기업체 6개에 대해 미국 내 자산 동결, 거래 금지 등 제재 결정
- 3월 14일 : 연방의회 대표위원회(CRPH)가 임명한 '만원카잉딴' 부통령 권한대행이 "군부를 뒤집을 혁명을 추진하겠다."는 내용의 성명 발표
- 3월 17일 : CRPH, 소수민족 무장단체들과의 연대를 선언, 과거 불법 테러단체로 지정된 소수민족 무장단체를 목록에서 삭제, 일부 소수민족 무장단체, 민주진영과 시위대에 대한 지지를 선언하며 화답
- 3월 24일 : 반 군부 시위 중 체포돼 구금 중이었던 시위대 600여명을 군부가 석방
- 3월 27일 : 전국적인 유혈진압으로 하루 만에 약 120명 사망, 군부는 국군의 날을 맞아

수도 네삐도에서 대규모 열병식 열어, 군부 병력과 소수민족 무장단체 간 전투로 군부 병력
　　　10명 사망
- 3월 30일 : 군부의 유혈진압으로 인한 누적 사망자수 500명 넘어, 청년 수 백여 명이
　　　군사교육을 받기 위해 국경의 소수민족 무장단체에 의탁, 소수민족 꺼잉(Karen)족 군부에
　　　항전 의사 밝혀
- 3월 31일 : CNN 소속 특파원 클라리사 워드와 취재팀이 군부가 고용한 로비스트를 통해
　　　초청을 받고 미얀마에 입국
- 4월 2일 : 유엔 안보리에서 군부의 유혈진압에 추가적인 조치를 하겠다는 성명을
　　　발표하려고 했으나 러시아와 중국의 반대로 무산
- 4월 4일 : CNN의 특파원인 클라리사 워드 일행이 군부의 감시를 따돌리고 현지 시민들과
　　　즉석에서 인터뷰를 한 뒤 무장한 사복군경이 나타나 인터뷰에 응한 시민들을 연행
- 4월 8일 : 군경이 버고(Bago)에서 시위대에 박격포와 수류탄을 사용해 시민 백여 명 사망
- 4월 10일 : 군부 대변인 '저민툰', "군이 정말 시민을 죽이려는 의도가 있었다면 500명을
　　　죽이는데 한 시간도 걸리지 않았을 것." 이라 발언
- 4월 15일 : 서가잉주 도시 몽유와 청년 활동가 '웨이모나잉'을 군부가 차량으로 추돌한 뒤
　　　체포
- 4월 16일 : 과도기 임시정부 '민족통합정부'(National Unity Government, NUG) 구성
- 4월 24일 : 군부 수장 민 아웅 흘라잉, 인도네시아 자카르타에서 열린 아세안 정상회의
　　　참석, 미얀마 사태 해결을 위한 5대 사항에 합의
- 5월 3일 : 소수민족 무장단체 까친독립군(KIA)이 까친주 모마욱에서 군부 헬리콥터 1대 격추
- 5월 5일 : NUG, 군부에 맞설 군대 '시민방위군'(people's defence force, PDF) 창설을 공식
　　　발표
- 5월 11일 : 군부가 NUG와 PDF, CRPH를 테러단체로 지정
- 5월 16일 : 군부가 대규모 병력과 전투용 헬리콥터를 투입해 친주 소읍 민닷을 점령
- 5월 23일 : 시민군방위군이 군부 병력과 교전하여 40명 여명을 사살하고 4명을 생포하는
　　　전과 올려, CDM에 참여한 교사 12만 5천명을 모두를 군부가 정직 처리
- 5월 26일 : 군부 주도 교육제도에 반대하는 등교거부운동으로 학령기 학생 90%가 등교를
　　　거부
- 6월 4일 : 아세안 특사단이 미얀마를 방문, 민 아웅 흘라잉과 면담
- 6월 8일 : 동부 까야주에서 교전 격화로 발생한 피란민 10만여 명 태국 국경으로 피신
- 6월 16일 : 코로나19 감염병이 확산세를 보이며 쿠데타 이후 최다 사망자 발생

- 6월 18일 : 유엔총회에서 미얀마 쿠데타를 규탄하는 내용 등을 담은 결의안 가결
- 6월 20일 : 유엔, 미얀마에 '무기 공급 중지' 결의안 채택
- 6월 22일 : 만달레이에서 군부 병력과 시민방위군 사이에서 총격전이 벌어진 뒤 도시 곳곳에서 폭발과 무력 충돌 이어져
- 6월 24일 : 쿠데타 이후 발생한 난민이 23만 명을 돌파
- 6월 30일 : 군부가 시위 중 체포된 시민을 포함해 2천여 명의 수감자를 석방
- 7월 1일 : 군부가 '쿠데타'나 '군정' 등의 표현을 사용하는 해외 언론에 대해서 강경 대응 예고
- 7월 5일 : 군부가 '사이버 보안법'을 추진하여 민간인에 대한 도청·감청을 시도하는 동시에 전화 및 인터넷 감시 장비 도입을 논의
- 7월 13일 : 군부가 아웅산 수찌 여사에 부패를 비롯한 4개 범죄 혐의를 추가 적용
- 7월 16일 : 코로나19 감염병이 대유행 조짐을 보이는 가운데 군부가 개인을 대상으로 한 의료용 산소 공급을 차단하고 민간 의료시설에도 산소통 공급을 중단
- 7월 22일 : 코로나 확산상황에서 시민들이 자체적인 방역활동과 물품 나누기, 감염자 구호 활동을 진행
- 7월 23일 : 군부가 중국으로부터 들여온 시노팜 백신이 미얀마에 도착
- 7월 26일 : 세계은행, 미얀마 경제가 쿠데타와 코로나 사태로 18% 후퇴할 것으로 예상
- 7월 27일 : 군부가 참패했던 지난 2020년 총선 선거 결과를 취소, 2년 이내에 새로운 총선을 치르겠다고 선언
- 8월 2일 : 군부가 임시통치기구로 두었던 국가행정위원회를 해산하고 과도정부 수립, 민 아웅 흘라잉이 총리직을 맞을 것이라고 발표
- 8월 5일 : 서가잉주 북부 꺼니 지역에서 군부 병력에 조직적으로 살해당한 것으로 추정되는 민간인 시신 40여 구 연이어 발견
- 8월 6일 : 쩌모툰 대사 살해를 위해 고용된 암살자가 의뢰를 따르지 않고 자수, 미연방수사국 (FBI)이 암살자의 신변 확보
- 8월 8일 : 8888항쟁 33주년을 맞아 전국적인 반 군부 시위 열려
- 8월 10일 : 양곤 보뜨타웅에서 군경의 체포를 피하려 청년 5명 아파트 옥상에서 뛰어내려, 체포 과정에서 3명이 숨지고 3명 중상 입어
- 8월 13일 : NUG를 지지하는 페이스북 프로필 설정 캠페인에 참여한 유명인 63명을 체포하기 위해 수배령을 내린 군부 내부문건 유출
- 8월 14일 : 친주 민닷 인근에서 교전 격화, 친족 혁명단체가 벌인 공세로 군부 병력 7명 사망

- 8월 19일 : 까야주에서 군부 병력이 지역 주민 29명을 불법 체포해 인간 방패로 삼았다는 증언 이어져
- 8월 23일 : 꺼잉민족연합(KNU) 제 5여단 지역 교전에서 군부 병력과 예하 국경수비대 병력 12명 사망하고 19명 부상
- 8월 26일 : NUG, CDM에 참여한 이들을 지원하는 온라인 복권 사업을 진행 계획 밝혀
- 8월 30일 : 정치범지원협회(AAPP), 군부에게 구금된 정치범이 최소 110명이 고문과 학대로 사망했다고 밝혀
- 9월 2일 : 미얀마 대사 암살을 사주한 인물이 군부와 밀접한 관계를 맺고 있는 미얀마인 무기거래상으로 밝혀져
- 9월 7일 : NUG, 군부를 상대로 총력적 저항전쟁 선포
- 9월 11일 : 친족 혁명단체가 대규모 병력을 동원해 소읍 탄드란에 공세 개시
- 9월 14일 : 군부가 시민방위군 활동이 두드러지는 서가잉과 만달레이 7개 구(區)에 전화와 인터넷 서비스 차단
- 9월 18일 : 군부 병력이 탄드란에 무차별 포격을 가하며 도시 거주민 피란길에 올라
- 9월 25일 : 군부가 양곤에 보안등급을 상향하며 각 대로변과 교차로에 무장병력 배치, 까야주 도시 디모소에서 군부 병력과 꺼잉니족 혁명단체 간 교전 격화
- 10월 3일 : 사가잉주 도시 껄레이와 쁠레에서 시민방위군 공격으로 군부병력 15명 사망
- 10월 8일 : NUG, 총력적 저항전쟁 선포 이후 한 달 동안 군부 병력과 군정이 임명한 관리 · 군부 소유 기업들에 대한 공격이 총 953건 이뤄졌다고 발표
- 10월 10일 : NUG, 치안유지를 위한 경찰 창설 계획 발표
- 10월 16일 : 아세안이 차기 정상회담에 민 아웅 흘라잉을 배제하기로 결정
- 10월 18일 : 국제사회의 압력에 군부가 일부 정치범들을 석방하였으나, 석방한 정치범 백여 명을 도로 체포해 수감
- 10월 23일 : 양곤 시내 곳곳에서 도심 게릴라(UG)의 공격이 이어지며 군부 경찰의 교통통제 초소와 벙커 등이 공격 받아, 8888항쟁 당시 학생운동 지도자 '진미(쩌민유)' 군부에 체포 당해
- 10월 26일 : 군부에 저항하기 위한 미얀마 최초의 여성 게릴라 부대가 서가잉주 도시 마웅(Myaung)에서 창설
- 10월 28일 : 군부가 양곤 흘라잉따야 판자촌 강체철거
- 10월 29일 : 군부 병력이 친주 탄드란에 조직적 방화를 벌여 민가 수백 채 전소
- 10월 30일 : 만달레이에서 '뗏수흘라잉' 등 학생운동가와 민주화 운동 활동가 6명을

군부가 체포
- 11월 5일 : 서가잉주 중부에서 발생한 교전에서 군부 병력 30여 명 사망
- 11월 8일 : NUG, 지난 두 달 동안 군부와 결별한 군인과 경찰 1천여 명이 CDM에 참여해 시민의 편에 섰다고 발표
- 11월 16일 : 서가잉주 껄레이에서 시민방위군 의료팀으로 활동하던 여성 9명 군부에 체포
- 11월 17일 : 군부가 오토바이를 이용한 반 군부 단체의 폭발물 투척 공격을 막기 위해 남성 2명의 오토바이 동승을 제약하는 규정 발표
- 11월 20일 : 반 군부 활동을 전개하던 '표제야떠' 전 NLD 의원과 도심 게릴라 대원 20여 명 양곤에서 군부에 체포
- 11월 22일 : NUG, 군자금 마련을 위한 자체 발행 채권 판매 개시
- 12월 2일 : NUG, 군부가 진행하는 석유가스 개발사업을 비롯해 국내외 사업체와 체결한 계약을 불법으로 치부하고 무효화하는 행정명령 발행
- 12월 5일 : 양곤 찌민다잉에서 군부가 행진 중인 시위대를 군용차량으로 추돌, 시민 5명 사망하고 자유언론 기자와 시민 십여 명 체포
- 12월 6일 : 군부가 아웅산 수찌 여사와 윈민 대통령에 징역 4년 선고. 유엔 총회에서 쩌모툰 유엔 주재 미얀마 대사의 미얀마 대표단 단장 직책을 연임 승인
- 12월 13일 : NUG 내무부, 지난 한 달간 벌어진 교전에서 군부 병력 2천여 명 사망했다고 발표
- 12월 19일 : 꺼잉주 레이께이꺼 교전에서 군부 병력 50여 명 사망
- 12월 22일 : 군부가 수도 네삐도에 있는 유엔 특사 사무실을 폐쇄
- 12월 24일 : 동부 까야주에서 군부 병력이 피란민이 탄 차량에 불을 질러 민간인 35명 사망
- 12월 30일 : 친주 탄드란에서 군부 병력이 재차 벌인 방화로 민가 50여 채 전소

■ 2022년
- 1월 5일 : 시민방위군, 드론으로 투하하는 무인 비행기용 포탄 생산 계획 밝혀
- 1월 7일 : 훈센 캄보디아 총리가 미얀마를 방문하여 민 아웅 흘라잉과 면담
- 1월 10일 : 아웅산 수찌 여사에 군부가 불법통신장비 소지와 코로나19 방역법 위반 혐의로 징역 4년형을 추가 구형
- 1월 17일 : 전국적 휴전협정(NCA)에 서명 후 교전을 중단한 버마민주총학생전선(ABSDF) 이 군부와 교전 재개 선언

- 1월 20일 : 친민족전선(CNF), 꺼잉민족연합(KNU), 꺼잉니 민족진보당(KNPP)이 국제사회에 미얀마 상공을 비행금지구역으로 설정해줄 것을 호소하는 연대성명 발표
- 1월 21일 : 거대 다국적 에너지 기업인 토탈와 셰브런, 미얀마 철수 선언
- 1월 22일 : 군부가 불법 체포한 표제야떠와 진미에 사형 선고
- 1월 27일 : 호주 에너지 기업 우드사이드, 미얀마 철수 방침 밝혀
- 1월 31일 : 미얀마 인권단체 '저스티스 포 미얀마', 군부를 제재하기 위한 아시아 주요 민주 국가 호주, 인도, 일본, 한국이 수행하고 있는 실효적 조치가 전무하다고 성토, 민 아웅 흘라잉 국가 비상사태 6개월 연장
- 2월 1일 : 쿠데타 1주기를 맞아 군부에 저항하는 침묵시위 전국적으로 열려
- 2월 2일 : NUG와 CDM, 노벨평화상 후보로 추천
- 2월 10일 : 군부가 인터폴에 NUG 인사와 반 군부 활동가 체포에 협조 요청을 보냈으나 인터폴 측이 요청 거부
- 2월 11일 : 서가잉주 껄레이 시민방위군이 마약사범 일당 9명을 체포하고 압류한 마약 소각
- 2월 16일 : 서가잉주에서 군부 공군의 A-5 전투기 추락해 조종사 사망
- 2월 18일 : 양곤 흐모비 공군기지의 야코블레프 고등훈련기 2기, 시민방위군의 폭발물 공격 받아 기체 손상, 서가잉주 킨우 지역 교전에서 화력 열세로 시민방위군 대원 12명 사망
- 2월 19일 : 샨-꺼잉니 접경도시 모비예에서 발생한 교전에서 군부 병력 40여 명 사망
- 2월 24일 : 군부의 대변인 저민툰, VOA(Voice of America)와의 인터뷰에서 러시아의 우크라이나 침공을 두둔하고 지지하는 발언해
- 2월 28일 : 만달레이에서 혁명 참여 독려와 우크라이나 민중과의 연대를 강조하는 여성 주도 거리시위 열려
- 3월 2일 : 군부가 쿠데타 초기 체포해 징역형에 처한 유명인사들을 사면하고 석방
- 3월 6일 : 군부가 NUG 소속 인사와 반 군부 활동가 등 11명의 시민권 박탈
- 3월 14일 : NUG 국방부장관, 총기와 탄약 구매에 미화 약 2,500만 달러 집행했다고 발표
- 3월 18일 : 호주 정부, 탈영하여 시민의 편에 선 군부 병력에 입국 비자 발급하겠다고 발표
- 3월 26일 : 까야주 퍼루소 일대에서 군부 병력과 꺼잉민족 혁명단체간 대규모 교전 발생
- 3월 28일 : 아웅산 수찌 여사, 코로나19 방역문제로 격리 되어 재판 일정 연기
- 3월 29일 : 스리랑카가 남아시아 국가 다자협력기구 빔스텍 회담에 군부 대표 초청
- 4월 1일 : 군부가 예하 병력의 전향과 이탈을 우려해 군인들의 신분증 압수하고, 신분증 미소지 시 여행을 제한하는 등 정책적으로 내부단속 나서
- 4월 4일 : 미얀마 군부, 외화난에 개인과 기업이 소지한 외화를 의무적으로 현지통화로 환전

해야 하는 외국환관리법 적용
- 4월 8일 : 도심 게릴라 단체가 양곤 등 대도시에서 공세 수위를 높이는 '난타익아웅' 작전을
  개시하며 군부 초소와 주요시설물에 동시다발적인 공격 발생
- 4월 9일 : NUG, 군용기나 해군 함정을 몰고 탈영하는 군부 병사에게 미화 50만 달러를
  포상금으로 지급하겠다고 발표
- 4월 14일 : 미얀마 전역에서 시민들이 신년축제인 '띤잔' 을 보이콧하고 반군부 시위 이어가
- 4월 21일 : 민 아웅 흘라잉, 소수민족 무장단체들에 평화 회담 제안
- 4월 22일 : 만달레이 짜욱새에 있는 군부독재자 딴슈웨의 자택에 시민방위군이 폭발물 투척
- 4월 23일 : NUG, 공보부 산하 라디오 방송을 통해 시민방위군 1명에 월급 6만 짯을
  지급하고 있는 사실을 발표
- 4월 27일 : 만달레이에서 군부를 추종하는 암살단 '뙈이따욱' 이 무고한 민간인 8명 살해,
  아웅산 수찌 여사에 징역 5년 추가 선고
- 5월 3일 : 미얀마-태국 국경에서 피란민을 치료하는 소수민족 출신 의료인 신시아 마웅, 광주
  인권상 수상
- 5월 5일 : NUG 국방부, 지난 11개월 간 벌인 저항전쟁에서 군부 병력 1만 3천 명 이상 사망
  했다고 발표, 까친독립기구(KIO)가 군부가 제안한 평화회담 참석을 거부한다고 공식 발표
- 5월 9일 : 꺼잉민족연합(KNU)와 버마민주총학생전선(ABSDF)이 군부가 제안한 평화 회담
  참석을 거부한다고 공식 발표
- 5월 12일 : NUG 외무부장관, 미 국무부 차관과 워싱턴 D.C에서 회동하여 군부에 대한
  미국의 압박 강화 논의
- 5월 16일 : 군부가 수도 네삐도에 근무하는 공무원 배우자 전원을 제식훈련과 총기 숙달
  훈련에 강제 동원
- 5월 24일 : NUG 임시 대통령 두와라실라, 최전선의 시민방위군 전초기지 방문
- 5월 25일 : 서가잉주 인마삔과 살린지 일대 19개 마을에서 군부 병력이 저지른 연쇄 방화로
  피란민 1만여 명 발생
- 5월 31일 : 양곤 도심의 버스정류장에서 쀼저티가 저지른 폭탄테러로 무고한 시민 7명 중상
- 6월 5일 : 까야주 디모소 일대에서 군부 병력과 꺼잉니족 혁명단체 간 대규모 교전 발생
- 6월 7일 : NUG, 군부의 전쟁범죄를 처벌하고 법치주의 확립을 위한 '국민경찰' 창설
- 6월 11일 : 서가잉주 인마삔 지역에서 시민방위군과 군소 혁명단체 40여 개가 공동전선을
  펼치며 군부 병력과 교전 벌여
- 6월 14일 : 서가잉주 먀웅에서 군부 고속정을 시민방위군이 드론으로 타격하여 승선 중인

군부 병력 8명 사망
- 6월 19일 : 군부 병력이 서가잉주에서 저지른 민간인 학살 증거가 담긴 영상과 사진을 자유아시아방송(Radio Free Asia)이 공개
- 6월 21일 : 서가잉주 껄린 지역에서 시민방위군이 마약조직으로부터 대량의 헤로인을 압수해 소각
- 6월 28일 : 미얀마 중부 마궤에서 쀼저티가 CDM 경찰을 도와준 지역주민 여성을 참수하는 영상 공개하며 파문 일어
  6월 29일 : 반 군부 활동가 떼이자산, 박종철인권상 특별상 수상
- 6월 30일 : 군부가 꺼잉주에 국제협약으로 금지된 집속탄(Cluster Bomb) 투하
- 7월 4일 : 샨-꺼잉니 접경도시 패콘에서 벌어진 교전으로 군부 병력 40여 명 사망하고 시민방위군 대원 11명 목숨 잃어
- 7월 7일 : 군부, 해외에서 활동하는 반군부 활동가를 압박하기 위해 해외공관에 여권 갱신 금지 지시해
- 7월 10일 : NUG, 서가잉주 8개 면면에서 주민자치를 통한 실질적 통치를 하고 있다고 발표하며 NUG 자치구 내 군부행정관에 지역을 떠날 것을 종용
- 7월 11일 : 군부가 주요 도시에 중국산 감시용 카메라 설치하고 이동전화 위치 추적을 통해 반군부 활동가 색출에 박차
- 7월 13일 : 군부산하 중앙은행이 미얀마 기업에게 해외로부터 받은 현금 및 물품 차관에 대한 이자와 원금 상환을 당분간 중단하라는 지침 내리며 경제 불안 가중
- 7월 18일 : 서가잉주 깐벌루 지역에서 군부 병력의 학살로 민간인 20여 명 사망하고 70여 명 실종
- 7월 21일 군부 통제 하의 미얀마 중앙은행이 투자기업국(DICA)에 등록된 모든 기업에 외환계좌 내 달러를 전액을 미얀마 화폐로 환전하도록 지시
- 7월 25일 : 군부가 인세인 교도소에 수감 중인 짐미, 표제야떠, 흘라묘아웅, 아웅뚜라저에 대한 사형을 집행
- 7월 30일 : NUG 외무장관, 유엔안전보장이사회에 보호개입과 시민방위군을 위한 무기 지원 호소
- 8월 3일 : 유엔 인도주의업무조정국, 군부의 제한조치가 피란민에 대한 구호활동에 지장을 초래하고 있다고 밝혀
- 8월 6일 : NUG, 대공화기를 소지한 채 귀순하는 군부 군경에 합당한 보상과 대우를 약속하겠다고 발표

- 8월 8일 : 8888항쟁 34주년을 맞아 전국에서 반군부 시위 열려
- 8월 11일 : 군부가 서가잉주 인마쁜면面 인바웅따잉 마을에서 무차별 공습 가해 마을 주민 17명 사망
- 8월 16일 : 아세안 의장국 캄보디아, 지역 안보문제를 논의하는 아세안-러시아 안보회의에 군부 수장 민 아웅 흘라잉을 초청해 물의
- 8월 17일 : 놀린 헤이저 유엔 미얀마 특사, 수도 네삐도를 방문해 민 아웅 흘라잉과 면담했으나 유의미한 외교적 성과 거두지 못해
- 8월 25일 : 라카인주에서 군부가 2017년 소수민족 로힝자족을 대상으로 벌인 학살과 전쟁 범죄에 대해 사과와 재발방지를 촉구하는 캠페인 열려
- 8월 28일 : 군부 병력이 서부 라카인주 마웅우에서 무차별 포격을 가해 4세 어린이 포함 주민 3명이 숨지고 7명 중상
- 9월 7일 : 민 아웅 흘라잉, 제7차 동방경제포럼에 참석하기 위해 블라디보스토크를 방문하여 러시아 정부 관계자들과 회담
- 9월 11일 : 군부가 병력손실을 벌충하려는 의도로 18세부터 25세 사이의 미혼 여성에 입대를 권유하는 모병 광고를 어용언론 〈마와디〉에 게재
- 9월 12일 : 미얀마독립조사기구(IIMM), 페이스북을 통해 군부의 범죄를 폭로할 수 있는 정보 수백만 개 수집했다고 발표
- 9월 18일 : 군부가 서가잉주 디뻬인면面에 있는 초등학교 건물에 헬리콥터 사격 가해 어린이 6명 숨지고 20명 부상
- 9월 22일 : 미국 정부, 라카인주와 미얀마 국내외 로힝자 난민을 위해 1억 7천만 달러 이상의 인도적 지원을 제공할 것이라고 발표
- 9월 23일 : 군부 공군, 라카인주에서 아군에 오폭하여 사상자 다수의 사상자 발생하고 소수 민족 무장단체 아라칸군(AA)에 붙잡히거나 투항한 군부 병사 150명 넘어
- 9월 29일 : 만달레이에서 시민방위군이 교도소 수감자 호송차를 공격해 군부 경찰 2명 사살하고 정치범 2명 구출함
- 10월 7일 : 민 아웅 흘라잉, 정례회의에서 쿠데타 이후 국가 경제는 하락하고 있지만 미얀마는 농업과 축산업을 기반으로 한 제조업 중심의 수출을 할 수 있었기에 크게 피해를 입지는 않았다고 발언
- 10월 11일 : 쩌모툰 대사, 뉴욕에서 열린 제77차 유엔총회의 군축 및 국제안보위원회의 일반 정책에 대한 연설에서 군부에 무기를 판매하는 국가들이 무기수출을 즉시 중단할 것을 촉구
- 10월 19일 : 양곤에 있는 인세인 교도소가 폭발물 공격을 받아 8명이 사망하고 18명 부상

- 10월 21일 : 국제자금세탁방지기구(FATF), 자금세탁과 테러 자금 조달을 방지하기 위해 미얀마를 블랙리스트에 포함시켜
- 10월 23일 : 까친독립기구(KIO) 창립 62주년 기념공연이 열리고 있던 파깐 지역 어난바 마을을 군부 공군이 공습해 민간인 1백여 명 사망
- 10월 25일 : 꺼잉주 짜인세잇지면面 짜익동 지역에 있는 군부 군사거점 꿔론다잉 기지를 소수민족 무장단체 꺼잉 민족해방군(KNLA)가 점령하는 과정에서 군부 병력 17명이 무기를 버리고 투항
- 11월 8일 : 미국 국무장관 토니 블링컨, 2020년 총선 2주년을 맞아 성명을 발표하여 국제사회에 군부가 준비한 총선을 거부하고 민주화 운동 지도자들과 협력할 것을 촉구
- 11월 10일 : 라카인주 뽄나쭌면面에 있는 신인지 마을을 습격한 군부 병력이 마을 주민 7명을 살해하고 마을 전체에 방화 저질러
- 11월 13일 : NUG 대통령 대행 두와라시라, 공식 서한을 통해 민주주의 회복과 연방국가 건설을 위한 로드맵을 아세안 정상회의에 발송
- 11월 16일 : 라카인주 마웅떠면面에 있는 짓차웅 마을에서 열린 돌잔치에 군부병력이 무차별 포격을 가해 무고한 민간인 11명이 숨지고 20여 명 부상
- 11월 17일 : 군부, 전 영국 대사·호주출신 경제고문 등 외국인 4명과 시민 700여 명 사면
- 11월 25일 : 미얀마 사회활동단체 '표현의 자유 미얀마(Free Expression Myanmar)', 쿠데타 이후 300명 이상의 여성이 군부에 의해 살해당했으며 희생자 중 17명은 성폭행을 당한 뒤 살해되었고 20명은 산채로 불에 태워졌다고 폭로
- 11월 30일 : 반군부 저항운동을 주도하던 중 체포된 양곤 다곤대학교 학생운동가 7명에 군부가 인세인교도소 내 군부 군사법원에서 사형을 선고
- 12월 5일 : 양곤 흘레구에서 도로변에 유기된 소수민족 로힝자족 시신 13구 발견
- 12월 6일 : NUG, MEC(미얀마 경제공사)와 MEHL(미얀마 경제홀딩스)를 테러조직으로 선언하고 테러 조직이 소유한 자산을 공익을 위해 통제·관리하겠다는 계획 발표
- 12월 12일 : 유엔, 민주진영의 쩌모툰 미얀마 특별대사의 직위를 1년간 유임하기로 결정
- 12월 14일 : 서가잉주 인마쁜, 살린지 지역 13개 마을에 거주하는 지역주민 1만2천여 명이 군부병력의 공세를 피해 피란길에 올라
- 12월 16일 : 양곤 UG 등 혁명단체가 밍글라돈에 있는 군부 공군기지를 전기격발식 로켓 5발을 발사해 타격
- 12월 21일 : 유엔안보리, 신속한 정치범 석방과 군부의 테러행위 중단을 요구하는 첫 미얀마 결의안 채택

- 12월 23일 : 조 바이든 대통령, NUG와 시민방위군, 소수민족 혁명단체를 지원하는 내용을 담은 미국 국방수권법안(NDAA)에 서명
- 12월 25일 : 서가잉주에서 인도(indaw)면面에서 군부 병력에 체포된 민간인 8명이 한 달 만에 암매장된 시신으로 발견
- 12월 30일 : 군부가 아웅산 수찌 여사에게 마지막 재판에서 7년 형을 추가하여 수찌 고문의 형량 총 33년으로 확정

■ 2023년
- 1월 3일 : 민 아웅 흘라잉, NUG와 시민방위군이 해외거주 미얀마 시민의 원조로 유지된다고 주장하며 전국에 신규 여권발급 업무 중단 지시 내려
- 1월 8일 : 양곤 인세인 교도소에서 교도관들의 고문과 학대에 반발한 수감자들의 항의시위를 유혈 진압하는 과정에서 수감자 1명이 사망하고 70여 명 부상
- 1월 4일 : 군부가 독립기념일 사면으로 인세인 교도소 수감자 2천여 명 석방했으나 정치범 석방은 37명에 불과, 꺼잉주 짜인세잇찌와 꺼끌레잇 지역 전투에서 소수민족 혁명단체와 시민방위군이 군부 주둔지 2개 점령하고 군부 병력 90여 명 사살
- 1월 10일 : 군부 공군, 인도-미얀마 국경에 있는 소수민족 혁명단체 친민족전선(CNF) 사령부 '빅토리아 기지' 에 무차별 공습을 가해 5명이 숨지고 부상자가 속출
- 1월 17일 : 군부가 2023년 8월 총선 실시를 위한 인구조사와 선거인명부 작성 작업 개시
- 1월 18일 : 군부 공군, 서가잉주 까따 지역에 네이팜탄 투하하여 지역주민 6명 숨지고 30여 명 부상
- 1월 19일 : 양곤 흘라잉에서 UG 등 혁명단체가 전기격발식 로켓탄 4발을 발사해 군부 주둔지 타격
- 1월 25일 : 미얀마 인권단체 '저스티스 포 미얀마', 유엔을 포함한 국제기구 60개 이상이 민 아웅 흘라잉이 이끄는 군부를 지원하고 있다고 규탄
- 1월 27일 : 군부, 반대세력의 총선 참여를 막기 위해 군부가 테러리스트 집단으로 분류한 정당이나 후보의 총선 출마를 금지하는 새 선거법 제정